독점의 조건

경쟁은 붕어빵 제품을 만들 뿐
경쟁의 배신에서 벗어나는 법은
경쟁자를 이기려는 노력을 멈추는 것이다.

CREATE A CATEGORY

경쟁의 덫에서 벗어나는
카테고리 창조의 법칙

독점의 조건

| 김재영 지음 |

한스미디어

프롤로그

브랜드는 잊어라, 카테고리가 이긴다!

이건 수첩이 아니라, 아직 글자가 쓰이지 않은 책unwritten book이다. 겉만 보면 양장까지 된 책으로 보인다. 그러나 첫 장을 펼쳐보면 아무런 내용도 없는 노트다. 하지만 사는 사람들에겐 책 이상의 의미를 지닌다. 창조적인 일을 하는 사람들이 자신들의 창조성을 적어내는, 쓰이지 않은 책이기 때문이다. 또한 이러한 콘셉트를 공유하기 위해 이 수첩은 문구점이 아닌 서점에서 판다. '몰스킨' 이야기다. 이처럼 몰스킨은 기존 '수첩' 카테고리에서 이탈하여 '책'이라는 카테고리로 들어갔다. 그리고 '아직 글자가 쓰이지 않은 책'이라는 새로운 카테고리를 만들었다.

또 다른 예로 최근 〈포브스Forbes〉와 〈티타임스TTimes〉에 실린 테슬라TESLA에 관한 기사를 보자. 전기차는 닛산도 만들고 BMW, 벤츠, GM도 만드는데도 모두가 테슬라를 찾는다. 최근 테슬라가 공개한 신차 모델3에 대한 예약 열기가 뜨겁기만 하다. 사람들은 왜 이토록 테슬라에 열광할까? 아이폰이 휴대폰을 재정의하여 개념을 바꾸어놓았듯 테슬라는 전기차를 재정의하여 개념을 바꾸어버렸다. 전기차에 대한 기존 인식은 골프카트처럼 못생기고 느린 차, 또 배터리 수명이 다 되면 똥값이 되는 차였다. 하지만 테슬라는 디자인, 속도, 수명 등 어느 하나 빠지지 않고 사람들이 타고 싶어 하는 전기차를 만들었다. 더 근본적인 변화는 자동차에 대한 개념을 아예 깡그리 바꾸어놓은 것이다. 자동차가 아니라 IT 기기다. '바퀴 달린 스마트폰'으로 말이다. 세계적 시장분석 회사인 HIS는 테슬라S를 해체해 살펴보고 난 후 "차가 아니다"라고 결론을 내렸다. 사람들은 테슬라를 자동차 회사가 아닌 IT 회사로서, 엘론 머스크를 자동차 회사 창업자가 아닌 IT 창업자로 인식하고 있다. 이렇게 자동차를 '바퀴 달린 아이폰'으로 만들어버린 테슬라. 기존 자동차에서 볼 수 없었던 문법으로 초기의 애플처럼 소비자들의 열렬한 지지를 얻고 있다.

그러면 몰스킨과 테슬라, 이들의 공통점은 무엇인가? 이들은 기존 카테고리의 제품을 재정의하여 새로운 카테고리로 바꾸어버렸다. 몰스킨은 수첩이 아니라 '아직 글자가 쓰이지 않은 책'으로 그리고 테슬라는 자동차가 아니라 IT 기기로서 '바퀴 달린 스마트폰'으로 바꿔버렸다.

진짜 성공의 이유는?

지금까지 히트상품들의 탄생 과정을 추적한 책들은 소비자의 요구를 제품에 반영하여, 열렬한 옹호자를 찾고, 뉴스거리를 만들어 여러 매체를 통해 홍보하고, 큰 자금을 들여 광고하기까지 일정한 패턴을 따랐기 때문이라고 말한다. 그렇지만 대부분의 기업들은 이를 그대로 적용한다 해도 결과는 다르게 나타난다는 것을 알고 있다. 이러한 전통적 공식으로는 불충분하다는 의미이기도 하다.

가령, '레드불'은 '에너지 드링크' 시장을 잘 따라왔기 때문에 빅 브랜드가 된 것이 아니다. '에너지 드링크' 시장이라는 것은 애초 존재하지 않았다. '레드불'이 빅 브랜드가 된 것은 새로운 시장을 만들어 이 새 시장을 '에너지 드링크'라고 이름 붙인 덕분이다.

따라서 전통적 공식은 브랜드 유지를 위한 방법은 될 수 있어도 새로운 카테고리를 만드는 방법은 될 수 없다. 내가 2014년에 출간한 《히트상품은 어떻게 만들어지는가》에서도 가장 강조한 성공 브랜드의 비밀은 최초가 될 수 있는 '새로운 카테고리를 만들어라'였다. 이것이 성공한 장수 브랜드들의 공통점이다. 슈퍼마켓, 드럭스토어, 백화점, 할인매장 그리고 인터넷은 이런 브랜드들로 가득 차 있다. 예를 들어보자.

달콤한 감자칩 허니버터칩, 천연 조미료 다시다, 자양강장 드링크 박카스, 산소계 표백제 옥시크린, 숙취 해소 음료 컨디션, 즉석 밥 햇반, 김치냉장고 딤채, 저온 살균 우유 파스퇴르, 드럼 세탁기 트롬, 렌탈 방식 정수기 웅진코웨이, 종합 전자 유통 할인점 하이마트, 한방 화장품 설화수, 비타민 드링크 비타500, 상처 치료제 마데카솔, 온라인 서점 아마존닷컴, 일회용 반창고 밴드에이드, PC 직판 델, 피자 배달 체인 도미노, 알카라인 전지 듀라셀, 포켓 티슈 크리넥스, 남성지 〈플레이보이〉, 패션 시계 스와치, 종이 복사기 제록스…. 끝이 없다.

위에 나열한 브랜드들은 탄생 과정의 공식을 잘 따랐기 때문에 성공했는가? 물론 어느 정도 옳은 주장이다. 하지만 이들이 성공한 결정적인 이유는 '새로운 카테고리를 창조'했기 때문이다. 물론 이들은 새 카테고리에서 물리적으로도 최초일 뿐만 아니라, 궁극적으로 소비자의 머릿속에 최초라는 인식을 창출함으로써 성공했다. 그렇다고 실제로 최초여야 할 필요는 없지만, 브랜드가 최초라는 인식을 창출하는 것은 중요하다.

될 성부른 나무는 떡잎부터 알아본다

어떤 카테고리든 처음에는 선도자가 있다. 이어서 후발 주자들이 나타나 선도자가 창조한 시장은 점차 확대되어간다. 그리고 세월이 흘러 선도자의 선도적 상품은 사람들에게 당연한 상품으로 인식되어 아무도 그것이 선발 상품으로서 시장을 창조한 것이라고 생각하지 않게 된다. 따라서 대부분의 큰 성공을 거둔 상품들의 사례는 새로운 카테고리 또는 새 시장의 창출이라고 하는 핵심적인 요인을 언급하지 않는다.

그러므로 사람들은 선도자 상품의 위대한 효과를 깨닫지 못하고 '잘 팔리고 있는 지금'에만 마음을 뺏겨 탄생의 비밀을 설명하지 못한다. 단지 브랜드에 대한 관심을 불러일으키기 위해 벌인 온갖 흥미진진한 사례만을 보여주려고 한다.

히트상품의 대명사로 알려진 '허니버터칩'이 대박 성공을 거둔 이유는 무엇인가? 물론 많은 사람이 허니버터칩 소비자들에 의한 '자발적 홍보'가 큰 역할을 했다고 한다. SNS 유저들은 자발적으로 허니버터칩에 관한 리뷰를 쓰고 허니버터칩을 들고 셀카를 올리는 등 열풍을 만들어냈다. 어느 정도는 옳은 말이다.

그러나 결정적인 성공의 이유는 그동안 감자칩의 표준이었던 '짭짤한 감자칩'에서 벗어나 '달콤한 감자칩'이라는 새로운 카테고리를 창조했기 때문이다. 허니버터칩이 등장하기 전까지 우리는 습관적으로 짭짤한 감자칩을 먹었다. 이때 허니버터칩이 한 일이란 '달콤한 감자칩'이라는 새로운 카테고리를 만든 것뿐이다.

이처럼 '잘 팔리고 있는 지금'은 훨씬 옛날에 있었던 브랜드 탄생의 순간에 감춰진 비밀과 관련이 있다. 이것을 깊이 연구해보면 늘 같은 대답을 발견하게 된다. 새 브랜드의 성공은 새 카테고리의 창조에서 나온 것이라는 사실 말이다. "될 성부른 나무는 떡잎부터 알아본다"는 속담처럼 지금 잘 팔리고 있는 상품의 성공은 사실 탄생 때부터 이미 예약되어 있었다.

이제, 브랜드는 잊고 카테고리를 생각하라

지금껏 브랜드를 정의하는 데 수십만 개의 단어가 사용되었다. 알 리스 & 로라 리스는 《브랜드 론칭 불변의 법칙》에서 이렇게 정의한다. "마음속에서 하나의 카테고리를 차지하는 단어다."

가장 명쾌한 정의라고 생각되지 않는가? 가령 코카콜라는 소비자의 마음속에서 '콜라'라는 카테고리를 차지한 하나의 단어였다. 레드불은 '에너지 드링크'라는 카테고리를 차지한 하나의 단어였다.

비즈니스의 세계에서 '새로운 카테고리'란 이제까지 존재하지 않았던 '새로운 비즈니스 아이디어'나 '분야'를 가리킨다. 그렇다고 해도 어려운 이야기는 아니다. 아무것도 없는 무無에서 새로운 비즈니스를 창조하는 것이 아니라, 이미 존재하는 사업의 콘셉트를 약간만 바꾸어 만드는 '차별화된 비즈니스'를 가리키는 말이기 때문이다. 예를 들어, 피자는 오래전부터 레스토랑에서 먹을 수 있었다. 시간이 좀 지나자 '좀 더 손쉽게 집에서도 피자를 먹고 싶을 것'이라고 여긴 누군가가 집까지 배달해주는 배달 전문 피자점을 열었다. '피자 배달'이라는 새로운 사업이 바로 새로운 카테고리의 한 가지 예다.

이처럼 치열한 경쟁 속에 업계의 선두 주자가 되려고 소모적인 투자로 선두를 뒤쫓기보다 완전히 새로운 카테고리를 만들어 그 분야의 유일한 존재로 자리 잡는 것이 더 낫다. 즉 경쟁자가 없는 '카테고리 원category of one 브랜드'가 되는 것이다. 이로써 자신의 분야에서 그 무엇으로도 대체될 수 없는, 비교를 허용치 않는 '원조 브랜드'로서의 위상을 갖게 된다.

이러한 원조 브랜드는 그 제품의 대명사가 됨으로써 제품과 브랜드가 동일시된다. 이렇게 됨으로써 궁극적으로 일상 대화에 브랜드가 제품을 대신하는 일반명사처럼 사용된다. 이러한 대명사 브랜드는 소비자의 니즈가 있을 때 이것저것 고민을 하거나 여러 제품을 비교평가하지 않고 해당 브랜드를 즉시 구매하게 해준다.

예를 들어 회사에서 전화를 받았는데 담당자가 없을 때 메모를 해야 할 때 메모지가 눈에 띄지 않으면 우리는 옆에 있는 직원에게 이것저것 따지지 않고 '포스트잇Post it'을 달라고 한다. 이때 우리의 뇌는 포스트잇은 '메모지'라고 인식하고 있는 셈이다.

이제 브랜드는 생각하지 말고 오직 카테고리만 생각하라.
그리고 시장에 없던 새 카테고리를 만들어라. 그러면 온리원Only One이 된다.
이것이 바로 이 책이 던지는 핵심 메시지다.

이 책의 구성

이 책은 새로운 카테고리 제품을 창조하는 데 고려해야 하는 5가지의 핵심 질문에 대한 11가지 해답을 찾아가는 과정들을 다양한 사례와 함께 전개해나갈 것이다.

첫 번째 질문, 왜 새로운 카테고리를 창조해야 하는가?

경쟁은 매우 유익한 시스템으로 애덤 스미스가 말하는 '보이지 않는 손'에 의해 작동한다. 스미스는 개인의 이익 추구가, 많은 경우 다수의 이익으로 이어진다는 사실을 우리에게 알려주었다. 그럼에도 경쟁이 반드시 좋은 것만은 아니다. 가령, 공연장에서 몇몇 청중들이 무대를 더욱 잘 보기 위해서 자리에서 일어난다면 뒤쪽에 앉아 있는 사람들은 무대를 보지 못할 것이다. 결국에는 모든 사람들이 시야를 확보하기 위해 자리에서 일어나지만, 결코 모두가 자리에 앉아 있을 때보다 잘 볼 수 없다. 경쟁할수록 말짱 도루묵이 된다. 이처럼 고삐 풀린 경쟁이 최선의 결과를 가져다주지 못하는 이유는 경쟁자를 따라가는 '추종자의 습성' 때문이다.

이러한 추종자의 습성은 제품들이 경쟁할수록 차별화가 강화되기보다는 오히려 판박이의 결과로 모아지는 원인을 제공한다. 이에 대해 문영미 교수는 《디퍼런트》에서 이렇게 말했다. "마치 술래잡기 게임과 같이 꼬리에 꼬리를 무는 경쟁 즉 '모방 경쟁'은 결국 모두 한곳을 향해 달려가므로 차별화보다는 점점 더 평준화로 이어진다."

치열한 경쟁 속에 업계의 선두 주자가 되려고 소모적인 투자로 선두를 뒤쫓기보다 완전히 새로운 카테고리를 만들어서 그 분야의 유일한 존재로 자리 잡는 것이 더 낫다. 경쟁자가 없는 자신만의 카테고리 창조는 '카테고리 원' 브랜드가 되는 것이다. 이것은 자신의 분야에서 그 무엇으로도 대체될 수 없는, 비교를 허용치 않는 '원조 브랜드'의 위상을 갖게 되는 것이다.

이와 같은 해답을 찾기 위하여, 1장에서 3장에 걸쳐 다양한 사례와 기존의 연구들, 그리고 현장에서의 경험과 통찰들을 함께 다룰 것이다.

두 번째 질문, 새로운 카테고리는 어떻게 탄생하는가?

찰스 다윈의 저서 《종의 기원》은 진화의 두 가지 측면을 말한다. 하나는 한 조상으로부터 현재 조건으로의 점진적 변화다(향상 진화). 다른 하나는 분화(분화), 즉 조상 나무가 새 가지들을 만들어내는 것이다(분화 진화). 향상은 기존의 종이 더 나은 쪽으로 나아가는 것이고 분화는 다른 영역을 창조하는 것이다. 생물학에서 향상 진화와 분화 진화는 대체로 별개의 과정들이다.

《종의 기원》에서 설명하는 이러한 진화의 두 가지 측면이 비즈니스 세계에도 그대로 적용된다. 브랜드는 진화하고 카테고리를 분화한다는 사실이다. 카테고리를 분화하여 새로운 브랜드를 구축할 기회를 모색하는 것은 대단히 유용한 방법인 것이다.

이와 같은 해답을 찾기 위하여, 4장에서는 다양한 사례와 기존의 연구들, 그리고 현장에서의 경험과 통찰들을 함께 다룰 것이다.

세 번째 질문, 새로운 카테고리 제품을 쉽게 이해할 수 있도록 어떻게 명료하게 표현할 것인가?

　새로운 카테고리의 제품은 시장에 처음으로 모습을 드러내기 때문에 제품을 명료하게 표현하지 못하여 최초의 제품임에도 실패하게 되는 경우가 많다. "구슬이 서 말이라도 꿰어야 보배다"는 말이 있듯이, 아무리 새로운 혁명적인 제품이라도 소비자들에게 어떤 제품인지를 명료하게 표현해주지 못하면 실패한다. 그러면 새로운 카테고리의 제품의 경우 빈번하게 실수를 저지르게 되는 세 가지 표현 영역은 무엇인가?

　빈번하게 실수를 저지르는 첫 번째 표현 영역은 '어떤 카테고리에 속하는지가 불명료한 경우'다. 출시 초기에 신제품이 어떤 카테고리에 속하는지를 명확히 정하지 못하여 실패한 경우가 많다. 새로운 카테고리를 창조한 상품을 도입할 경우, 어떤 제품 카테고리인지 명확하지 않은 시기다. 따라서 고객의 머릿속에 어떤 특정의 카테고리로 정하는 것은 마케팅에 있어 매우 중요한 문제다. 그러나 기업이 고객의 카테고리 분류 과정에 직접 개입하는 것은 어려운 일이다. 다만 기업은 고객이 처음 마주하는 신제품을 범주화(카테고리화)하는 일련의 과정에서 더욱 쉽게 이해할 수 있도록 해야 한다.

　빈번하게 실수를 저지르는 두 번째 표현 영역은 새로운 '카테고리의 명칭이 불명료하거나 제한적인 경우'다. 마케팅 전쟁에서 성공할 가능성을 높이기 위해 카테고리 명칭을 명료하게 해야 한다. 그러나 카테고리 명칭을 잘못 설정하거나 너무 제한적인 카테고리 명칭을 사용함으로써 성공 가능성을 줄이는 경우가 종종 있다. 새로운 카테고리에 어떤 이름을 붙일지 고민할 경우 제일 먼저 해야 할 일은 그 카테고리의 특성이나 작동 원리를 분석하는 것이다. 그런 다음 그 정보를 이용해 카테고리를 묘사하는 것이다. 이를테면 '자동차'라는 카테고리가 처음 소개되었을 때 사람들은 '말 없는 마차horseless carriage(자동차의 작동 원리를 간단하게 설명한 이름)'라고 불렀다. 그래서 고객들에게 새로운 카테고리가 쉽고 빠르게 이해될 수 있었다.

빈번하게 실수를 저지르는 세 번째 표현 영역은 새로운 '카테고리의 제품명이 불명료한 경우'다. 제품에 붙이는 브랜드 이름은 직관성이 생명이다. 따라서 새로운 카테고리의 제품인 경우 카테고리의 특징을 나타낼 수 있는 브랜드명으로 작명하는 것이 필요하다. 아울러 브랜드명은 그 카테고리의 대표가 될 수 있는 것으로 정하는 것이 중요하다. 해당 카테고리를 대표하기 위해서는 카테고리의 연상 가능성이 높은 브랜드명이어야 한다. 이것을 충족시키는 것이 가장 중요하고, 그다음으로 외우기 쉽고 부르기 쉽고 좋은 이미지를 전해야 하는 등 일반적으로 강조하는 네이밍의 원칙이 고려되어야 한다.

이와 같은 해답을 찾기 위하여, 5장에서 7장에 걸쳐 다양한 사례와 기존의 연구들, 그리고 현장에서의 경험과 통찰들을 함께 다룰 것이다.

네 번째 질문, 새로운 카테고리 제품이 성공하기 위한 필요충분조건은 무엇인가?

새로운 카테고리의 상품은 적을 먹고 산다. 적이 없다면 새로운 카테고리의 상품은 빨리 성장하여 시장에 정착하지 못한다. 세상에 나온 수많은 발명품 중에는 상대할 적이 없어서 발전하지 못하고 사라진 것이 많다. 이런 것들은 기존 시장에 존재하지 않는 기발한 개념이긴 하지만 소비자의 마음에 자리를 잡지 못한 것들이다.

이와 같은 해답을 찾기 위하여, 8장에서 다양한 사례와 기존의 연구들 그리고 현장에서의 경험과 통찰들을 함께 다룰 것이다.

다섯 번째 질문, 시간에 걸쳐서 카테고리 수명 주기를 어떻게 관리해야 하는가?

생물체와 마찬가지로 카테고리 역시 태동기, 성장기, 성숙기, 쇠퇴기를 거치는 수명 주기를 가진다. 따라서 카테고리 수명 주기에 따라 관리 방법을 달리해야 한다.

초기 시장으로, 아직 제품 카테고리가 미형성되어 있는 상태에서 처음으로 진입하는 개척자는 제품 카테고리를 규정하는 편익을 자사 브랜드와 연관하여 포지셔닝해야 한다. 따라서 브랜드보다 카테고리 홍보에 집중해야 한다. 이렇게 함으로써 새로운 카테고리를 소유할 수 있다.

성장 시장으로, 점차 시장이 성장하여 같은 제품 카테고리에 다수의 브랜드가 후발로 진입하게 된다. 이제 제품 카테고리명이 생기고 경쟁 브랜드들은 제품 카테고리명에 의해 집단화된다. 후발진입자는 제품 카테고리 욕구를 충족하면서 선발자와 차별화를 시도한다. 따라서 제품 카테고리 내 경쟁 브랜드와 차별화된 속성-편익과 관련하여 포지셔닝한다. 이런 시장 상황에서 선도자는 원조 브랜드로서 확실한 위치를 구축하여 진입장벽을 만들어야 한다.

성숙 시장으로, 점차 카테고리가 약화되거나 변화에 직면하게 된다. 선발자는 시장의 역동성에 대응하여 지속적으로 연관성을 유지하는 것이 중요하다. 또한 과잉 성숙 시장에 이르게 되면서 시장의 정체 내지 쇠퇴로 접어들어 새로운 하위 카테고리가 형성된다. 이제 기업들은 우수한 제품 개발에 투자해서 새로운 하위 카테고리를 창조하고 기존 브랜드를 훌쩍 뛰어넘는 것이다. 반면, 후발 진입자 또는 도전자는 의도적으로 기존 카테고리의 분화를 시도하여 기존의 카테고리와 차별화하려는 노력을 기울여야 한다.

이와 같은 해답을 찾기 위하여, 9장에서 11장에 걸쳐 다양한 사례와 기존의 연구들, 그리고 현장에서의 경험과 통찰들을 함께 다룰 것이다.

이 책은 그동안 현장에서 날것 그대로 보고, 그곳에서 진실을 찾아내고, 통찰을 덧씌워 정리한 결과물이다. 물론 책을 쓰는 내내 현장을 관찰하고 조사하면서, 아울러 현업의 전문가들과 인터뷰하고 토론하는 과정을 거쳤다. 이런 과정들이 스스로에겐 고통이었지만, 또 한편으로 즐거웠고 뿌듯했다. 왜냐하면 경쟁의 덫에서 벗어나는 '카테고리 창조의 법칙'을 탄생시켰기에.

이제 이 책을 넘기는 순간 독자 여러분들은 비즈니스의 성공 비밀에 한걸음 더 다가설 수 있을 것이다. 아울러 미래 성공에 깊은 통찰을 얻을 수 있을 것이다.

contens

프롤로그 브랜드는 잊어라, 카테고리가 이긴다! | *004*

01 경쟁할래, 독점할래?
바보야, 문제는 새 카테고리 창조야!

경쟁의 배신 | *023*

경쟁하지 말고 독점하라 | *033*

잘 팔리는 제품에는 탄생의 비밀이 있다 | *044*

새 카테고리 창조는 독점에 이르는 지름길이다 | *053*

02 카테고리화
분류 기준이 소비 패턴에 영향을 미친다!

카테고리는 마음속의 분류함이다 | *061*

카테고리는 계층적 구조를 가진다 | *065*

틀 짓기에 따라 해석도 달라진다 | *069*

03 카테고리 소유하기
카테고리의 원 브랜드가 돼라

원조 브랜드 | *077*

원조 브랜드의 효과 | *086*

실질적인 선점자가 돼라 | *093*

개척자는 장기간 넘버원을 유지한다 | *100*

04 새 카테고리의 기회 찾기
나누거나 더하거나
브랜드는 진화하고 카테고리는 분화한다 | 107
분화의 두 가지 공식 | 114
나누기 | 118
더하기 | 127
모든 카테고리는 분화한다 | 134

05 새 카테고리의 위치 정하기
어떤 카테고리에 닻을 내릴 것인지 명확히 하라
새 카테고리 제품을 불명료하게 표현하여 생긴 실책들 | 139
어떤 카테고리에 속하는가? | 144
비교 상대를 누구로 할 것인지 명확히 하라 | 151
모범 사례를 비교 상대로 하라 | 156
카테고리를 비교 상대로 하라 | 162
하이콘셉트를 비교 상대로 하라 | 167
제품 기술어에 의존하라 | 176
해석의 가능성을 오픈해 두라 | 180

06 새 카테고리의 명칭 정하기
알기 쉽고 새롭다는 인상을 심어줘야
새 카테고리의 명칭은 중요하다 | 187
쉽게 이해할 수 있어야 | 190
연상 이미지를 선택하라 | 196
조합어를 만들어라 | 203

07 새 카테고리 상품의 이름 짓기
카테고리 그 자체에 집중하라

새 술은 새 부대에 | *211*

카테고리 브랜딩 | *217*

기존 카테고리어에서 출발하라 | *222*

새 카테고리 연상어를 활용하라 | *225*

새 카테고리를 대변하는 본질적 단어를 창조하라 | *228*

새 카테고리어를 그대로 활용하라 | *233*

일반화의 늪을 주의하라 | *236*

08 새 카테고리의 적 설정하기
브랜드 전쟁이 아니라 카테고리 전쟁이다

적이 없으면 시장 성장이 어렵다 | *243*

개가 고양이를 잡아먹는다 | *247*

양극화하라 | *252*

09 새 카테고리 확산하기
브랜드보다 카테고리를 홍보하라

카테고리 수명 주기 관리 | *263*

혁신 확산 | *266*

어떻게 마음속에 진입할 수 있는가 | *270*

개척자가 학습 과정을 이끌어간다 | *273*

홍보해야 하는 대상은 카테고리다 | *279*

새로운 소비를 유도하려면 의제 설정하라 | *282*

비인습적 그룹의 사람들 확보하기 | 285
소문내기 | 293
공감하기 | 300

10 새 카테고리의 경쟁자 차단하기
원조 브랜드의 존재를 강화하라
진짜 성공은 성공 이후에 온다 | 309
카테고리를 정의하는 강력한 편익을 확보하라 | 312
정통성을 제공하라 | 314
전문성을 창출하라 | 325
움직이는 타깃이 되라 | 328
브랜드화된 차별 요소를 개발하라 | 331
때론 적을 맞이하라 | 335

11 카테고리 약화나 변화에 대응하기
역동성에 대응하여 연관성을 유지하라
허니 열풍은 퇴조하고 있는가? | 341
카테고리가 약화되거나 변화할 때 | 346
현재 하는 일에 집중하라 | 349
낯설게 사고하여 리모델링하라 | 355
동등성을 확보하라 | 365
하위 카테고리를 만들어라 | 370

에필로그 모방은 자살행위다 | 372

미주 | 376

CREATE A **CATEGORY**

01

경쟁할래, 독점할래?

―

바보야, 문제는 새 카테고리 창조야!

CREATE A **CATEGORY**

경쟁의 배신

경제학에서 경쟁은 매우 유익한 시스템이다. 물론 완전 경쟁을 전제로 한다. 이를 가장 잘 설명하는 개념은 애덤 스미스의 '보이지 않는 손'이다. 스미스는 시장에서 개인의 이익 추구가, 많은 경우 다수의 이익으로 이어진다는 사실을 우리에게 알려주었다. 가령 생산업자들이 더욱 높은 이윤을 얻기 위해 비용을 절감할 수 있는 혁신안을 도입하면 머지않아 경쟁 회사들이 그 뒤를 따르게 되고, 결국 궁극적인 혜택은 가격 하락이라는 형태로 소비자들에게 돌아간다.

완전 경쟁의 반대는 독점이다. 경제학에서 독점은 악이라고 가르친다. 소비자와 사회 전체에 돌아가야 할 효용의 상당 부분을 소수 기업이 가로채기 때문이다.

그럼에도 아담 스미스는 보이지 않는 손을 경배하는 현대의 수많은 경제학자들과 달리, 고삐 풀린 경쟁이 '언제나' 모든 이에게 최선의 결과를 가져다줄 것이라는 환상을 품지는 않았다.

가령 공연장에서 몇몇 청중들이 무대를 더욱 잘 보기 위해서 자리에서 일어난다면 뒤쪽에 앉아 있는 사람들은 무대를 보지 못할 것이다. 결국에는 모든 사람들이 시야를 확보하기 위해 자리에서 일어나지만, 결코 모두가 자리에 앉아 있을 때보다 잘 볼 수 없다.

또 하나의 예를 보자. 아이비리그 명문인 코넬대학교 존슨경영대학원의 로버트 프랭크Robert H. Frank 교수는 그의 저서 《이코노믹 씽킹》 Economic Thinking 에서 여성들이 신는 하이힐을 예로 들어서 이렇게 설명했다.[1]

> 하이힐은 불편하고 걷기도 힘들며, 지나치게 오래 신으면 발, 무릎, 등이 손상될 수도 있다. 그럼에도 여자들이 하이힐을 계속해서 신는 이유는 한마디로 하이힐을 신은 여자들이 그렇지 않은 여자들보다 더욱 매력적으로 보이기 때문이다. 하이힐은 여성의 키를 크게 해주고 등을 똑바로 펴게 해준다. 그 결과 가슴은 앞으로 엉덩이는 뒤로 밀어줌으로써 S라인 몸매를 강조해준다.
>
> 문제는 모든 여성이 하이힐을 신는다면 이러한 장점들이 없어진다는 점이다. 키란 상대적인 것이기 때문에 그러한 장점이 상쇄되어버린다. 즉 모든 여성들이 굽 없는 신발을 신었을 때와 별 차이가 없는 것이다.

여성이 신는 하이힐의 예에서처럼 모든 여성들이 하이힐을 신는다면 굽 낮은 신발을 신었을 때와 어떤 차이도 없게 된다. 결국 경쟁이 반드시 좋은 것만은 아니라는 사실을 잘 보여준다.

이처럼 고삐 풀린 경쟁이 어떤 이유로 최선의 결과를 가져다주지 못하는 것인가?

추종자의 습성

다음 글을 한번 생각해보자.[2]

한 청년이 바닷가를 거닐다가 게를 잡고 있는 어떤 노인을 만났다. 노인 곁에는 자그마한 대광주리 두 개가 놓여 있었다. 하나는 뚜껑이 덮여 있었고 하나는 열려 있었다. 그는 속으로 '뚜껑을 덮은 대광주리에는 게가 가득할 것이고, 뚜껑을 열어놓은 대광주리에는 게가 한 마리도 없거나 있어봤자 고작 몇 마리겠지'라고 추측했다.

자신의 예상이 적중했을지 궁금했던 청년은 노인 곁으로 가 뚜껑이 열려 있는 대광주리 속을 힐끗 보니 게가 많이 들어 있었다. 이어서 그 바로 옆의 뚜껑을 덮어놓은 대광주리를 열어보았더니 광주리 안에 게가 딱 한 마리밖에 없는 것이 아닌가! 그는 영문을 모르겠다는 듯 노인에게 물었다.

"어르신, 왜 게가 한 마리밖에 없는 이 광주리는 뚜껑을 닫아두셨고 게가 가득 담긴 저 광주리는 뚜껑을 열어두셨어요?"

어르신이 웃으면서 답했다.

"젊은이가 모르는 게 있구먼. 이 대광주리는 다른 광주리와 달리 입구가 좁고 바닥이 넓은 편이라네. 그래서 게가 한 마리 있을 때는 잘 덮어두지 않으면 도망가버리고 말지. 하지만 두 마리 이상만 있으면 뚜껑을 덮어둔 거나 다름없으니 걱정할 필요가 없어. 왜 그런 줄 아나? 한 마리일 때는 광주리 입구를 따라 도망칠 수 있지만 두 마리 이상이면 다들 동시에 입구로 몰려들어 빠져나갈 공간이 없기 때문이야. 일단 어느 한 마리가 도망치려고 하면 나머지 게들이 끌어당기기 때문에 결국 어느 한 놈도 도망을 못 치는 거라네."

위의 이야기에서 만약 뚜껑이 없는 대광주리에 '여러 마리 게'와 '한 마리 게'가 각각 들어 있는 경우에는 어떤 일이 벌어질까?

결론부터 말하자면 대광주리에 담아 둔 여러 마리의 게는 결코 도망칠 수 없다. 반면 대광주리에 담아 둔 한 마리 게는 곧 도망칠 것이다. 이러한 상황을 '경쟁'과 '독점'으로 대치해보면 쉽게 이해가 될 것이다. 여러 마리 게는 '경쟁' 상태로 서로 견제하게 되면서 모두가 탈출을 하지 못한다. 반면 한 마리 게는 '독점' 상태이다. 어느 누구의 견제도 없이 곧 탈출할 수 있다.

자연의 이치가 이러한데 하물며 비즈니스 세계는 어떻겠는가? 경쟁사들보다 한발 앞서기 위해 치열한 경쟁을 벌이기 마련이다. 이렇게 서로 상대를 따라하다 보면 누구도 큰 성공을 거두지 못하고 도토리 키 재기에 머무는 결과를 초래하게 된다. 결국 모두가 비슷해져 소비자의 선택권이 줄어든다. 이런 상황에서는 가격 경쟁만 남게 된다.

그럼에도 기업들은 늘 경쟁에 초점을 둔다. 이들은 앞선 경쟁자를 따라가는 '추종자의 습성'을 가진다. 자연의 세계에서 이러한 '추종자의 습성'을 잘 보여주는 사례가 하나 있다. 프랑스 과학자 장 앙리

파브르Jean Henri Fabre는 다음과 같이 '송충이 실험'을 했다.³

파브르는 송충이 몇 마리를 잡은 후 화분 가장자리에 놓아 둥글게 원을 그리면서 돌게 했다. 그리고 화분에서 6인치 정도 떨어진 곳에 송충이들이 가장 좋아하는 송진을 뿌려두었다. 송충이는 본래 앞서 가는 송충이가 가는 길을 무조건 따라가는 '추종자' 습성이 있다. 그런 탓에 화분 위 송충이들 역시 맹목적으로 앞서가는 송충이를 따라 화분 가장자리를 한 바퀴 또 한 바퀴 돌며 계속 움직였다. 그날 송충이들은 완전히 힘이 다 빠진 후에야 화분 가장자리 돌기를 잠깐 멈추긴 했지만 아무것도 먹지도 마시지도 않고 그렇게 계속 돌았다. 일주일 후 배가 고파 기진맥진한 송충이 무리는 결국 굶어 죽었다. 아주 가까운 곳에 먹을거리가 산더미처럼 쌓여 있었는데도 말이다.

파브르는 이 실험에 관해 이렇게 기록했다. "저렇게 많은 송충이 가운데 한 마리만 남달랐더라도 이처럼 비극적인 결과는 나타나지 않았을 것이다."

과학자들은 무조건 앞에 있는 동료의 뒤꽁무니만 따라가는 송충이의 습성을 '추종자 습성'이라고 부른다.

경쟁을 생각할 때 우리는 무엇을 볼까? 타깃으로 삼은 상품과 경쟁 기업이다. 거기에 고객은 포함되지 않는다. 이렇다 보니 오로지 상품과 경쟁 기업에 대한 모방으로 일관한다.《디퍼런트》를 쓴 하버드대학교 문영미 교수는 이런 현상을 보며 "기업들은 점점 '차별화의 대가'가 아니라 '모방의 대가'가 되어가고 있다"고 하였다.⁴

우리가 익히 들어온 스타벅스, 그리고 스타벅스가 말하는 스타벅스는 커피를 파는 회사가 아니다. 그보다는 문화를 파는 회사, 경험을 선사하는 기업이다. 그러나 스타벅스는 이미 샌드위치를 팔고 있고 맥도날드와 던킨과 경쟁하고 있다. 최근에는 스타벅스가 술을 함께 판매하는 매장을 미국 70여 곳으로 확대했다. 맥주와 와인뿐 아니라 마카로니치즈와 대추베이컨말이 등 안주까지 판매하고 있다.

이처럼 스타벅스는 "로맨스가 사라지고 있다"는 비판과 함께 성장해왔다. 비판의 내용은 커피의 질이나 서비스의 질이 아니었다. "스타벅스 문화가 사라지고 있다"는 안타까움이었다.[5]

싸우면서 닮아간다

그러면 왜 경쟁할까? 이에 대해 피터 틸과 블레이크 매스터스는 《제로투원》Zero to One에서 마르크스와 셰익스피어가 제시한 모형을 인용하여 이렇게 설명했다.[6]

> 마르크스에 따르면 사람들은 서로 다르기 때문에 싸운다. 프롤레타리아가 부르주아와 투쟁하는 것은(마르크스에 따르면 서로 다른 물질적 환경으로 인해) 생각과 목표가 전혀 다르기 때문이다. 차이가 클수록 충돌도 커진다.
> 반면에 셰익스피어가 그리는 싸우는 사람들은 모두 비슷비슷하다. 그들은 싸울 이유가 전혀 없으며, 왜 싸우는지도 분명하지 않다. 한 예로 《로미오와 줄리엣》은 "똑같은 지체 높은 두 집안"이라는 표현으로 시작된다. 두 집안은 비슷한데도 서로를 증오하고, 심지어 반목

이 심해질수록 더욱더 닮아간다. 결국 두 집안은 애당초 싸움이 왜 시작되었는지는 기억조차 하지 못한다.

비즈니스의 세계에서 더 나은 지침을 제시하는 것은 셰익스피어다. 사람들은 회사 내부에서 승진을 위해 경쟁자에게 집착하고, 그러고 나면 회사는 시장에서 자신의 경쟁자들에게 집착한다. 온갖 극적인 상황 속에서 사람들은 정작 중요한 것을 잊어버리고, 그 대신 경쟁자에게 관심의 초점을 맞춘다.

그런데 이러한 경쟁은 심각한 문제를 안고 있다. 우리는 경쟁이 치열하게 전개될수록 제품이 진화를 거듭하여 산업 전반의 경쟁력이 강화될 것이라 믿지만 현실은 이 믿음과는 다르게 흘러간다는 사실이다. 일반적으로 제품들이 경쟁할수록 차별화가 강화되기보다는 오히려 평준화에 이른다. 한마디로 말하면 붕어빵 제품을 양산할 뿐이다. 왜냐하면 경쟁을 통해 강점을 강화하기보다 약점을 보완하는 방향으로 흐르기 때문이다. 이에 대해 하버드대학교 문영미 교수는 《디퍼런트》에서 볼보와 아우디의 예를 들면서 [그림 1-1]과 같이 설명했다.[7]

자동차 브랜드 중 볼보는 내구성에, 아우디는 디자인에 강점이 있었다. 이들은 서로 반대되는 약점을 가지고 있다. 즉 볼보는 디자인에, 아우디는 내구성에 약점을 가지고 있는 것이다. 이 두 브랜드가 경쟁하면 서로 약점을 보완하는 데 치중할 것이고, 그렇다 보니 같은 방향으로 나아간다. 결국은 서로 비슷해지는 결과에 도달한다.

비슷한 예를 들어 하나 더 들어보자. 비자VISA와 아메리칸 익스프레스American Express는 신용카드 시장에서 각기 확고한 입지를 확립해왔다. 비자의 강점(차별점)은 가장 널리 활용되는 카드라는 점이고, 따라서 그 서비스군의 핵심 편익인 편리성을 강조하고 있다. 아메리칸 익스프레스는 카드 사용과 관련된 특권 혹은 명성을 부각시킴으로써 브랜드의 자산을 키워왔다. 이러한 강점을 확립하는 과정에서 비자와 아메리칸 익스프레스는 상대방의 강점을 무력하게 만들어버리려고 노력하는 방식으로 경쟁하고 있다. 이러한 노력의 일환으로 비자카드는 백금으로 만든 카드를 선보여 카드의 고급적인 이미지를 높여 경쟁하고, 아메리칸 익스프레스는 비자카드의 강점을 줄이기 위해서 카드 가맹점 수를 상당수 증가시켰다. 이처럼 비자는 아메리칸 익스프레스를 향해 달려가고, 아메리칸 익스프레스는 비자를 향해 달려간다.

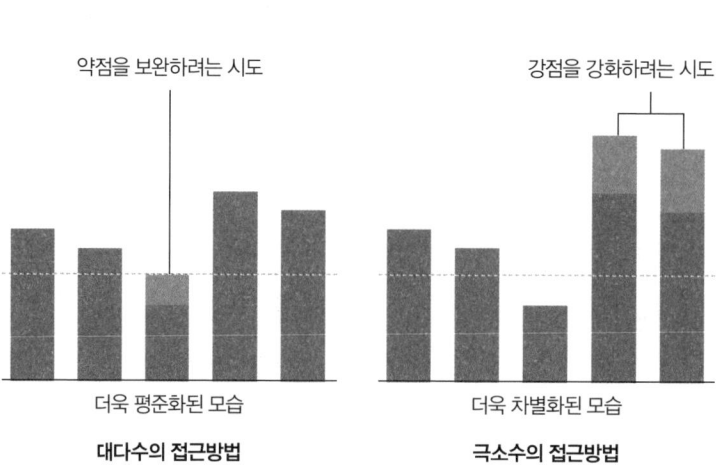

그림 1-1 **대다수의 접근법 vs. 극소수의 접근법**

이처럼 많은 제품이 '차별화'라는 이유로 지속적으로 약점을 보강하는 데 치중한 나머지, 자기만의 강점을 살리지 못하고 특징 없는 제품이 되고 만다. 그리곤 이들은 붕어빵 제품에 이르게 된다.

문제는 이런 현상들이 거의 모든 제품에서 만연하고 있다는 사실이다. 따라서 붕어빵화에서 벗어나려면 강점에 집중하고 약점은 적절한 선에서 보완하면 된다.

이를 잘 설명해주는 것이 독일의 식물학자 유스투스 폰 리비히Justus von Liebig가 제창한 '최소량의 법칙'이다. 식물이 자라는 데는 탄소, 수소, 질소, 인, 황, 칼륨, 칼슘, 마그네슘, 철분 등 10여 가지 원소가 반드시 필요하다. 만약 여기서 하나라도 없거나 부족하면 다른 원소가 아무리 많아도 식물이 정상적으로 자랄 수 없다. 리비히는 이를 기다란 나무판자를 붙여서 만든 물통에 빗대어 설명했다. 통에 물을 채울 때 아무리 다른 판자들이 높아도 판자 하나가 짧으면 그곳으로 물이 새나가고 만다. 생장은 자원(영양)의 총량이 아니라 '최소량의 요소'에 의해 결정된다.[8]

세계적인 스포츠 매니지먼트 회사인 IMG의 설립자이자 컨설턴트인 마크 맥코맥은 《하버드 MBA에서도 가르쳐주지 않는 것들》이라는 책에서 프로와 아마추어의 차이를 이렇게 설명했다.[9]

> 미국 테니스 선수가 대학에서 하는 경기와 프로리그에서 하는 경기의 차이는 이렇다. 대학에서는 기술을 어느 정도 습득하고 다른 선수의 약점을 파악하면 웬만큼 승리할 수 있지만, 프로 세계에서는

자신의 약점보다 강점을 파악하는 것이 더 중요하다.

세계적인 테니스 스타였던 비요른 보그가 중요 테니스 선수권 대회에서 우승하기 시작했을 때 그가 지닌 몇 가지 강점이 드러났다. 그의 그라운드 스트로크, 순발력, 그리고 집중력은 최고 수준이었다. 그러나 서브는 약했다. 하지만 비요른은 현명하게도 자신의 서브가 경기의 승부를 좌우할 결정적인 요소는 아니라는 것을 알고 있었다. 만약 그가 약한 서브를 고치는 데만 매달렸다면 아무 효과도 없었을 뿐더러 오히려 역효과가 있었을 것이다. 비요른은 약점을 자신에게 불리하게 작용하지 않을 만큼만 향상시켰다.

결국 강점에 집중하고 약점은 적절한 선에서 보완하자는 것이다. 아마추어의 세계에서는 어느 정도 기술을 습득하고 상대의 약점을 파고들면 이길 수 있다. 하지만 프로의 세계는 다르다. 약점은 적절한 선에서 보완하고 오히려 강점에 집중하는 것이 중요하다.

비즈니스 세계도 운동의 프로 세계와 마찬가지다. 강점을 강화하고 약점을 적절한 선에서 최소량을 유지해주면 된다. 최소량은 구매의 필요조건이기 때문이다.

경쟁하지 말고 독점하라

미원은 일제 강점기 때 일본인이 들여온 '아지노모도'가 우리 식탁에서 인기를 끌자 이를 본 대상그룹 창업주 임기홍 씨가 일본에 가서 배워온 아지노모도 제조 방법을 개조하여 부산에서 '동화화성공업'이라는 조그만 회사를 설립하면서 시작되었다. 당시 우리나라 사람에게 익숙했던 아지노모도 조미료와 흡사했던 미원은 급속도로 우리 식탁을 점령하였고 그것을 제조 판매한 기업도 성장하여 미원그룹(현재 대상그룹)으로 확대되었다.

이를 바라보고 있던 제일제당은 조미료 시장의 일인자가 되고자 미풍이라는 조미료 상품을 출시하였다. 미풍과 미원은 맛과 품질에서 큰 차이가 없었다. 제일제당은 미원의 독주를 막고자 저가의 물량 공세 등 다양한 정책을 써보지만 미원의 고가 전략과 대리점 개설 등의 역공격에 밀려 실패하고 말았다.

막강한 자본력을 앞세운 미풍이 미원에게 실패한 이유는 무엇일까? 결론적으로 이야기하면 당시 '조미료=미원'이라는 인식이 너무 강해서 별도리가 없었기 때문이다.

"아줌마, 미원 하나 주세요"로 통하는 '습관적 인식' 앞에서 제일제당도 어쩔 수 없었다. 당시 소비자들은 조미료는 곧 미원이란 인식을 가지고 있었다. 즉, 미원이 하나의 보통명사가 되어 조미료 시장 전체를 대체했던 것이다. 미풍을 사고자 하는 소비자조차도 "새로 나온 미원 주세요"라고 말할 정도였다.

이런 상황에서 제일제당은 초기 조미료 전쟁에서 실패하자 조미료 시장에서 손을 뗀 듯 보였다. 하지만 '천연 조미료 다시다'를 출시하였다. 이러한 결과 조미료 시장은 '인공 조미료'와 '천연 조미료'로 양분되었고, '다시다'는 선도 브랜드 '미원'을 추월하는 한마디로 대박 상품이 되었다. 모든 국과 무침 등의 음식에 들어가고 맛 또한 그 당시엔 뛰어나서 미원의 판매량이 급감하게 되었다. 이에 미원그룹은 쇠고기 '맛나'라는 상품을 출시했지만, 과거의 '미풍'이 '미원'에게 참

패를 당한 것과 똑같은 굴욕을 '다시다'로부터 겪게 되었다.

여기서 우리가 조미료 전쟁에서 얻을 수 있는 하나의 교훈은 해당 카테고리에 원조 브랜드가 존재할 때는 정면으로 도전하지 말고 차라리 대안 제품으로 새로운 카테고리를 만들어야 한다는 점이다.

미투의 잔혹사

사람들이 어떤 대상에 가장 질투를 많이 느끼는지를 알아본 연구가 있었다. 이 연구 결과에 따르면 자신과 너무 다른 사람 혹은 너무나 월등한 사람에게 큰 질투를 느끼지 않았다. 바로 자기 주변에 있는 자신과 비슷한 사람, 그러나 자기보다 좀 더 나은 사람에게 가장 큰 질투를 느꼈다. 즉 같은 직장 동료나 내 이웃 중 나보다 조금만 더 나은 사람이 질투의 대상이다.

비즈니스 세계에서도 마찬가지의 현상들이 나타난다. 어떤 영역에서 월등히 앞선 선도자는 경쟁의 영향을 받지 않는다. 오랫동안 독점을 누린다. 한국 식품 역사를 돌아보면 전형성이 큰 선도 제품(브랜드)을 미투me too 제품으로 따라잡은 사례는 극히 드물다. 성공한 사례보다 실패한 사례가 훨씬 더 많다. 이른바 '미투의 잔혹사'다.

> 1974년 오리온 초코파이 출시 후 모양과 포장 디자인을 베낀 제품들이 쏟아졌지만 오리온의 독주를 막지 못했다.
>
> 오리온이 1989년 후라보노 껌을 내놓은 뒤 롯데와 해태도 미투 껌을 내놓았지만 판매대에서 찾아보기가 쉽지 않다.
>
> 1997년 롯데 자일리톨 껌을 출시한 후 해태나 오리온도 뒤따라 했지

만 아직도 갭이 크다.

1958년 출시된 조미료 미원, 미풍이란 이름의 미투 제품은 실패했다. 결국 '천연 조미료 다시다'를 내놓아 새로운 카테고리를 창조함으로써 조미료 전쟁에서 벗어날 수 있었다.

어떤 후발 주자도 오리온 초코파이와 후라보노 껌, 그리고 롯데 자일리톨 껌 등 선도자를 잡지 못했다. 왜냐하면 이들은 해당 카테고리를 대표하는 원조 브랜드로 소비자의 마음속에 깊이 자리 잡고 있기 때문이다.

이 사례들을 통해서 얻는 교훈은 분명하다. 선도 브랜드의 전형성이 너무 클 때는 정면으로 도전하지 말고 차라리 '대안 제품'으로 새로운 카테고리를 창조해야 한다. 다만 선도 브랜드의 전형성이 난공불락이 아니라고 생각할 때에는 같은 제품 카테고리에서 싸우되 선도 브랜드가 간과해왔지만 소비자에게 매우 중요한 속성을 강조하는 포지셔닝 전략을 주로 펼쳐야 한다. 카테고리를 정의하는 여러 요수 중 적어도 한 부분에서는 선도 브랜드를 압도해야 하고 나머지 부분에서는 선도 브랜드만큼 품질을 유지해야 한다.

더 이상 차별화를 노리지 않는다

점진적 혁신을 하는 기업들은 자사 제품이 경쟁 제품과 어떻게 다른지 차별 요소를 만들거나 경쟁자를 추월하기 위해 끊임없이 노력한다. 하지만 브랜드 간 경쟁의 핵심이 되었던 기존 속성으로는 차별화하기가 더욱 어려워졌고, 차별화한다고 하더라도 경쟁 브랜드들의 즉각적인 대응으로 경쟁 우위를 유지하는 기간이 짧아졌으며, 소비자들도 사소한 차별성은 거의 인식하지 못하는 상황이 되었다.

차별화의 사전적 정의는 '다른 것과의 차이를 두드러지게 하는 것'이다. 즉 다른 상품과의 차이를 두드러지게 하여 경쟁 우위를 창출하려는 것이다. 하지만 차별화를 생각할 때 우리는 무엇을 볼까? 타깃으로 삼은 상품과 경쟁 기업이다. 거기에 고객은 포함되지 않는다.

이와 같은 차별화 방식으로는 성공을 거두기도 힘들뿐만 아니라 성과를 거둔다 하더라도 수익성이 낮을 수밖에 없다. 버나뎃 자와는 이에 대해《그들이 시장을 뒤흔든 단 한 가지 이유》라는 책에서 이렇게 말했다.[10]

> 지금까지 우리는 경쟁에서 우위를 선점하거나 뭔가 다르거나 뭔가 더 낫도록 만드는 것이 성공으로 가는 지름길이라고 믿어왔다. 하지만 다르게 만든다는 말은 무슨 뜻인가? (경쟁 제품보다) 기대치를 높이고, (경쟁 제품보다) 한발 앞서 나가는 것이고, (경쟁 제품보다) 눈에 띄게 만드는 것이다. 우리의 관심은 상품 자체보다는 경쟁자를 이기는 데 쏠려 있다. 하지만 당신이 아무리 "나는 다르다"고 외치더라도 접근 방식을 바꾸지 않는 한 근본적으로 경쟁자와 같은 페이지, 같은 카테고리에서 단 한 걸음도 벗어나지 못하게 된다.

반면, 성공한 기업들은 애초부터 기존 제품들과의 경쟁은 안중에도 없다. 이들은 경쟁 브랜드보다 더 선호되는 브랜드를 만들기 위한 경쟁(브랜드 선호 전략)이 아니라, 새로운 카테고리를 창조하여 브랜드 연관성을 확보하는 경쟁(브랜드 연관성 전략)에 초점을 맞춘다. 김위찬 교수도 그의 저서 《블루오션 전략》에서 "경쟁에서 이기는 유일한 방법은 경쟁자를 이기는 노력을 그만두는 것"이라고 말했다.

이런 두 가지 경쟁을 예를 들어서 설명해보자.

자동차 회사가 경쟁사보다 더 품질 좋은 세단을 내놓고 고객을 설득하는 것이 브랜드 선호 전략이라면, 미니밴처럼 새로운 카테고리를 만들고 미니밴이 필요한 사람은 처음부터 A라는 브랜드를 떠올리게 하는 것, 그래서 경쟁사와 미니밴의 연관성을 끊어버리는 것이 브랜드 연관성 전략이다.

감자 스낵 시장은 오리온과 농심이 장악하고 있고 해태제과는 만년 꼴찌였다. 더욱이 소비자들은 '감자칩' 하면 오리온 '오감자'나 농심 '수미칩'을 떠올린다. 이런 환경에서 해태제과가 할 수 있는 방법이란 명확하다. 선도 브랜드들보다 더 나은 감자칩으로 시장을 공략한다고 성공할 수 없었다. 결국 기존의 감자칩을 완전히 새로운 관점에서 보았다.[11]

> 그동안 브랜드별로 스낵을 분류해오던 것이 관행이었다. 이는 전형적인 경쟁 관점에서 신제품을 개발하는 방식이다. 그러나 새로운 방법을 찾기 위해 관점을 바꾸었다. 즉 브랜드로 바라보던 시장을 '맛'으로 바라보았다. 일명 '맛지도'였다.
>
> 이 맛지도에는 깨닫지 못했던 것이 숨겨져 있었다. 소맥 스낵은 짠맛,

단맛, 해물맛, 옥수수 스낵은 짠맛, 단맛, 옥수수맛, 나쵸맛이 있었다. 그러나 감자칩은 짠맛만 있다. 당연하고 당연했다. 하지만 '당연히'를 뒤집어 생각했다. "감자칩은 왜 짠맛만 있는 거지?"

해태제과는 '짭짤한 감자칩'보다 단지 맛이 더 좋은 감자칩을 개발하려 하지 않았다. 해태제과는 완전히 발상을 바꿔 당시 트렌드와 시장조사에서 포착되지 않았던 '허니'와 '버터'를 결합해 시즈닝한 '달콤한 감자칩'이라는 새로운 카테고리를 개발하여 큰 성공을 거두었다.

애플의 아이폰 역시 마찬가지다. 아이폰의 성공은 애플이 강력한 브랜드여서, 혹은 그들에게 최고의 기술력이 있어서가 아니라 아이폰, 아이패드 같은 새로운 카테고리를 만든 덕분이다. 스티브 잡스는 불과 10년 만에 아이팟, 아이폰, 아이패드, 아이튠스(애플의 온라인 장터)라는 새로운 카테고리를 만들어냈다.

이처럼 성공한 브랜드들은 경쟁자와는 완전히 새로운 관점에서 사물을 보았다. 사람들이 제기한 문제점이나 니즈를 원점에서 다시 생각해본 뒤, 문제를 해결하기 위해 무엇이 필요한지 결정하는 방식을 취한다. 이러한 접근법은 게임의 룰을 바꾸고 카테고리와 고객의 경험을 재창조하는 혁신의 해결책으로 이끈다.

브랜드와 카테고리 사이의 연관성에서 승리하라

경쟁에서 승리하기 위해서는 힘겨운 브랜드 선호 경쟁에서 벗어나 새로운 카테고리 창조를 전략적 목표로 삼아야 한다. 경쟁자가 없는 자신만의 새로운 카테고리를 만들어 '카테고리 지배자'가 됨으로써 브랜드와 카테고리 사이의 연관성에서 승리하게 된다.

가령 소비자가 인스턴트커피를 떠올리면 새로 출시된 '카누'는 인지나 선호 등 모든 측면에서 경쟁력을 가질 수 없다. 하지만 '인스턴트 원두커피'라는 카테고리에서는 가장 먼저 떠오르는 브랜드다. 따라서 카누는 '인스턴트 원두커피'라는 새로운 카테고리를 창조하여 인식시키기 위해 많은 노력을 기울였고 그 시장에서 선발 주자의 혜택을 누릴 수 있게 된 것이다.

여기서 브랜드와 카테고리 사이의 연관성의 이해를 돕기 위해서 브랜드와 소비자 간의 간단한 상호작용을 생각해보자. 소비자가 필요와 욕구를 느낄 때 먼저 카테고리를 생각하고 다음으로 그 카테고리에 속한 제품들 중 하나를 선택하여 구매한다. 가령 목이 마르면 음료수를 마시려고 한다. 다시 음료수 중 탄산음료수를 생각하여 탄산음료수에 속한 여러 브랜드들 중 코카콜라를 선택한다. 이를 단계별로 설명해보자.[12]

1단계: 우선 소비자가 어떤 카테고리를 구매하거나 이용할지 결정한다. 가령 소비자가 목이 마르면 생수를 마실지 음료수를 마실지 결정한다. 음료수 중 탄산음료, 탄산음료 중 콜라를 마시기로 했다면 애초에 생수나 사이다와 관련된 브랜드는 선택을 받지 못할 것이다. 이처럼 소비자가 어떤 브랜드를 선택 또는 고려하지 않는 경우의 대부분은 애초에 그 브랜드가 속한 카테고리를 선택하지 않았기 때문이지 특정 브랜드를 다른 브랜드보다 선호했기 때문이 아니다.

따라서 소비자에게 카테고리를 선택받기 위한 첫 번째 과제는 '새로운 카테고리를 창조'하는 것이다. 이렇게 창조된 카테고리를 관리하여 소비자들이 해당 카테고리에 대해 구매를 고려해보고 결국 이를 선택하도록 만들어야 한다. 예를 들어, 소비자가 탄산음료 중 '콜라'라는 카테고리를 선택하게 되면, 이 카테고리를 창조한 '코카콜라'는 유리한 초반 거점을 마련할 수 있다.

2단계: 소비자가 어떤 특정의 카테고리를 선택했다면, 그 카테고리에 속한 제품들 중 어떤 브랜드의 구매를 고려할 것인지 결정해야 한다. 여러 가지 이유로 적당치 않다고 여겨지는 브랜드를 제외시키는 선별 과정이다. 가령 탄산음료(콜라) 중에서 '코카콜라'와 '펩시'를 선택했고 '815콜라'는 소비자의 구매 고려 대상에 포함되지 못했다면, '815콜라'와 탄산음료 사이의 연관성이 없거나 약한 브랜드이기 때문이다. 따라서 구매 고려 대상에 포함되기 위해서는 다음의 두 가지 난제를 극복해야 한다.

첫째, 어떤 브랜드로 대표되는 기업은 소비자가 원하는 상품을 생산하고 이 상품과 관련하여 소비자의 신뢰를 얻어야 한다. 해당 카테고리에서 다른 기업과 경쟁하는 데 있어 역량이나 관심이 부족하다고 비춰지면 안 된다. 또는 이 브랜드가 해당 카테고리의 중요한 특성을 제대로 갖추지 못하고 있다는 인식을 갖게 해서도 안 된다. 우리가 기업이나 제품의 전문성을 강조하는 이유가 여기에 있다. 전문성을 갖춘 기업(혹은 전문적인 제품)은 그 분야에서 소비자로부터 확실한 신뢰성을 확보할 수 있다.

둘째, 해당 카테고리가 소비자의 고려 대상이 되었을 때 사람들이 이 브랜드를 눈여겨볼 수 있어야 한다. 또한 브랜드는 소비자의 관심의 뒤편으로 희미하게 사라지지 않도록 충분한 활력을 생성하고 유지해야 한다. 맥 빠지고 개성이 없으며, 혁신과도 동떨어지고 흥미 없는 브랜드는 인지도와 명성을 보유한다 할지라도 소비자들의 고려 대상이 될 수 없다.

3단계: 이제 이러한 평가 과정을 마친 후, 소비자는 구매 고려 대상에 포함된 브랜드 중 하나의 브랜드를 선택한다. 여러 브랜드 중 특정의 브랜드를 선택한 이유가 있을 것이다. 이성적 이유 혹은 감성적 이유일 수도 있으며 또는 자기표현의 욕구를 만족시키기 위해서였을 수도 있다. 아니면 단순히 상황이나 습관의 결과일 수도 있다. 따라서 여기서 중요한 것은 브랜드를 차별화하고 소비자 충성도의 기반을 다져 해당 브랜드의 선호를 높여 반드시 선택되도록 하는 것이다.

요약하면, 1단계와 2단계에서 소비자들이 제품을 구매할 때 우선 제품의 카테고리를 먼저 생각하고, 그다음에 브랜드를 선택하게 된다. 이는 두 가지 조건을 만족시킬 때 발생한다. 첫째, 목표 카테고리에 대한 소비자의 필요나 욕구가 인지 가능할 정도로 존재해야 한다. 위의 설명에서처럼 목이 마를 때 음료수를 선택하고 그중에서 탄산음료수를 선택했다. 둘째, 목표 카테고리를 선택했다면 그 카테고리에 속한 제품들 중 어떤 브랜드의 구매를 고려할 것인지 결정해야 한다. 소비자의 선별 심사를 거쳐서 코카콜라와 펩시콜라가 구매 고려 대상 제품으로 선택되었다.

　이처럼 소비자들이 제품을 구매할 때 우선 제품의 카테고리를 생각하고 그다음에 브랜드를 선택한다. 따라서 브랜드와 카테고리 사이와의 연계성을 확보해야 한다. 연계성이 강한 경우라면 원조 브랜드로 통한다. 해당 카테고리가 언급되었을 때 그 브랜드를 자연스럽게 떠올리게 된다.

잘 팔리는 제품에는 탄생의 비밀이 있다

어떤 카테고리든 처음에는 선도자가 있게 마련이다. 나중에 이를 뒤따르는 자들이 나타나 선도자가 창조한 시장은 점차 확대되어간다. 그리고 세월이 흘러 선도자의 선도적 상품은 사람들에게 당연한 상품으로 인식되어 아무도 그것이 선발 상품으로서 시장을 창조한 것이라고 생각하지 않게 된다.

그러므로 사람들은 선도자 상품의 위대한 효과를 깨닫지 못하고 '잘 팔리고 있는 지금'에만 마음을 뺏겨 탄생의 비밀을 설명하지 못한다. 단지 브랜드에 대한 관심을 불러일으키기 위해 벌인 온갖 흥미진진한 사례만을 보여주려고 한다.

'잘 팔리고 있는 지금'의 배후에는 브랜드가 출시되기 전의 과거가 있다. 우리는 이 '옛날'을 연구해봄으로써 한 가지의 분명한 결론에

도달할 수 있다. 새 브랜드의 성공은 새 카테고리의 창조에서 나온 것이다. 될 성부른 나무는 떡잎부터 알아본다는 속담처럼, 지금 잘 팔리고 있는 상품의 성공은 그것의 탄생 때부터 예약되어 있었다.

우메자와 노부요시는 그가 쓴 《장기 넘버원 상품의 법칙》에서 "카테고리 개척자가 후발 상품 대비 100배의 우세를 보인다"고 설명하였다. 즉, 카테고리 개척자는 발매 개수를 기준으로 10년 이상 시장 점유율 1위를 유지할 확률은 53.8%이며, 후발 상품이 시장 점유율 1위를 차지할 확률은 0.5%로, 전자는 후자의 100배에 달한다는 이야기이다.[13]

대개의 경우 시장에 제일 먼저 진입한 제품이 나중에 합류한 제품에 비해 비중 있고 안정된 시장 점유율을 차지한다. 어떤 카테고리를 선점했다는 사실 덕택에 고객들은 그 기업의 차별성을 강하게 인식한다. 프랑스의 생수업체 에비앙이 2,000만 달러를 들여가며 자신들이 '업계 최초'라고 끊임없이 광고하는 것도 이 때문이다. 소비자들은 최초의 제품이 오리지널이며 그 나머지는 유사품이라고 생각한다. 그리고 오리지널은 지식과 전문성 면에서 유사품보다 뛰어나다고 인식한다. 코크가 '원조 콜라'를 주장하여 큰 효과를 보았던 것도 이 때문이다.

퍼스트 펭귄을 닮은 이자녹스[14]

1990년대 초반 국내 화장품 시장은 두 가지 뚜렷한 현상을 보여주고 있었다. 그것은 따라 하기(me-tooism)와 그 결과로 나타난 과도한 할인 경쟁이었다. 이렇다 보니 브랜드 관리의 개념은 상실되어 3~5년이 지나면 기존 브랜드는 사라지고 또 새로운 브랜드를 출시하는 악순환이 이어지고 있었다. 결과적으로 브랜드는 출시 시점부터 단명의 운명을 안고 태어났었다. 이런 고질적인 악순환의 고리를 끊고 외국의 명품 브랜드와 마찬가지로 장수하는 브랜드를 만드는 것이 열망이자 시급한 과제였다. 이러한 환경 인식에서 이자녹스가 탄생했다.

신규 브랜드는 모방 경쟁에서 벗어나고자 외국의 명품 브랜드와 당당하게 경쟁할 수 있는 한국형 명품 브랜드를 목표로 하였다. 일명 '한국형 크리스찬 디올'을 만드는 것이었다. 다음은 화장품 비즈니스에서 만연한 모방 경쟁에서 벗어나고자 시도했던 새로운 표준을 도입한 예들이다.

첫째, 기초 화장품의 미용법을 도입한 제품 혁신이다. 제품 혁신을 찾은 아이디어는 우연히 들여다본 화장대에서 출발하였다. 그동안 봄, 여름, 가을, 겨울로 이어지는 뚜렷한 사계절이란 한국적 기후 풍토는 기초 화장품의 미용법에서도 그대로 나타났다. 가령, 봄에는 그린 제품, 여름에는 쿨 제품, 가을에는 화이트닝 제품, 그리고 겨울에는 모이스처 제품 등으로 의류와 비슷한 패턴을 가지고 있었다. 이렇다 보니 한 시즌이 끝날 때쯤 또 다음 시즌의 제품을 구매하여 사용해야 하고 그 과정에서 해당 시즌 내에 다 사용하지 못한 제품은 다음 시즌을 기약하고 기다려야만 했다. 화장대는 이런 불합리한 현상들을 고스란히 보여주고 있었다. 따라서 기초 화장품의 미용법에서 보여준 불합리한 시즌별 제품 구조를 탈피하는 것, 그것은 바로 피부 타입 및 전문 기능 중심으로 기초 화장품의 미용법을 바꾸는 것이었다.

이처럼 화장품업계에서 처음으로 시도한 피부 타입별 화장품은 뒤따라 경쟁사들이 수용하게 됨으로써 새로운 표준으로 자리 잡게 되었다. 퍼스트 펭귄이 물속에 뛰어들자 나머지도 모두 물속으로 뛰어들기 시작한 것처럼.

둘째, 브랜드 개발의 목표를 외국의 명품 브랜드 군으로 설정하였다. 이름 하여 '한국형 크리스챤 디올'이다. 한국형 크리스챤 디올을 표현하기 위해 디자인, 이름, 광고, 그리고 슬로건 등 모든 분야에서 프랑스적 발상을 담았다. 암묵적으로 그들의 제품과 한 부류임을 느낄 수 있도록 하는데 주안점을 두었다. 가령 브랜드 네임의 경우 프랑스 혹은 유럽의 문화를 대변해주며 아울러 성 혹은 이름이 브랜드 네임으로 사용될 수 있도록 구상했다. 그리고 유럽 여성의 전형적인 이미지를 지닌 여인의 정신과 생활 스타일을 담도록 발상의 기준을 설정하였다. 이런 과정을 통해 '이자녹스 ISA KNOX'가 탄생했다.

셋째, 디자인은 복잡함에서 단순함으로 변화를 이끌어냈다. 국내의 화장품 디자인은 복잡함 그 자체였다. 스스로 부족함을 감추기 위해 디자인은 온통 금장을 두르는 등 장식 투성이었다. 본원적인 미적 이미지를 창조하지 못하고 오직 외관의 기교의 미에 초점이 맞추어져 있었다. 이렇다 보니 초기에는 디자인이 멋져 보이지만 조금 지나면 쉽게 싫증을 느끼는 디자인 패턴이었다. 반면, 외국의 유명 명품 브랜드의 디자인은 지극히 단순하다. 외관에 불필요한 장식을 붙이는 경우가 없다. 오직 미니멀리즘의 원칙을 준수한다. 이렇다 보니 외국 명품 브랜드의 디자인은 뭔가 부족한 듯 큰 관심을 끌지 못하지만 시간이 지나면서 꾸준한 은근미와 절제미를 자랑한다. 따라서 이자녹스는 제품 콘셉트와 연계되도록 표현하여 쉽게 싫증을 느끼지 않는 심플함을 디자인에 담았다. 장식 없이 깔끔한 '젠zen,禪 스타일'로 용기 디자인을 전개하였다. 패키지 역시 단일의 칼라를 적용한 심플함을 표현하였다.

넷째, 할인 경쟁을 피하고 프리미엄의 정가 정책을 펼쳤다. 그동안 따라 하기의 결과로 나타난 병폐가 할인 경쟁이었다. 할인 경쟁은 결국 브랜드 이미지 구축에 있어서 최대의 적이다. 명품 브랜드를 구입하는 이유는 일반적으로 잘나가는 부류 집단에 대한 '모방심리', 구입한 명품 브랜드 이미지를 내 이미지로 착각하는 환상, 고가의 명품 브랜드는 믿을 수 있는 품질을 지녔으리라는 인지적 편향 등이다. 따라서 소비자들이 명품을 판단할 때는 원산지, 가격, 기능성 등 '가시적 특징'에 의존하게 된다. 특히 가격은 명품을 판단하는 데 가장 손쉬우면서도 중요한 기준이다. 따라서 소비자가 명품이라고 판단할 수 있도록 고가의 정가 정책을 도입하였다.

다섯째, 거래 대상을 제한하는 한정 숍을 도입하였다. 사람에게는 '반항 심리'란 게 있다. 가질 수 없는 물건일수록 더 갖고 싶고, 만지지 말라는 물건일수록 더 만지고 싶고, 알 필요가 없다는 일 일수록 더 알고 싶은 게 보통의 마음이다. 이런 반항 심리는 물건을 구매할 때도 고스란히 드러난다. 구매하기 힘든 물건일수록 더 호기심이 생기고 더 사고 싶어지듯이 말이다. 한마디로 손안에 있는 새보다 잡힐 듯한 새가 더 가치 있는 법이다. 지나치게 많은 매장 수 확대를 통한 과잉 판매 때문에 이미지가 손상되어 어려움을 겪을 수 있다. 사람들은 대중성을 확보하는 순간 그 제품이나 서비스의 신비감을 느끼지 못한다. 이런 원칙들을 고려하여 신규 브랜드 이자녹스는 화장품 할인점 모두를 거래 대상으로 하지 않고 전체 2만여 점 중 3,000점을 선정하여 한정 숍을 운영하였다. 이러한 한정 숍은 지금의 화장품 프랜차이즈 탄생의 출발점이었던 셈이다.

이처럼 화장품 비즈니스의 새로운 표준을 만든 이자녹스는 '퍼스트 펭귄'이었다. 시즌별 제품에서 피부 타입별 제품으로의 새로운 표준을 만들었고, 아울러 정가 판매제, 한정 숍 도입 등 경쟁의 패러다임을 바꿨다. 한마디로 기존의 경쟁 방식에는 관심이 없었다. 이런 탄생의 비밀이 현재의 이자녹스를 장수 브랜드로 존재하게 한 원동력이다.

어떤 성공 제품도 탄생의 비밀이 있다. '잘 팔리고 있는 지금'은 훨씬 옛날에 있었던 탄생의 순간에 감춰진 비밀을 밝혀냄으로써 해명할 수 있다. 넘버원 상품을 손에 넣고 싶다면 넘버원 상품의 현재를 모방할 것이 아니라, 넘버원 상품이 태어나기까지의 과정을 이해해야 한다.

카테고리를 창조한 원조 브랜드들

다음의 브랜드들을 직관적으로 생각해보자.

아마존닷컴 = ?

밴드에이드 = ?

도미노 = ?

피죤 = ?

설화수 = ?

허니버터칩 = ?

무엇이 떠오르는가?

아마존닷컴 = 온라인 서점

밴드에이드 = 일회용 반창고

도미노 = 피자 배달 체인

피죤 = 섬유유연제

설화수 = 한방 화장품

허니버터칩 = 달콤한 감자칩

이들은 원조 브랜드로서 특정 카테고리와 밀접하게 연관되어 있으며, 브랜드 자체가 곧 카테고리를 대변하고 있다. 가령 A브랜드를 제시하면 B카테고리를 떠올리고, B카테고리를 제시하면 A브랜드를 떠올린다.

그렇다면 왜 이들이 해당 카테고리를 대표하는 원조 브랜드가 되었을까? 이런저런 혜택이 많다고 설득하는 막강한 광고 때문일까? 그렇지 않다. 단지 이들은 해당 카테고리를 개척하여 선점하였기 때문이다.

단기간에 큰 성공을 거둔 몇 가지 예들

다음은 전형적인 스타트업으로 시작해서 단기간에 큰 성공을 거둔 기업들이다. 이제 이들은 글로벌 브랜드로 우뚝 서 있다.

시력 보조 기구인 안경을 패션 아이템으로 탈바꿈시킨 '워비파커'
'여행 숙소=호텔'의 고정관념을 산산이 파괴한 '에어비앤비'
앱 하나로 택시 서비스에 혁신을 불러온 '우버'
남성들의 면도 습관에 주목한 '달러쉐이브클럽'

이들은 처음에,
돈도 없었다.
4P도 몰랐다.
광고도 안 했다.
그런데 어떻게 성공했을까?

수년간 〈포춘〉 500대 기업에 이름을 올린 이스트먼 코닥Eastman Kodak이나 시어스Sears 같은 회사의 대형 브랜드 다수가 바닥으로 곤두박질쳤다. 그러는 동안 새로운 카테고리를 만들어 설립된 벤처 기업가들이 이 땅을 박차고 날아올라 하늘을 비행하고 있다.

한 사례로 워비파커를 잠깐 살펴보자. 워비파커는 2010년 설립한 미국의 온라인 안경 판매 기업이다. 이 회사는 수백 년간 변화가 없던 안경업계를 바꿔놓음으로써 '2015년 가장 혁신적인 기업' 1위를 차지했다.[15]

첫째, 워비파커 홈페이지에서 마음에 드는 안경을 최대 5종류 고른다. 그러면 안경 샘플을 집으로 배송해준다.

둘째, 소비자는 최대 5일간 안경을 써본다. 이후 다시 반송한다.

셋째, 가장 마음에 드는 안경을 골라 자신의 시력, 눈동자 사이의 거리를 홈페이지에 입력한다. 2주 뒤 렌즈 장착된 맞춤 안경을 배송한다.

기존 안경의 5분의 1 정도로 저렴한 가격인데다, 구매 과정 중 발생하는 총 세 번의 배송비는 모두 회사가 부담한다. 중간 유통 과정을 없애고 안경테는 자체 디자인하여 중국에서 제작하며 렌즈는 미국에서 제작하여 끼워 팔았다. 판매는 오직 온라인에서만 한다.

이제 비즈니스 환경도 변했다. 제품에 새로운 기능을 추가하거나 쿠폰을 만들고, 혹은 옥외 광고판을 더 많이 설치한다고 해서 고객이 늘거나 그들의 충성심과 애정이 더 커지는 것은 아니다. 기적 같은 이 모든 일은 '새로운 카테고리의 창조'에서 비롯되었다.

새 카테고리 창조는 독점에 이르는 지름길이다

'허니버터칩'은 최근 대박 상품의 대명사로 통한다. 어떻게 대박 상품이 되었을까? 여러 가지 이유가 있겠지만 그중에서도 기존의 '짭짤한 감자칩' 대비 '달콤한 감자칩'이라는 새 카테고리의 창조가 출발점이 되었다.

이처럼 성공을 위해서는 기존 카테고리의 상품을 좇을 것이 아니라, 당신이 최초가 될 수 있는 새 카테고리 상품을 만들어야 한다. 그것이 독점에 이르는 지름길이다.

새로운 카테고리를 창조한 상품의 3가지 유형

《장기 넘버원 상품의 법칙》의 저자인 우메자와 노부요시는 '카테고리 창조 상품'을 3가지 형태로 나누어 다음과 같이 규정했다.[16]

첫째, 혁신적 카테고리 창조형 상품 유형을 들 수 있다. 이는 유사한 카테고리 상품이 없다. 즉 기존 시장에 유사한 편익을 제공하는 상품이 없다. 발매 당시까지는 전문 상품을 이용해서 충족시킬 수 없었던 편익을 갖고 있다. 에디슨이 전구를 발명했던 것이 대표적이다. 최초의 향수, TV, 요구르트, 화장품 등과 같이 처음에 세상에 선보인 상품들이 여기에 해당한다.

둘째, 기존 카테고리 대체형 상품 유형이다. 이는 기존 시장에 유사한 상품이 있지만, 바로 그 상품에만 있는 독자적인 편익이 있다. 즉, 기존의 유사 상품이 제공하는 편익과 정확하게 일치하지 않는 경우로서, 기존 시장에 대한 침투성이 높은 상품이다. '콤펙트 세제'가 대표적인 사례이다. 이것은 운반하거나 보관하기 편하고, 의류를 깨끗이 세탁하고 싶다는 충족되지 않은 강렬한 니즈에 부응하고자 개발되었고, 빅 히트를 기록함으로써 기존의 '분말 합성 세제' 시장을 거의 대체하여 거대 시장을 형성하였다.

셋째, 카테고리 차별화 지향형 상품으로, 기존 시장에 유사 상품이 존재하지만 해당 상품에만 있는 독자적 편익을 가진 새로운 카테고리 상품으로 기존 카테고리에 대체 침투성이 다소 낮은 상품이다. 가령 '카메라를 집에 두고 관광지에 가져가지 않았을 경우에도 경제적으로 원하는 사진을 찍고 싶다'는 충족되지 않은 니즈에 부응하고자 개발되어 빅 히트를 기록했던 '1회용 카메라'가 이에 해당한다. 특히 이들 상품은 모두 기존의 혁신적 카테고리 창조 상품이 만들어낸 각각의 시장을 세분화하는 방식으로 출현한 것이 많다.

표 1-1 새로운 카테고리 상품의 유형 및 특징

유형	특징	사례
혁신적 카테고리 창조형 상품	발매되기 전까지 전문 상품으로는 충족시킬 수 없었던 편익을 갖고 있다. 소비자의 생활수준을 향상시킨다. 완전한 카테고리 창조 타입. 유사 카테고리가 존재하지 않는다.	전기 세탁기, 전자레인지, 비누, 세제, 냉동식품, 전화, 복사기, PC, TV, 향수, 화장품, 맥주, 아이스크림, 요구르트 등
카테고리 차별화 지향형 상품	유사 카테고리는 존재하지만, 그 카테고리를 대체하는 경우는 적다. 기존 카테고리 명칭이 붙는다. 소비자에게 특정 편익을 제공하는 전문 상품으로 인식된다. 카테고리 세분화 유형.	리튬 이온 전지, 액정 TV, SLR 카메라, 캔 커피, 조립식 주택, 소형 자동차, 패밀리 레스토랑, 시스템 키친 등
기존 카테고리 대체형 상품	유사 카테고리가 존재하며, 그 카테고리를 대체하지는 않지만 고차원의 편익을 갖고 있다. 혁신적 카테고리 창조형 상품이 시장을 형성시킨 뒤, 그 시장을 주로 혁신적인 기술로 대체한다. 과거의 상품보다 제공되는 편익이 획기적이며 광범위하다. 대체되는 상품에 비해 비싸다. 비연속적인 기술로 개발된다. 기존 카테고리의 명칭이 붙는다. 카테고리 통합 타입.	칼라 TV, 택배, 튜브형 치약, 종합 감기약, 신사용 코트, CD 플레이어, 휴대용 난로

이처럼 '새로운 카테고리 상품'이란 카테고리의 실질적 창조를 가져온 선발 상품을 말한다. 따라서 이미 존재하는 카테고리가 아닌, 그 범위를 벗어나는 신상품을 '카테고리 창조 상품'이라고 부를 수 있다.

창조적 파괴자

남성잡지 〈플레이보이〉가 2016년 3월부터 여성 누드 사진을 싣지 않겠다고 발표했다. 놀라운 소식이다. 62년 동안 전 세계 남성들에게 아이 캔디Eye Candy (눈의 솜사탕)를 선사해온 잡지에서 누드가 사라진다. 포르노가 산업화하면서 〈플레이보이〉에서 순진하게 웃고 있는 여성들은 과거분사형이 되었다. 포르노 산업은 하드 코어로 더욱 과격해졌고 인터넷 혁명 이후엔 누구나 세 번만 클릭하면 온갖 형태와 취향의 포르노를 볼 수 있게 됐다. 〈플레이보이〉가 시작한 섹슈얼 레볼루션이 결국 〈플레이보이〉를 죽인 것이다. 이처럼 개척자는 희생양이 되는 경우가 많다.

팩스가 세상에 처음 나왔을 때를 생각해보자. 팩스는 기존에 있던 무엇을 허물어뜨렸던가? 무역을 하기 위해선 난해한 텔렉스 용어를 배워야 했던 시절이 있었다. 그러다 팩스가 탄생하면서 완전히 새로운 세상이 열렸다. 팩스를 통한 무역 관행이 이제는 이메일로 대체되었다. 지금은 팩스를 통해 서신을 교환하는 무역업체를 찾아보기 어렵다.[17]

스마트폰이 전화라는 생각은 이미 없어진 지 오래다. 스마트폰은 이젠 다양한 기능이 탑재된 다목적 소형 컴퓨터다. 우리는 스마트폰으로 음악을 듣고 식사를 주문하며 택시를 부르고 소셜미디어를 통해 소통한다. 똑똑한 스마트폰 덕분에 많은 제품들이 사라지고 있다. 알람시계와 손전등에서 지도와 GPS 장치, 현금이나 카드, 오디오 레코더, 거울, 종이 티켓, 카메라와 비디오카메라, 아이팟, CD 플레이어, 라디오, 장거리 전화, 유료 문자 메시지까지 스마트폰으로 대체되고 있다.

이처럼 별이 생겨나고 사라지듯이, 비즈니스 세계에서도 사람의 욕구와 불만, 불편을 해소하기 위해 매일 새로운 카테고리가 탄생하고 낡은 카테고리는 사라진다. 새로운 카테고리를 창조한 기업들은 '창조적 파괴자'라는 공통점을 갖고 있다. 서점을 대신해 등장한 아마존, 피처폰을 구식으로 만들며 스마트폰 시장을 연 애플의 아이폰, 전기차의 대중화를 앞당긴 테슬라, 빈방을 중개하며 기존 호텔업계를 위협하는 에어비앤비 등이 창조적 파괴자로 통한다.

브랜드는 잊고 카테고리만 생각하라

앞에서 설명한 것처럼 비즈니스의 세계에서 새로운 카테고리란 지금까지 존재하지 않았던 '새로운 비즈니스 아이디어나 분야'를 가리킨다. 그렇다고 해도 어려운 이야기는 아니다. 아무것도 없는 무$_無$에서 새로운 카테고리를 창조하는 것이 아니라, 이미 존재하는 카테고리에서 분화하여 새로운 카테고리를 만드는 것이기 때문이다.

예를 들어 피자는 오래전부터 레스토랑에서 먹을 수 있었다. 시간이 지나자 '좀 더 손쉽게 집에서라도 피자를 먹고 싶을 것'이라고 여긴 누군가가 집까지 배달해주는 배달 전문 피자집을 열었다. '피자 배달'이라는 사업이 바로 새로운 카테고리의 한 가지 예다.

또한 피자 배달점이라 하면 '미국식 피자'를 배달하는 피자점이 대부분이었지만, 최근에는 '나폴리식 피자'도 배달해주는 점포가 늘고 있다. 이것도 '피자 배달점'이라는 기존의 사업을 토대로 '어른의 입맛에 맞는 나폴리식 피자를 집에서 먹고 싶은 사람도 있을 것'이라고 생각한 회사가 만든 '나폴리식 피자 배달 전문점'이라는 새로운 카테고리인 것이다.

청소기업체 '에코'는 물을 덜 사용하고 덜 유해한 세제를 사용하는 청소기를 개발했는데 새로운 브랜드 전략으로 경쟁사를 따돌리는 데 성공했다. 경쟁사들이 깨끗함을 강조할 때 이 회사는 안전함과 환경만을 거듭 강조함으로써 친환경 청소기라는 독점과 같은 새 시장을 창출시켰다.

자동차 산업에서는 크라이슬러가 1982년 '미니밴'을 도입하고 도요타가 2000년 미국에서 '프리우스'를 '하이브리드 차량'이라고 소개함으로써 새로운 카테고리를 만들었다. 하이브리드는 1901년 페르디난드 포르셰라는 기술자가 처음 사용한 개념인데, 도요타는 소비자가 인식하지 못했던 카테고리를 적극 개발하면서 '하이브리드' 하면 '도요타'라는 인식을 소비자에게 심는 데 성공했다.

이처럼 이들은 많은 경쟁자들이 넘쳐나는 비즈니스 세계에서 시간과 에너지를 들여 남과 같은 방법으로 브랜딩하기보다는 회사 스스로 새로운 카테고리를 만들어 자기 분야에서 으뜸이 되는 길로 나아갔다는 공통점을 가지고 있다.

경쟁사와 품목이 유사해도 새로운 카테고리를 만드는 데 성공한다면, 독점 산업에 진출하는 것과 다름없는 효과를 누릴 수 있다. 기업들은 경쟁사를 따돌리고자 광고비를 과다 지출하는 등 출혈 경쟁을 벌이곤 한다. 하지만 이것은 소비 심리를 이해하지 못한 것이다. 광고비를 과다 지출하는 대신 카테고리를 새로 만들어 그 영역에서 선도자가 된다면 소비자에게 전혀 다른 상품이 나왔다는 인식을 심어주어 그 영역에서 독점에 이르게 된다. 따라서 '새로운 카테고리를 창조하는 것'이 '독점의 조건'임을 다시 한 번 명심하자.

CREATE A **CATEGORY**

02

카테고리화

—

분류 기준이 소비 패턴에 영향을 미친다!

CREATE A **CATEGORY**

카테고리는 마음속의 분류함이다

만약 당신이 어떤 회사의 CEO라고 생각해보자. 당신, 당신의 회사, 당신의 제품, 당신의 웹사이트를 만나면 우리는 그것을 우리의 머릿속에 형성되어 있는 기존의 카테고리에 꼭 집어넣어야 한다. 이것이 우리들의 분류 방식이다. 왜냐하면 우리가 마주치는 모든 새로운 것에 대해 새로운 카테고리를 만드는 데 드는 정신적 비용이 만만치 않기 때문이다.

퓰리처상을 두 번이나 받은 저명한 언론인 월터 리프먼Walter Lippmann은 1922년 출간된 《여론》Public Opinion이라는 책에서 이렇게 썼다. "사람들은 어떤 사물을 만나면 이해하기에 앞서 먼저 분류 과정을 거친다." 이 말은 인간은 누구나 본능적으로 사물을 분류하는 성향을 가지고 있음을 뜻한다. 이에 대해 홍성태와 조수용은 《나음보다 다름》이라

는 책에서 인간의 사고를 한약방의 약재함에 비유하면서 이렇게 설명했다.[1]

> 인간 두뇌의 정보처리를 보면 우리 머릿속에는 마치 한약방의 약재함처럼 많은 분류함이 존재한다. 그래서 정보가 입력되면 비슷한 것들끼리 묶어 저장하려는 심리가 발동한다. 이를 범주화(카테고리화) categorization 성향이라 하는데, 인간의 본능이기도 하지만 어려서부터 끊임없이 범주화 교육을 받아서 더욱 강화된 측면이 있다.

같은 종류로 분류되는 제품들을 하나의 집단으로 묶어 그 집단에 이름을 붙인 것이 제품 카테고리 product category 다. 가령 사람들이 개인적으로 타고 다닐 목적으로 만든 자동차를 하나의 부류로 놓고 이것을 '승용차'라는 카테고리로 정하는 것이다. 이처럼 카테고리라는 단어에서 연상되는 이미지는 '분류'다. 더 정확하게 이야기하자면, 카테고리는 '같은 성질끼리 묶어서 분류하여준다'는 '집합'과 '분류'의 의미다.

다음의 예들을 보자

맥도날드 = 최초의 햄버거 체인점
아마존닷컴 = 최초의 인터넷 판매 사이트
코카콜라 = 최초의 콜라 브랜드
레드불 = 최초의 에너지 드링크

'햄버거 체인점', '콜라', '에너지 드링크' 등의 말들이 '카테고리'다. 그런데 위의 브랜드들이 생기기 전에는 해당 카테고리가 존재하지 않았다. 원래 '에너지 드링크'라는 말은 없었다. '레드불'은 '에너지 드링크=레드불'이란 말이 나올 수 있도록 최초의 카테고리를 만들었다.

탄산수는 물인가, 탄산음료인가

게토레이Gatorade가 2000년 '프로펠 피트니스 워터'를 출시했을 때 소비자들의 관점에서 이 새로운 제품을 카테고리화하는 것이 쉽지 않았다. 소비자들은 이 신제품을 '스포츠 음료'나 '물'로 카테고리화해야 했다. 결국 게토레이가 바란 대로 '스포츠 음료'라는 새로운 카테고리를 만들었다.

비슷한 경우로 '탄산수'라는 제품이 있다. 탄산수가 처음 출시되었을 때 '탄산음료'나 '물'로 카테고리화하는 것이 쉽지 않았다. 최근에는 탄산수가 또 하나의 새로운 카테고리로 자리 잡고 있다. 탄산수는 일시적 유행을 넘어 트렌드를 형성하는 중이다. 물보다는 덜 심심하고 커피·콜라와 달리 카페인·당분도 없고 톡 쏘는 청량감을 주는 탄산수는 '고급 생수' 카테고리의 대세가 됐다. 마트에서 생수가 차지하던 자리를 꿰찼고, 카페 진열대 고급 생수도 탄산수로 대체됐다. 이렇게만 본다면 탄산수는 '생수' 카테고리에 가깝다고 볼 수 있다.

규정만 보면 탄산수는 물이 아닌 음료(식품)로 분류된다. 물에 이산화탄소(CO_2)를 용해하면 탄산수가 된다. 탄산수에다 설탕과 감미료를 첨가하면 탄산음료가 된다. 물과 탄산음료 중간에 있는 것이 탄산수이지만 몸에 미치는 효과를 보면 탄산수는 탄산음료보다 물

에 가깝다.

실제 소비자들은 탄산수를 어떤 카테고리로 생각할까? 어떤 사람은 이것을 '물'로 분류하였고, 다른 어떤 사람은 '탄산음료'로 분류하였다. 실제로 탄산음료를 거의 마시지 않는 사람이라면, 그 사람은 탄산수는 일종의 '탄산음료'로 분류하고 여전히 자주 찾지 않을 것이다. 또 어떤 사람은 '물'이라고 생각해서 자주 사고 즐겨 마신다. 그런 점에서 탄산수는 이제 '고급 생수' 카테고리로 자리 잡았다고 볼 수 있다.

카테고리는
계층적 구조를 가진다

패스트푸드 햄버거점 같은 간단한 카테고리를 예로 들어보자. 상위 카테고리로 패스트푸드 식당이 있고 하위 카테고리로 양질의 샐러드를 제공하는 패스트푸드 햄버거점이 있을 수 있다. 이러한 카테고리 체계에는 다수의 상위 카테고리가 있기 마련이다. 그중 지배적인 영향력을 갖는 카테고리 구조는 실제 소비자 인식에 영향을 미친다. 가령 섬유에서 악취를 제거하는 P&G의 섬유 탈취제 페브리즈는 섬유에 쓰는 제품이므로 세탁세제로 분류될 수 있고, 악취를 제거하기 때문에 탈취제로 분류될 수도 있다.[2]

일반적으로 소비자가 떠올리는 제품 카테고리는 기본적 수준의 제품basic level of product이다. 예를 들어, 컴퓨터, 탄산음료soda 등이 기본적 제품 카테고리에 속한다. 이러한 기본적 제품 카테고리는 각각 보다 상위(일반적인) 수준의 제품 카테고리인 전자제품electronics, 청량음료beverage로 그 범위가 확대될 수도 있다. 뿐만 아니라 흔히 광고의 교육적 기능에 의해 도움을 받아 소비자들이 기본적 제품 카테고리에 대해 더 많이 학습이 이루어짐에 따라, 기본적 제품 카테고리는 하위(구체적인) 수준의 제품 카테고리(예를 들어, PC 제품, 콜라 제품)를 의미하는 것일 수도 있게 된다.

이처럼 엘리너 로쉬Eleanor Rosch는 사물에 대한 카테고리는 위계적 형태로 구성된다고 주장했다. 브랜드에 대한 정보가 저장되는 방식 중 한 가지는 자연적인 제품군 분류에 의한 것이다.

한 예를 보자.[3] 버드 라이트Bud Light는 기억 속에 라이트 맥주light beer의 한 종류로 저장되어 있다. 또한 라이트 맥주는 맥주라는 제품군의 한 종류로 인식된다. 또다시 맥주는 더 상위 제품군인 알코올성 음료, 즉 술의 한 종류가 된다.

[그림 2-1]에서처럼 버드 라이트, 라이트 맥주, 술은 기억 속에서 하나의 점(노드node)으로 자리하고, 이들을 서로 연결시켜 주는 고리(링크link)에 의해 계층적으로 연결되어 있다. 이러한 연결은 계층 구조의 낮은 곳에 있는 대상(버드)은 계층 구조에서 위쪽에 있는 대상(라이트 맥주)의 한 종류에 속하게 됨을 의미한다.

그림 2-1 카테고리의 계층적 구조

[그림 2-1]에서 4개 수준으로 이루어진 계층 구조는 임의로 정한 것이다. 몇몇 경우에는 더 많은 계층으로 분류해보는 것이 나을지도 모른다. 예를 들어, 버드 라이트 밑에 다섯 번째 수준을 더해서 이것이 병맥주인지 생맥주인지를 나타낼 수도 있을 것이다. 그러나 대부분의 분석적인 목적으로는, 관심 대상 브랜드와 그 브랜드가 속하거나 그 브랜드의 기준이 되는 카테고리(버드와 라이트 맥주)처럼 두 가지 수준의 계층만으로도 충분하다.

기억의 계층 구조

어느 사냥꾼이 사냥철을 맞아 새로운 '개$_{dogs}$'가 필요했다고 하자. 사냥꾼은 우선 광범위한 '개'라는 카테고리에서 시작할 것이다. 이후 기억의 활성화가 '사냥개$_{hunting\ dogs}$'라는 카테고리로 확장된다. 시작은 엽조를 사냥하기 때문에 '수렵용 개$_{sporting\ dogs}$'라는 카테고리에 대한 기억 속에 가지고 있는 정보를 불러내게 될 것이다. 따라서 처음의 단서로부터 한 카테고리에서 다른 카테고리로 확장하면서 회상 프로세스가 활성화되는 것이다. 연상에 의해 촉진되는 이러한 확장을 통해 사냥꾼은 기존 기억들을 훑어보며 이 작업은 원하는 정보(어떤 종의 개를 사야 하는지)가 회상될 때까지 일어난다. 이러한 과정들이 [그림 2-2]에 표현되어 있다.

이처럼 기억에서 정보를 회상하도록 자극을 받으면 소비자는 그 주제에 대한 모든 정보가 저장되어 있는 1차적 분류에서 출발하게 된다. 소비자들은 이후 필요한 기억을 얻을 때까지 그 카테고리에서 다른 하위 카테고리로 이동한다. 이것에서 찾고 있는 개념에 이르기

그림 2-2 개에 대한 기억의 계층 구조

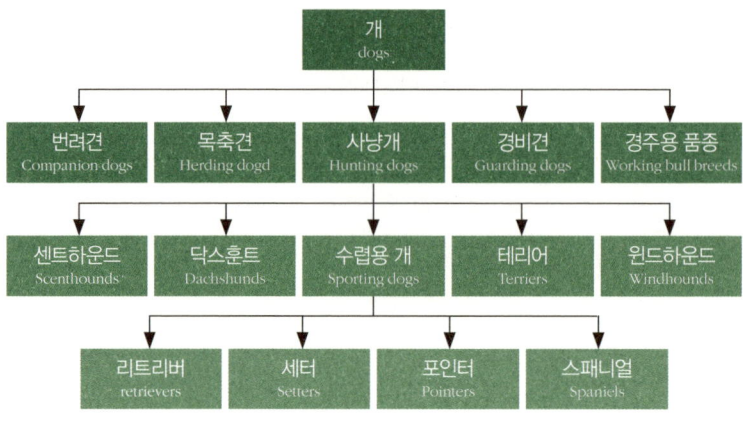

위해 첫 부류를 활성화시키고 나면 이 활성화는 자동적으로 하나의 개념에서 다른 개념으로 '확장spread'된다.

틀 짓기에 따라
해석도 달라진다

소비자들은 제시되는 정보가 표현되는 방식상의 미묘한 변화에도 민감하게 반응한다. 이런 현상에 관해 심리학에서 통찰력 있는 이론을 사용해왔는데, 바로 '프레이밍framing'이다.

'프레임Frame'은 흔히 창문이나 액자의 틀, 안경테를 의미한다. 네모난 창을 통해 밖을 보면 네모로 보이고 세모난 창을 통해 밖을 보면 세모로 보이듯이, 프레임은 어떤 사물·대상에 대한 사람들의 인식에 영향을 주는 도구다.[4] 소비자들은 구매 결정 과정을 최적화하는 대신, 완벽한 정보를 제공하는 것처럼 보이는 상품이나 최상의 결과물임을 암시하는 단서 등에 의존해 결정을 내린다. 프레이밍이 중요해지는 이유가 바로 여기에 있다.

결국 제시되는 정보의 표현 방법에 따라 동일 현상에 대한 인식이

다르게 나타난다는 것이다. 이는 인간이 항상 합리적인 판단만을 할 수 없음을 의미한다. 인간의 판단 기준에 감정적인 부분이 관여하고 있음을 잘 보여준다.

소비자들의 고정관념에 돌을 던져라

아래 그림은 덴마크 행태주의 심리학자 에드가 루빈Edgar Rubin이 고안한 '루빈의 꽃병Rubin's Vase'이다. 이 수수께끼 그림은 바라보는 사람의 시선에 따라 사람의 얼굴로 보이기도 하고 꽃병으로 보이기도 한다. 그러나 꽃병과 사람의 얼굴 모습을 동시에 볼 수는 없다. 다른 이미지로 넘어가기 위해서는 시선의 전환이 필요하기 때문이다. 꽃병에서 마주하고 있는 얼굴 모습으로 넘어가기 위해서는 의식적으로 초점을 두는 과정이 필요하다.

우리가 카테고리를 바라볼 때에도 바로 이러한 방식으로 본다. 어떤 제품이 특정 카테고리에 속한다고 하는 고정관념은, 오랜 시간 소비 경험을 통해 형성된다. 하지만 관점의 전환만 있다면 어떤 제품은 A 카테고리에 속할 수도 있고 B 카테고리에 속할 수도 있다.

아이보는 로봇인가, 애완견인가? 폴옵스는 기저귀인가, 팬티인가?

이 질문에 대한 대답은 여러분이 어디에 초점을 맞추고 바라보는가에 달린 것이다.[5] 여기서 우리가 명심해야 할 것은 카테고리 간의 경계는 탄력적이고 얼마든지 변화가 가능하다는 점이다. 다음의 몇 가

지 예들을 살펴보자.

실험을 통해 인간의 정보 처리 및 결정 과정이 프레이밍의 영향을 받는다는 점이 증명됐다. 한 연구에 따르면, 고기를 홍보할 때 지방 함유량이 얼마나 높은지가 아니라 지방 함유량이 얼마나 낮은지로 프레이밍하면 고기가 더 잘 팔린다고 한다. 사람들은 25퍼센트 지방 함유보다 75퍼센트 무지방이라는 문구를 더 선호한다. 소비자는 75퍼센트를 높은 수치로 생각하고 당연히 지방 함유량이 비교적 낮다는 판단을 내리게 된다. 상표에 25퍼센트 지방 함유라고 쓰여 있으면, 소비자에게는 지방 함유량만 부각된다. 긍정적 이미지를 통해 표출된 부정적 이미지를 사용할 때보다 더 큰 영향력을 갖는다. 일반적으로 사람들은 부정적 프레이밍보다 긍정적 프레이밍을 더 선호한다.[6]

미국 버클리대학의 언어학자 조지 레이코프George Lakoff는 정치계와 토론 과정에서 프레이밍이 미치는 영향력에 대해 연구했다. 참가자들 간의 논의에서 프레이밍과 관련된 문구가 존재한다면 이는 세금을 바라보는 관점을 변화시키게 된다. '세금 경감'이라는 문구는 서민들의 부담을 덜어주는 일종이 영웅 이미지를 생성한다. '세금, 미래로의 투자'라는 문구는 도로, 건설, 어린이 교육, 국방력 강화 등의 이미지를 생성한다. '세금, 클럽 입장료와 같다'는 문구는 자신이나 지인들이 누리는 서비스에 대해 공평하게 자신의 몫을 부담해야 한다는 주장을 내포하고 있다.

운동선수를 위한 에너지 바energy bar, 회사원을 위한 에너지 바, 여성용 에너지 바 중에서 소비자가 어느 제품을 원하는지는 중요한 문제이다. 또한 영양 바, 아침 대용 바, 단백질 바, 다이어트 바 중 어느 것을 사려고 하는지도 중요한 문제다. 가령 소비자가 여성용 에너지 바를 원한다면 여성에게 좋은 재료를 함유하고 있어도 남성적 이미지와 느낌을 가진 제품은 부적합하다. 객관적으로는 이 제품을 선택하는 것이 옳지만, 소비자가 이 제품을 선택할 가능성은 없다. 즉 잘못된 프레이밍 때문에 브랜드와의 연계성을 상실한 것이다.

이처럼 카테고리들 간의 경계는 절대적이지도 신성하지도 않고 탄력적이며 얼마든지 변화할 수 있다. 프레임 설정에 따라, 어떤 제품은 A 카테고리에서 B 카테고리로 자유롭게 넘어갈 수 있다. 이러한 분류 기준은 비즈니스에 큰 영향을 줄 수 있다. 다음의 '스웨덴에서 온 에그팩' 이야기는 이것을 잘 보여주고 있다.

스웨덴에서 온 에그팩

에그팩은 2007년 수입돼 한 홈쇼핑에서 판매하기 시작한 제품이다. 이 제품은 비누 모양이고, 스웨덴에서는 '에그화이트 솝'이라는 이름으로 판매되고 있다. 그래서 우리나라에서도 처음에는 '팩처럼 쓸 수 있는 비누'라는 콘셉트로 판매를 시작했다. 비누 카테고리에 속했던 것이다. 그 결과는 어떻게 되었을까?[7]

> 하지만 고객들의 반응은 신통치 않았습니다. "비누치고 너무 비싸다", "아니, 비누를 어떻게 팩으로 써?", "자극적이지 않을까?" 대체로 이런 반응이었죠. 예상보다 매출이 저조하자 홈쇼핑 머천다이저와 수입 업체는 미팅을 가졌습니다. 그리고 이 미팅에서 콘셉트를 바

꾸는 아이디어가 나왔습니다.

변경된 콘셉트는 이렇습니다. "비누처럼 쓸 수 있는 팩." 식약처에도 화장품으로 수입 허가를 받았고, 스웨덴 본사를 설득해 "에그화이트 페이셜 솝Eggwhite Facial Soap"으로 표기되어 있던 포장에서 '비누Soap'란 단어를 삭제한 후 '에그화이트 페이셜 케어Facial Care'로 바꿨습니다. 홈쇼핑 방송에서도 "매일 팩으로 세수하세요!"라고 말하며 제품이 팩이라는 사실을 강조했습니다.

결과는 어땠을까요? 소비자 반응은 180도 달라졌습니다. "팩치고는 가격이 저렴하다", "매일 아침 간편하게 세안할 수 있어 정말 좋다". 스웨덴 에그화이트 팩은 비누처럼 손쉽게 사용하면서도 모공 관리와 보습 효과가 뛰어난 스킨케어 브랜드로 완벽한 이미지 변신에 성공했습니다. 매출도 크게 늘어 2010년 가격 인상에도 불구하고 홈쇼핑 히트상품 1위에 선정되었습니다. 2007년 론칭 이후 현재까지 4,000만 개 이상 팔렸고, 누적 매출도 1,000억 원이 넘었다고 합니다.

정리하면 판매가 저조해 '비누'에서 '팩'으로 콘셉트를 바꿨더니 잘 팔리더라는 얘긴데요. 그런데 '비누'에서 '팩'으로 콘셉트를 바꿨다는 건 무슨 뜻일까요? 바로 '언어'를 바꿨다는 뜻입니다. 콘셉트를 한자로 적으면 '名'입니다. 이름을 뜻하는 건 물론이지만, 이 한자에는 '개념'이나 '언어'라는 뜻도 담겨 있습니다.

똑같은 제품이라도 '비누'라는 名으로 소개하면 소비자는 제품을 '비누'라는 틀로 보고, '팩'이라는 名으로 표현하면 '팩'이라는 틀로 바라보게 됩니다. 심리학에서 말하는 생각의 틀, 프레임을 콘셉트가 제공하는 거죠. 아시다시피 프레임이란 세상을 바라보는 마음의 창 또는 어떤 문제를 바라보는 관점을 가리킵니다. 그런데 바로 언어가 제품을 보는 관점을 바꾸게 한다는 겁니다.

판매가 저조했던 '에그화이트 솝'을 '에그화이트 페이셜 케어'로 포장을 바꿨다. 그리고 "팩처럼 쓸 수 있는 비누"에서 "비누처럼 쓸 수 있는 팩"으로 콘셉트를 변경하였다. 이처럼 단지 프레임만 바꾸었을 뿐인데 큰 성공을 거두었다. 기존 카테고리와는 다른 제품의 카테고리를 정의하여 사람들이 새로운 렌즈를 통해 그들이 내놓은 제품을 바라보도록 했다. 일상생활에서 우리가 카테고리를 구분하는 기준이 지극히 사소하고 자의적임에도 불구하고, 이러한 기준은 우리의 소비 패턴에 실질적인 영향을 미친다.

CREATE A **CATEGORY**

03

카테고리 소유하기

—

카테고리 원 브랜드가 돼라

CREATE A **CATEGORY**

원조 브랜드

어떤 브랜드는 한 카테고리 안에 있는 다른 브랜드들보다 그 카테고리를 더욱 명확하게 대표한다. 오리지널 코카콜라는 펩시보다 탄산음료 카테고리에서 더 확실한 대표 브랜드다. 어떤 카테고리에서나 소비자들은 그들이 인식하는 제품의 카테고리 대표성을 기준으로 제품의 등급을 정한다. 이 과정에서 카테고리를 가장 잘 대표하는 것으로 인식되는 제품을 '원조 브랜드' 또는 '모범 사례'라고 한다. 이 경우 다른 브랜드가 모두 이 브랜드에 비교되기 때문에 원조의 지위를 차지하는 것은 어느 브랜드에게나 유익한 일이다. 또한 소비자가 특정한 카테고리를 생각할 때 원조 브랜드는 다른 카테고리 구성원들보다 빨리 생각나는 경향이 있다. 예를 들어, 코카콜라는 세계적으로 탄산음료의 원조로 여겨진다. 이렇게 코카콜라가 소비자 대부분의 머릿속에서 가장 먼저 떠오르기 때문에 코카콜라 회사는 제품 마케팅에서 유리한 입장에 서게 된다.

박카스, 아이팟, 아사히 수퍼드라이 그리고 아마존 등은 어떤 특정 카테고리를 대표하는 원조 브랜드로 통한다. A 품목을 제시하면 B 브랜드를 떠올리고, B 브랜드를 제시하면 A 품목을 떠올린다. 또한 해당 카테고리와 브랜드는 서로 동의어이기도 하다. 이 경우 브랜드 자체가 일반명사화 되었다. 가령 피로회복제를 마시고 싶을 때 "박카스를 마시고 싶다"고 이야기한다면 박카스는 원조 브랜드로서 일반명사화 되었다고 할 수 있다. 스카치테이프나 제록스, 아이팟, 대일밴드 등은 브랜드 자체가 일반명사처럼 사용된다.

킨들은 2007년 세상에 나온 뒤로, 가장 앞서가는 전자책 단말기로 자리매김했다. 새 전자책 단말기를 출시하는 기업은 '킨들만큼' 또는 '킨들보다'라는 문구를 소개 글에 꼭 넣는다. 이처럼 킨들이 전자책 단말기의 표준이 되었다. 즉 킨들은 전자책 단말기라는 카테고리를 대표하는 원조 브랜드가 되었다.

물론 모든 카테고리에 원조 브랜드가 존재하는 것은 아니다. 원조 브랜드가 존재하지 않을 수도 있다. 한 브랜드가 초기 시장 선점에 실패했기 때문일 수도 있고 혹은 해당 카테고리의 정의가 모호하거나 잘못되었기 때문일 수도 있다. 이런 경우 브랜드의 역할도 다소 모호하게 된다.

카테고리를 소유하라

최근에 인터넷에서 발견한 글을 잠깐 살펴보자. 다음을 설명하는 내용이 누구인지를 한번 생각해보라.

A. 부패한 정치인과 결탁한 적이 있으며
점성술로 결정을 내리고,
두 명의 부인이 있었으며,
매일 줄담배를 피우고,
하루에 9~10병의 마티니를 마신다.

B. 회사에서 두 번 쫓겨난 적이 있으며,
정오까지 잠을 자고,
대학 때 마약을 복용했고,
매일 한 번씩 위스키 4분의 1병을 마신다.

C. 전쟁 영웅으로 채식만 하고,
담배도 안 피고,
필요할 때 맥주만 조금 마실 뿐이다.
불륜을 한 적도 없고
죽을 때까지 단 한 명의 애인만 사귀었다.

A는 누구일까? 정답은 루즈벨트
B는 누구일까? 정답은 처칠
C는 누구일까? 정답은 히틀러

A의 경우, '루즈벨트'는 "부패한 정치인과 결탁한 적이 있으며, 점성술로 결정을 내리고, 두 명의 부인이 있었으며, 매일 줄담배를 피우고, 하루에 9~10병의 마티니를 마신다"는 특성을 지닌 전형이라고 사람들은 생각한다.

여기서 '전형'은 같은 종류의 여러 사물 가운데 가장 본질적이고 일반적인 특성을 지닌 본보기를 말한다. 또한 '원형'이란 같거나 비슷한 것들이 만들어져 나오는 본바탕을 의미한다. 즉 원형은 그 범주에 속하는 사례들이 가장 평균적으로 가진 속성의 집합체를 말한다. 따라서 그 범주에 속한 사례들은 원형과 유사한 정도에 있어서 다르다. 이를 전형성이라고 한다.

예를 들어보자. '새'라는 단어를 들으면 어떤 이미지가 떠오르는가? 아마 전형적인 '새'라고 생각되는 이미지(날개가 달리고 몸이 가벼우며 하늘을 나는)가 떠오를 것이다. 이것이 새라는 범주의 '원형'이다. 하지만 새라는 범주에 속하지만 원형과 다소 동떨어진 사례도 있다. 가령 펭귄은 새라고 할 수 있는가? 물론 펭귄은 새가 맞지만 원형과 동떨어졌다는 점에서 '전형성'이 낮다. 반면 까치는 전형성이 높다.

이러한 개념은 브랜드에도 그대로 적용된다. 브랜드 전형성이란 제품군에서 특정 브랜드의 대표적인 정도 혹은 제품군의 핵심적 속성을 소유하는 것으로 정의된다. 일반적으로 소비자들이 제품을 구매할 때 우선 제품의 카테고리를 먼저 생각하고, 그다음에 브랜드를 선택한다. 소비자들은 카테고리를 먼저 생각하고 특정 카테고리를 선택하면서도 그것을 입 밖에 표현할 때는 브랜드로 표현하는 경우가 많다. 이렇게 되면 사실 그렇지 않았음에도 불구하고, 선택하는 과정에서 특정 브랜드가 결정적인 역할을 한 것처럼 보인다. 특히 이러한 단계가 강할수록 즉 전형성이 높을수록 해당 카테고리의 원조 브랜드_exemplar brand 혹은 모범 사례에 해당된다.

마케팅 프로그램의 궁극의 목표는 제품 카테고리를 소유하는 것이다. 제품 카테고리를 소유하지 못한 브랜드는 약한 브랜드에 불과하다. 가령 '레드불'은 '에너지음료'라는 제품 카테고리를, 스타벅스는 고품격 커피라는 제품 카테고리를 소유하고 있다. 결국 강한 브랜드가 되려면 소비자의 마음속에 전형성_prototypicality을 형성하여 다수의 소비자가 어떤 특정 카테고리를 생각할 때 맨 처음 떠올리는 브랜드가 되는 것이다.

의원·한의원·미술학원, 왜 유독 대학교 간판일까?

거리를 걷다 보면 많은 간판들을 보게 된다. 가령 한의원, 개인의원 그리고 미술학원을 조금만 관심 있게 보면 공통점을 발견할 수 있을 것이다. 연세의원, 경희한의원, 홍익미술학원 등 유독 대학교 이름이 자주 등장한다.

건강보험심사평가원에 따르면, 2014년 전국에 개인의원은 2만 8,883개인데 이 중에서 상호가 정확히 '연세의원'인 곳은 2,829곳이라고 한다. 개인의원 10곳 가운데 1곳은 연세의원이라는 셈이다. 전국 한의원은 1만 3,423개에 달하고, 이 가운데 '경희'라는 이름을 상호에 포함시킨 한의원은 1,425곳이다. 또한 전국에 미술학원은 5,446개에 이르고 이 가운데 '홍익'이라는 이름을 쓰는 미술학원은 359개다. 결국 연세대 나온 의사들, 경희대 나온 한의사들 그리고 홍익대 나온 미술학원 교사들은 모두 학교 이름을 쓰고 있다고 보면 될 듯하다.

의원 = 연세의원
한의원 = 경희한의원
미술학원 = 홍익미술학원

'연세'는 '의원'이라는 카테고리를, '경희'는 '한의원'이라는 카테고리를 그리고 '홍익'은 '미술학원'이라는 카테고리를 소유해버렸다. 그래서 대학 간판을 쓰는 '연세의원', '경희한의원' 그리고 '홍익미술학원'은 의원·한의원·미술학원의 옥석을 드러낸다는 의도를 가지고 있다. 소비자들 역시 이런 상호를 통해 옥석을 가리려 한다.

원조 브랜드는 '일반명사'가 될 수 있다

회사에서 전화를 받았는데 담당자가 없을 때 전달 사항을 기록하기 위해 메모를 해야 한다. 이때 근처에 메모지가 없다면 우리는 옆자리 직원에게 이것저것 따지지 않고 그냥 "포스트잇$_{Post\ it}$을 달라"고 한다. 우리의 뇌가 '포스트잇'을 '메모지'로 인식하는 것이다. 또 다른 예로 서류나 문서가 찢어져 투명 테이프가 필요할 때 우리는 스카치테이프를 찾는다. 가지고 있지 않으면 문구점에서 "스카치테이프 주세요"라고 지명 구매를 한다.

이처럼 사람들은 어떤 경우 원조가 된 브랜드를 '일반명사'로 사용한다. 그러면 일반명사화가 된다는 것은 고객의 마음속에서 무엇을 의미하는가? 소비자들의 마음속에 한 단어가 두 가지 의미를 갖게 되는 것이다. 즉, 소비자가 '크리넥스'라는 단어를 사용할 때 브랜드를 의미할 뿐만 아니라 카테고리도 의미한다.[1] 동일한 하나의 단어가 다른 두 가지 의미로 사용되는 것이다. 그렇기에 아무리 브랜드가 일반명사화되더라도 브랜드 파워를 상실하지 않는다. 크리넥스는 티슈 카테고리에서, 젤로는 젤라틴 디저트 카테고리에서 군림하고 있다.

1979년 처음 선보인 섬유유연제의 원조 브랜드 피죤은 30여 년 동안 부동의 1위였다. 섬유유연제의 원조 브랜드 '피죤'은 일반명사화되어 "피죤하세요"는 곧 "섬유유연제 사용하세요"라는 의미를 대신하고 있다.

채팅방을 중심으로 한 자유로운 커뮤니케이션은 모바일 시대에 가장 맞는 소통 방식으로 자리 잡았다. 카카오톡의 줄임말인 '카톡'은 곧 대화를 의미하는 대명사로. 사람들은 문자를 보내라고 할 때, "문자 보내"라고 하지 않고 "카톡해"라고 말한다. 카카오톡과 비슷한 메신저 서비스에 대해 이야기할 때는 "아, 그거 카톡 같은 거야?", "카톡과 뭐가 다른 거야?"라고 물어보곤 한다. 이처럼 "카톡해"라는 말은 이미 "문자해"를 대신하고 있다.

이렇듯이 원조 브랜드는 소비자의 니즈가 있을 때 이것저것 고민하거나 여러 가지 제품을 비교·평가 하지 않고 해당 브랜드를 즉시 구매하게 한다. 소비자에게는 브랜드 탐색과 구매에 소요되는 시간을 절약시켜주고 기업에게는 브랜드 판매를 높이는 효과를 일으킨다. 그러므로 현재 경쟁하고 있는 시장에서 특정 제품이나 서비스를 대표하는 브랜드가 없거나 새로운 시장에 진출하는 기업일 경우 하나의 제품을 대표할 수 있는 브랜드 전략을 통하여 원조 브랜드로 소비자에게 인식되도록 해야 한다.

공유경제의 대명사, 우버

우버의 본고장 샌프란시스코에서는 승용차가 필요 없을 정도라고 한다. 우버 때문에 사람들은 편리해졌다. 우버는 "수도꼭지를 돌리면 물이 나오듯 모두를 위한, 어디에서나 접할 수 있는 믿을 만한 교통수단이 되는 것"을 비전으로 하고 있다. 여기서 교통수단은 사람뿐 아니라 물건이나 음식까지 실어 나르는 운송 플랫폼이다. 실제 우버는 이삿짐 운반, 도시락 배달, 택배 등으로 사업 영역을 확장하고 있다.[2]

이러한 사업들을 진행하는 우버는 잉여자원을 효율적으로 활용하는 '공유경제'의 전형이다. 우버가 불씨를 지핀 공유경제는 모든 것이 '우버피케이션Uberfication(우버경제)'되고 있다는 말이 나올 정도로 빠르게 확산하고 있다.

우버경제와 비슷한 말로 '긱Gig경제'가 있다. 1920년대 미국에서 재즈공연을 할 때 인근 연주자를 그때그때 섭외해 단기공연을 했는데 이들을 '긱Gig'이라고 부르는 데서 유래했다. 필요에 따라 임시로 계약을 맺고 일을 맡기는 경제행태를 뜻한다. 우버의 운전사, 에어비앤비 호스트 등도 긱과 유사한데, 대표해서 우버경제라 부른다.

기업 가치가 10억 달러 이상인 신생 기업 99곳 중 5곳이 차량 공유 서비스업체이고, BMW(드라이브나우), 포드(이지카 클럽), GM(오펠 카유니티) 등의 완성차 메이커들까지 차량 공유 서비스를 새로 선보이고 있다.

이처럼 '차량 공유 서비스'라는 새로운 카테고리를 창조한 우버는 '공유경제'의 대명사로 통한다. 어떤 브랜드가 그가 소속되어 있는 카테고리의 대명사라고 할 때 이것은 어떤 의미인가? 바로

카테고리와 브랜드가 동일시된다는 뜻이다. 브랜드가 해당 카테고리의 개척자이기 때문에 카테고리 특성이 곧 브랜드 특성이 된다. 따라서 브랜드를 제시하면 카테고리를 떠올리고, 카테고리를 제시하면 브랜드를 떠올린다. 그러면 카테고리의 지배자 category king 로 위치를 점할 수가 있다.

모든 브랜드의 최종 목표는 해당 카테고리의 대명사가 되는 것이다. 비즈니스 세계에서는 '최고'만이 가치가 아니다. 새로운 카테고리를 만들고 그곳에서 '최초'가 되어 소비자 기억 사다리의 맨 위에 위치시킴으로써 원조 브랜드의 위치를 확보할 수 있다.

원조 브랜드의 효과

아이폰은 스마트폰 시장을 개척한 원조 브랜드다. 반면, 삼성의 갤럭시는 후발 주자이지만 현재 세계 시장에서 1등을 점하고 있다. 그러나 수익성을 비교하면 상황이 다르다. 수많은 업체들이 스마트폰을 만들고 있다. 그런데 최근 언론들은 "애플이 상위 8개 스마트폰업체 중 수익의 92% 이상을 차지한다"고 보도하고 있다.

삼성은 애플보다 마케팅 비용을 9배나 더 많이 쓴다고 한다. 언론에 따르면 삼성전자는 2013년 마케팅 비용으로 약 140억 달러를 썼다. 유럽의 작은 나라, 아이슬란드의 국내총생산(GDP) 규모를 넘어서는 금액이다.

이런 사실들을 뒤집어보면 엄청난 규모의 돈을 마케팅에 쏟아붓지 않으면 제품을 팔기가 쉽지 않다는 현실이 드러난다. 반면, 애플의 마케팅 지출은 삼성전자의 9분의 1 수준이다. 도대체 이 회사는 어떻게 마케팅에 돈을 안 쓰고도 엄청난 양의 제품을 팔 수 있는 것일까?[3]

애플의 신제품이 출시될 때마다 매장 앞에 수백 명의 고객들이 신제품을 사기 위해 줄을 선다. 꼬박 밤을 새우는 사람도 있다. 왜 이런 행동을 할까? 이들은 혁신을 추구하는 얼리 어답터early adopter 고객이기 때문이다.

초기의 확산과 관련해 가장 중요한 고객이 바로 혁신 고객과 얼리 어답터 고객이다. 애플은 혁신 고객과 얼리 어답터 고객을 풍부하게 보유하고 있다. 애플이 굳이 이들을 상대로 대규모의 마케팅 비용을 쓸 필요가 없다. 신제품을 출시한다는 정보만으로도 이들의 구매를 끌어낼 수 있기 때문이다. 따라서 애플이 신제품을 내놓으면 '혁신 고객과 얼리 어답터 고객의 제품 구매를 통한 대중 고객으로 확산'이라는 과정이 자연스럽게 이어진다. 이 같은 선순환이 정착된 상황에서 마케팅 지출은 애플에게 크게 중요하지 않다.

그러면 이러한 효과가 날 수 있게끔 하는 원천은 어디에 있는가? 바로 애플의 아이폰이 스마트폰의 원조 브랜드라는 점이다. 이런 원조 브랜드의 효과를 다음에서 살펴보자.[4]

탄산음료라고 하면 코카콜라, 패스트푸드하면 맥도날드, 마이크로 프로세스하면 인텔 등, 대부분의 사람들은 그 카테고리에서 가장 대표적이라고 생각하는 브랜드 네임을 제시한다. 이러한 브랜드의 대부분은 예전부터 있었고, 게다가 오랫동안 1위의 시장 점유율의 지위를 확보하고 있다([그림 3-1 (a)]).

그림 3-1 원조 브랜드 효과

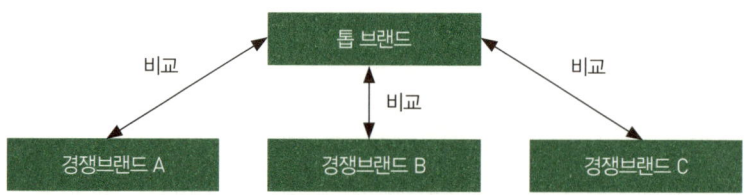

소비자의 마음속에 있는 기준 (a)

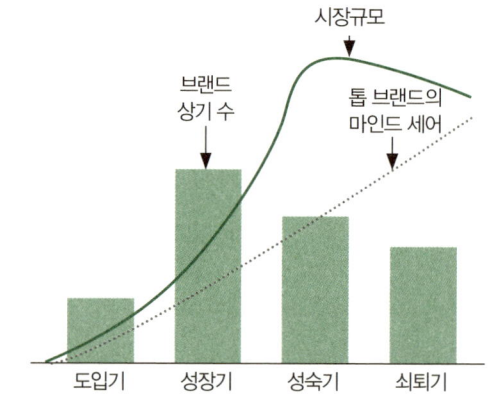

시장 규모 (b)

　제품이나 서비스가 지닌 특징을 제품 속성이라 한다. 원조 브랜드가 되면, 그 브랜드가 지닌 속성이 그 제품 카테고리를 대표하는 것으로 소비자들에게 받아들여진다. 예를 들면, 일본의 아사히 맥주의 수퍼드라이 발매를 계기로 '드라이'라는 제품 카테고리의 맥주 시장이 본격적으로 시작되었다. 그 후 1위의 시장 점유율을 유지함으로써 아사히 맥주는 수퍼드라이 맥주의 대명사가 되었다.

새로운 시장이 형성되어, 여러 브랜드가 진입하는 시기는 일반적으로 소비자의 관심이 높고, 몇 개의 브랜드를 기억해내고 그중에서 자신의 마음에 드는 브랜드를 발견하게 된다. 그러나 시장이 성숙기에 접어들면, 소비자의 관심은 낮아지고 기분에 맞는 브랜드 이외에는 주목하지 않게 된다. 따라서 시장 성장기에 제품 카테고리를 대표하는 브랜드로써 인지되느냐 그렇지 못하냐가 그 후의 브랜드 매출, 수익을 크게 좌우한다([그림 3-1(b)]).

코카콜라[5]

코카콜라와 펩시콜라는 콜라 전쟁을 일으켰다. 펩시의 블라인드 테스트를 통해서 펩시콜라는 맛이 떨어지지 않는다는 것을 소비자에게 호소하였다. 펩시콜라의 인기 상승으로 1960년 코카콜라의 시장 점유율은 22.5%에서 21.8%로 약간 하락하였다. 시장 점유율로 환산하면 약간의 하락으로 보인다. 하지만 0.7%를 금액으로 환산하면 거의 50억 달러의 수익 감소를 의미하는 것이었다. 이러한 좋지 않은 분위기에서 코카콜라는 미국에 뉴 코크New Coke를 도입하기로 결정하였다. 블라인드 테스트blind test에서 19만 명에 달하는 13세에서 65세까지의 미국과 캐나다 소비자들의 61%가 기존 코카콜라보다 뉴 코크가 더욱 맛있다고 평가하였다([그림 3-2]). 이러한 결과에 따라 1985년 3월 23일에 뉴 코크를 미국 시장에 출시하였고, 기존 코카콜라는 시장에서 철수하였다.

이 사실이 알려진 후 코카콜라 애호가들은 기존 코카콜라의 시장 철수에 대하여 반대 시위를 하였고, 이들은 '옛 콜라를 마시는 미국

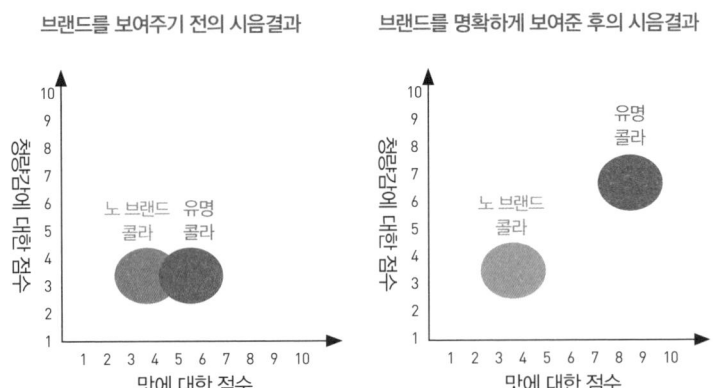

그림 3-2 블라인드 테스트

인들Old Coke Drinkers of America'이라는 단체를 설립하였다. 이 단체의 회원 수는 급속하게 증가하여 6만 명에 이르렀다. 이 단체의 리더 게이 뮬린스Gay Mullins는 애틀랜타에 있는 코카콜라를 법정에 세우기를 원했다.

'옛 콜라를 마시는 미국인들'은 "올드 코크Old Coke의 시장에 뉴 코크New Coke를 출시한 것이 사기"라고 코카콜라를 고소하였을 뿐만 아니라, 비밀로 붙여진 코카콜라 성분에 대하여 공개하기를 요구하였다. 다음은 소비자 항의문을 인용한 것이다.

코카콜라는 미국 국민의 기본적 권리를 부정하였다: 선택의 자유 코카콜라를 변화시키는 것은 백악관을 녹색으로 색칠하려는 것과 같다. 어떤 무식한 사람이 코카콜라의 구성 성분의 변경을 결정하였는가? 새로운 성분은 천박하고, 비위 상하고, 기분 좋게 하지 않고, 펩시보다 맛이 없다.

코카콜라는 결국 이러한 항의에 굴복하였다. 1985년 7월 10일 기존 제품을 코카콜라 클래식Coca Cola Classic이라는 이름으로 다시 시장에 출시하였다. 1985년 말 코카콜라의 미국 시장 점유율은 25%를 넘었다. 코카콜라가 두 제품을 시장에 출시했을 당시 펩시콜라는 "Coke is it"이라는 말 대신에 "Coke are it"이라고 비웃기도 했다.

뉴 코크의 사례를 통해서 우리는 브랜드화된 제품(브랜드가 부착된 제품)과 일반 제품(브랜드가 부착되지 않은 제품) 사이에 분명한 차이가 있음을 알 수가 있다. 사전 테스트에서 3분의 2 이상의 소비자가 뉴 코크의 맛이 좋다고 말했음에도 불구하고, 대중들은 미국에서 가장 중요한 브랜드 중 하나인 코카콜라를 바꾸는 생각에 대해서 좋아하지 않았다.

뉴 코크와 코카콜라 클래식의 이야기는 원조 브랜드의 힘을 보여주는 사례다. 그만큼 원조 브랜드는 기업에게 막대한 이득을 제공한다. 여기에 대해서 두 가지 관점을 더 살펴보자.

첫째, 제품이나 서비스가 지닌 특징을 제품 속성이라 한다. 원조 브랜드가 되면, 그 브랜드가 지닌 속성이 그 제품 카테고리를 대표하는 것으로 소비자들에게 받아들여진다. 예를 들면, 일본의 아사히 맥주의 수퍼드라이의 발매를 계기로 '드라이'라는 제품 카테고리의 맥주 시장이 본격적으로 시작되었다. 그 후 1위의 시장 점유율을 유지함으로써 수퍼드라이는 드라이 맥주의 대명사가 되었다. 이 경우 원조 브랜드가 사라지면 해당 카테고리의 존재와 지속성도 보장할 수 없게 된다.

둘째, 원조 브랜드로 정의되면 모든 경쟁업체는 원조 브랜드와 유사함을 증명하여 그 카테고리와의 연관성을 획득할 수밖에 없는 난처한 입장에 놓이게 된다. 이런 과정에서 원조 브랜드의 입지는 다시 한번 부각되기 때문이다.

실질적인 선점자가 돼라

시장 선점자first mover는 새로운 카테고리로 소비자의 관심을 끌 수 있는 시장을 확보한 진입자를 가리킨다. 초기 시장 선점자가 카테고리 개척자가 아닌 경우도 많다.

세제 분야의 드레프트, 라이트 맥주인 개블링거, 다이어트 콜라인 로열크라운 콜라, 안전 면도칼 분야의 스타, 비디오 리코더 시장의 암펙스, 일회용 기저귀 척스. 이들은 모두 시장의 개척자였지만 선점자로 입지를 구축하는 데는 실패한 기업들이다.

또 하나의 예를 보자. 우리는 '딤채'를 최초의 김치냉장고로 알고 있으나 그렇지 않다. 1984년에 당시 생활가전의 양대 산맥 금성사(현 LG전자)와 대우전자(현 대우일렉)가 이미 최초로 '김치냉장고'를 내놨었다. 그러나 이들은 개척자였지만, 딤채처럼 시장을 표준을 만들어

낸 선도자가 되지는 못하고 세상에서 사라졌다.[6]

1984년 3월 내놓은 김치냉장고(모델명 GR-063)다. 500리터가 넘는 용량의 김치냉장고 신제품이 나오는 요새로썬 보잘것없지만, 플라스틱 김치통 4개(총 18kg)가 들어가는 45리터 용량에 혁신적인 고급 기능성 냉장고였다. 보조 냉장고로서의 역할도 했다.

금성사는 신문 광고에 '기술 금성이 주부님께 드리는 또 하나의 만족. 국내 최초의 금성 김치냉장고 탄생'이라며 대대적인 홍보에 나섰다.

당시 대우전자도 이에 뒤질세라 김치냉장고 제품을 내놨다. '스위트홈'이라는 브랜드로 나온 이 제품은 18리터 용량에 김치 전용 보관용기를 내장하고 있다.

하지만 이들 제품은 모두 참패를 면치 못했다. 당시 주부들에겐 '김치는 항아리에 보관하는 것'이라는 생각이 일반적이었다. 이들 제품의 판매량은 집계 자체가 큰 의미가 없을 정도로 미미했다. 이후 '김치냉장고'란 이름의 제품은 찾아보기 힘들었다.

김치냉장고란 이름은 12년 만인 1994년 11월 화려하게 부활한다. 당시 사업 다각화를 꾀하던 만도기계 아산사업본부는 김치의 옛말인 '딤채'란 이름의 상품을 내놨다. 이는 출시 후 시장 판도를 뒤흔든 공전의 히트상품이 됐다.

크기는 50~70리터로 여전히 작았고, 그 콘셉트도 12년 전과 비슷했다. 하지만 당시 아파트라는 신거주문화의 정착과 함께, 1990년대 들어선 대형 마트의 영향으로 '강남 아줌마들'을 중심으로 대형 냉장고와 1가정 2냉장고가 보급되기 시작했다. 딤채는 그 시장을 파고들었다.

따라서 개척자가 선점자가 되기 위해서는 매출 및 시장 점유율 면에서 시장의 초기 선두 주자가 되어야 한다. 즉 실질적인 시장을 개척해야 한다. 그렇지 못하면 원조로서의 영향력을 행사하기 어렵다. 원조로서의 영향력을 행사하지 못한다면 새로운 분야를 개척한 선도 브랜드가 결국 기반만 닦는 역할을 하게 되는 경우도 종종 발생한다. 이런 경우 충분한 자원과 향상된 제품을 가진 다른 회사가 등장하여 원조가 되고 초기 시장의 지배자가 되기도 한다.

개척자가 아니라 '실질적'으로 시장을 창조했다고 평가받아라

여전히 많은 기업의 경영자들이 '시장에 가장 빨리 진입하는 것이 그 시장을 지배하는 최선의 방법'이라고 생각한다. 물론 이것이 진실이다.

그러나 대개 '처음'이라는 의미는 확실한 비즈니스 모델 없이 그럴듯한 아이디어만으로 회사를 차리기 급급했다는 말과 다르지 않다. 비즈니스에서 처음으로 무엇인가를 시도했다고 주장하는 것만으로 승리를 거두는 경우는 생각처럼 많지 않다. 새로운 길은 언제나 존재하지만 누군가는 그것을 갈고닦아야 한다. 선구자가 감내해야 할 위험과 역경을 감안하면, 선발 주자의 엄청난 권리도 부러워할 만큼 큰 장점이 아닐 수 있다.

아이팟은 '최초'의 휴대용 디지털 플레이어는 아니었다. 얼마나 많은 사람들이 최초의 휴대용 MP3 플레이어를 기억하고 있을까? 그

MP3 플레이어의 명칭이 '다이아몬드 리오Diamond Rio'라는 것과 출시 후 오랜 시간이 지나지 않아 역사 속으로 사라졌다는 사실을 알고 있을까?

최근 인공지능 프로그램 '알파고'와 이세돌 9단의 바둑 빅 매치를 통해 인공지능(AI)에 대한 관심이 뜨겁다. 사실 AI의 원조는 IBM의 '왓슨'이다. 그럼에도 알파고와 이세돌 간의 대국으로 구글이 전 세계의 주목을 한 몸에 받고 있다. 이에 몸이 달은 IBM이 적극적인 대응에 나섰다. IBM은 이세돌 9단과의 대국을 계기로 구글이 AI 분야에서 조명을 받는 것에 내심 불편해하고 있다. IBM이 구글보다 훨씬 이전부터 AI에 대한 연구를 진행해왔고, 실제 구글보다 앞선 기술을 보유하고 있는 것으로 알려졌다. 그러나 IBM 입장에서 보면 구글에 선수를 뺏긴 셈이다. 구글은 이번 대국으로 금액으로 산정할 수 없을 정도의 마케팅 효과를 거뒀다는 평가를 받고 있다.

이처럼 카테고리 창조 상품이 단순히 시간적으로 가장 먼저 출시된 상품, 즉 물리적 선발 상품은 아니다. 선발 상품이 중요한 것이 아니다. '실질적'으로 시장을 창조했다고 평가를 받아야 한다.

애플의 신제품은 전부 후발 제품이다?

완벽한 모방은 어렵다. 설사 가능하더라도 이것은 확실한 2인자의 자리를 굳히는 방법일 뿐이다. 심지어 랄프 에머슨은 "모방은 자살행위다"라고 강조한다. 따라서 창조적 후발 주자여야 살아남는다.

전기차는 닛산도 만들고 BMW·벤츠·GM도 만드는데도, 모두가 테슬라를 찾는다. 최근 테슬라가 공개한 신차 모델3에 대한 예약 열기가 뜨겁기만 하다. 사람들은 왜 이토록 테슬라에 열광할까? 아이폰이 휴대폰을 재정의하여 개념을 바꾸어놓았듯 테슬라는 전기차를 재정의하여 개념을 바꾸어버렸다. 전기차에 대한 기존 인식은 골프카트처럼 못생기고 느린 차, 또 배터리 수명이 다 되면 똥값이 되는 차였다. 하지만 테슬라는 디자인, 속도, 수명 등 어느 하나 빠지지 않고 사람들이 타고 싶어 하는 전기차를 만들었다. 더 근본적인 변화는 자동차에 대한 개념을 아예 깡그리 바꾸어놓았다. 자동차가 아니라 IT 기기다. '바퀴 달린 스마트폰'으로 말이다. 세계적 시장분석 회사인 HIS는 테슬라S를 해체해 살펴보고 난 후 "차가 아니다"라고 결론을 내렸다. 사람들은 테슬라를 자동차 회사가 아닌 IT 회사로서, 엘론 머스크를 자동차 회사 창업자가 아닌 IT 창업자로 인식한다. 이렇게 자동차를 '바퀴 달린 아이폰'으로 만들어버린 테슬라는 기존 자동차에서 볼 수 없었던 문법으로 초기의 애플처럼 소비자들의 열렬한 지지를 얻고 있다.

애플의 신제품은 대부분 후발 제품이다. 애플이 최초로 스마트폰을 만들거나 디지털 음악 재생 장치를 만들지 않았지만, 애플이 새로운 제품을 내놓을 때마다 그 카테고리들에 대한 '재정의redefine'가 이뤄졌다. 그래서 애플 제품을 두고 독창적이라고 하는 사람이 많다. 애플은 완전히 새로운 세계를 창조했지만, 이들 제품 자체는 결코 새로운 게 아니다. 전부 옛날부터 있던 것이다.

스마트폰을 최초로 출시하고 발표했던 기업은 미국의 '애플'이 아니라 핀란드의 '노키아'다. 노키아는 2006년 9월에 인류 역사상 최초의 스마트폰인 노키아Nokia N95라는 모델을 발표했다. 그리고 1999년

블랙베리가 대중화에 불을 지폈다. 스티브잡스의 '애플'의 첫 스마트폰인 아이폰은 2007년 1월 9일에 시장에 나왔다.

아이튠즈도 마찬가지다. 인터넷을 통한 음악 스트리밍 서비스는 수년 전부터 다양한 기업이 시행착오를 계속해왔다.

아이패드 역시 최초의 개발은 아니었다. 아이패드는 들고 다니거나 앉아서 사용할 수 있다. 이러한 컴퓨터는 바로 '태블릿 PC'라고 일컫는데, 사실 이 '태블릿 PC'도 스티브 잡스와 애플이 처음으로 내놓은 것이 아니다. 이미 2000년대 초반에 컴퓨터 부문의 세계적인 기업이었던 빌 게이츠의 마이크로소프트가 윈도우즈 OS를 탑재한 '태블릿 PC'를 처음 출시하였다. 2001년에 마이크로소프트사가 공식적으로 제품을 발표하면서 사용이 시작되었다. 애플의 태블릿 PC인 아이패드는 이보다 뒤늦은 2010년 4월에 출시되어 사람들의 인기를 끌었다.[7]

최근 출시한 LG전자의 'G5'를 보자. 세계 스마트폰 시장의 견고한 양강(애플과 삼성) 체제와 화웨이 등 중국업체의 급부상 속에서 스펙(부품 구성)과 가격 경쟁력 등으로는 승산이 없는 게임이 되어버렸다. 이러한 환경에서 LG전자만의 독자적인 길을 선택하는 승부를 띄웠다. 스마트폰을 다음과 같이 재정의하였다.

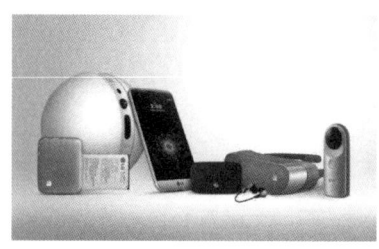

스마트폰은 컴퓨터의 축소판이다. 등장 이후 음성 통화와 문자 메시지, 이메일을 통해 언제 어디서나 소통하고 정보를 검색할 수 있는 편

리한 도구다. 문화인류학의 호모 이코노미쿠스(경제인), 호모 파브르(공작인)적 관점이다.

그러나 LG전자 G5는 이런 통념을 깼다. 스마트폰을 변신 로봇처럼 설계해 '놀이하는 도구'로 재정립했다. LG전자 담당자에 따르면 "G5는 잠자고 있던 '놀이$_{play}$' 본능을 깨우는 스마트폰"으로 호모 루덴스(놀이인)에서 착안했다고 한다. G5는 스마트폰 아래쪽에 있는 기본 모듈(배터리)을 서랍처럼 당겨 분리할 수 있다. 이 자리에 카메라 모듈, 오디오 모듈 등 일명 '프렌즈'를 결합하면 마치 변신 로봇처럼 다른 디지털 기기로 바뀐다.

이처럼 'G5'는 '스마트폰' 카테고리에 대한 통념을 깨고 '놀이하는 도구'로 재정의가 이뤄져 프렌즈의 판매 여부가 스마트폰의 판매를 견인해가는 구조가 되었다. 최근 트렌드와 관련하여 새로운 생태계를 만들어가고 있다.

개척자는
장기간 넘버원을 유지한다

시장을 처음 개척함으로써 얻는 우위는 강력하다. 개척자는 수십 년 동안 경쟁자들보다 더 높은 판매 성과를 올린다. 비록 일부 기업들은 엄격한 의미에서는 그들 시장에 맨 처음으로 진입한 것이 아닐 수 있고 많은 초기 진입자가 실패하기도 한다. 하지만 최초의 성공적인 브랜드는 이후에 진입하는 경쟁자들을 구조적으로 능가한다. '개척자 우위'에 관한 연구는 시장 점유율의 차이가 후발 진입자가 넘기 어려운 상당한 장벽을 형성한다는 것을 보여준다.[8]

예를 들어, [그림 3-3]은 소비재 시장에 대한 연구에서 후발 진입자가 차지한 상대적인 시장 점유율을 개척자의 점유율과 비교했다. 두 번째 진입자는 개척자 시장 점유율의 75%, 세 번째 진입자는 개척자의 60%, 마지막으로 여섯 번째 진입자는 개척자의 절반에도 이르

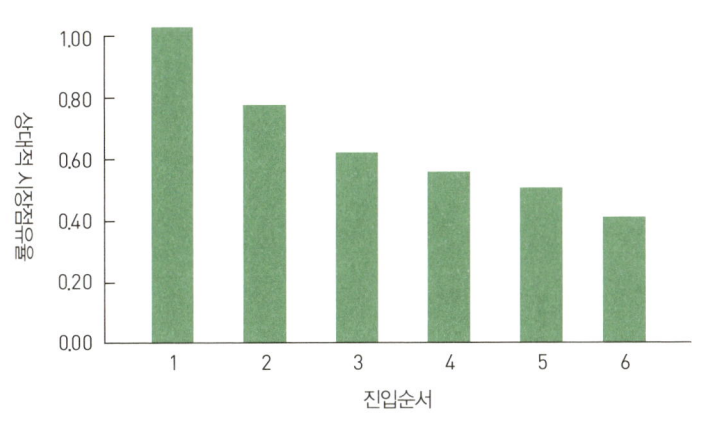

그림 3-3 진입 순서가 시장 점유율에 미치는 영향

지 못하는 점유율을 가진다.[9]

또한 시장을 개척함으로써 창조되는 우위는 놀랍도록 지속적일 수 있다. 이것은 리글리Wrigley 껌의 경우에서 잘 드러나는데, 이 브랜드는 경쟁자들의 저가격 공격, 혁신, 새로운 진입자, 그리고 변화되는 소비자 취향에도 불구하고, 시장을 주도하기 시작한 1923년 이후 60년이 지나도록 시장을 주도했다.[10] 1920년대 시장을 주도했던 많은 브랜드들이 아직도 시장을 주도하고 있다는 조사 결과는 매우 놀랍다([표 3-4] 참고). 모든 브랜드가 1위의 자리를 고수하고 있는 것은 아니지만, 놀랄 만큼 많은 수의 브랜드들이 그들 시장에서 주도자의 입지를 지켰으며, 여전히 시장 점유율 1위를 유지하고 있다.

이처럼 여러 연구에 의하면 새로운 카테고리를 창조한 상품(즉, 개척자)은 발매 후 10년 이상이 경과하여도 장기간 시장 점유율 1위를 유지하고 있다. 그 이유는 무엇인가?

《장기 넘버원 상품의 법칙》을 쓴 우메자와 노부요시는 개척자가 장기간 넘버원을 유지하는 이유를 이렇게 설명했다.

> 카테고리를 창조한 선발 상품은 처음에는 경쟁 상대가 없기 때문에 소비자에게 선택받을 확률이 1분의 1 즉, 100%이다. 그 후에 후발 상품이 투입되고 경쟁 상대가 늘어남에 따라 $\frac{1}{2}, \frac{1}{3}, \frac{1}{4}, \frac{1}{n}$이라는 식으로 선택될 확률이 줄어들어야 하는 게 상식이지만, 실제로는 이처럼 되지 않고 2분의 1 이상의 확률로 선택되는 경우가 많다. 즉, 동일 카테고리 시장 내의 브랜드(상품)를 선택할 때 소비자는 선발 상품을 포함한 몇 개의 후보를 골라낸 뒤 구매 결정을 내리는데, 그 후보 가운데 선발 상품을 2분의 1 (50%) 이상의 높은 비율로 구매하는 특징을 가지고 있다.

그러면 이러한 '2분의 1 효과'는 어떤 소비자 심리에서 기인되는가? 이에 대해 그는 발매 초기와 발매 후 장기간으로 양분하여 이렇게 설명했다.[11]

첫째, 출시 초기 단계에서 카테고리를 창조한 상품이 성공하도록 만드는 주된 요인은 '공복 효과'다. 카테고리를 창조한 상품은 지금까지 충족되지 않은 강력한 니즈에 부응하는 상품 콘셉트와 그것을 실현하는 상품 퍼포먼스performance를 갖고 있다. 따라서 카테고리를 창조한 상품에 대해 소비자들은 배고픈 사람과 같은 행동을 취하게 된다.
둘째, 카테고리를 창조한 상품이 발매 후 장기간 우위를 유지하는 요인으로, 그 시장에서 가장 잘 팔리고 있다는 이미지가 기존 구매자들뿐만 아니라 아직 구매 경험이 없는 사람들에게 시험적 구매를 하도록 동기부여 하는 '베스트셀러 이미지 요인', 그 시장의 대표자라는 이미지를 가짐으로써 기존 구매자들뿐만 아니라 아직 구매 경험이 없는 사람들에게 시험적 구매를 하도록 동기 부여하는 '카테고리 대표 이미지 요인', 그리고 시험 구매를 한 소비자(구매자)에게 제공하는 최초의 만족이 다시 구매하도록 동기 부여하여 반복 구매를 정착시키는 '상품 퍼포먼스 요인' 등이 있다. 장기간 우위를 유지하는 요인인 위의 3요인을 종합하여 '손수레 효과'라고 이름 붙였다.

손수레는 동력이 없으므로 처음에는 손으로 힘껏 밀어야 하지만, 일단 달리 시작하면 방해하는 힘이 작용하지 않는 한 멈추지 않고 계속 달린다. 대부분의 카테고리를 창조한 상품은 이런 손수레와 마찬가지로 시장 점유율 1위를 유지한다.

요약하면 카테고리를 창조한 상품이 발매 초기부터 잘 팔리는 주된 요인은 '공복 효과'이며, 카테고리 창조 상품이 발매 후 장기간 우위를 유지하는 주된 요인은 '손수레 효과'로, 이들의 지원을 받아 '2분의 1 효과'가 나타난다. 그래서 카테고리를 창조한 상품은 '2분의 1 효과'에 의해 장기간 시장 점유율 1위를 유지한다.

표 3-1 시장 선도 브랜드의 시장 위상

브랜드	1923년	1993년
리글리 껌	1	1
아이보리 비누	1	1
켈로그 콘프레이크	1	3
코카콜라	1	1
크리스코 쇼트닝	1	2
켐벨 수프	1	1
콜게이트 치약	1	2

CREATE A **CATEGORY**

04

새 카테고리
기회 찾기

—

나누거나
더하거나

CREATE A **CATEGORY**

브랜드는 진화하고
카테고리는 분화한다

우리나라의 음료 시장을 보자. 1950년대 이후의 우리나라 음료 시장을 지배한 제품 카테고리를 보면 분화의 과정이 나타난다. 탄산음료에서 이온음료, 전통음료, 기능성음료 그리고 건강음료 등 다양한 카테고리들로 분화되어왔다.

또한 통조림의 경우 '꽁치캔→참치캔→연어캔'으로 이어진다. 신선한 생선을 직접 구매해 먹기 어려웠던 시절, 손질이 잘돼 있는 꽁치캔은 김치찌개나 찜 등을 간편하게 만들 수 있는 식재료로 인기를 끌었다. 이후 소득 수준 향상으로 인해 해산물에 대한 관심과 접근성이 높아지면서 참치에 그 자리를 내줬다. 1982년 출시된 참치캔은 30년 이상 수산물 통조림 시장의 절대 강자로 자리매김하고 있다. 찌개, 김밥, 볶음밥 등 다양한 재료부터 캔 자체로만 그냥 먹을 수 있는 반찬으로까지 참치의 종횡무진은 이어졌다. 참치캔은 어디서든지 쉽게 구매할 수 있고 조리도 간편하고 영양적인 측면에서는 빠지지 않는 만능 식재료로 인기를 끌며 성장했다. 이어서 연어캔이 2013년 출시됐다. CJ제일제당이 '알래스카연어'를 출시하며 연어통조림 시대를 열었다. 훈제연어, 연어 스테이크 등 외식 메뉴로만 인식되었던 연어라는 생선이 캔으로 출시돼 일상생활에서 간편하게 즈리고 연어의 영양소를 고루 섭취할 수 있게 된 셈이다.

이처럼 사람의 욕구와 불만은 끝이 없는 법이다. 별이 생겨나고 사라지듯이 비즈니스 세계에서도 사람의 욕구와 불만, 불편을 해소하기 위해 매일 새로운 카테고리가 탄생하고 낡은 카테고리는 사라진다. 그래서 비즈니스의 역사는 카테고리의 역사라 할 수 있다.

껌의 분화

[그림 4-1]에서처럼, 한국의 껌 시장의 역사를 살펴보면 제품이 어떤 기회를 통해 분화되어왔는지를 확인할 수 있다. 또한 미래에 어떤 껌의 신제품 기회가 남아 있는지도 통찰을 얻을 수 있을 것이다. [그림 4-1]의 새로운 카테고리 분화 과정을 간략하게 살펴보자.[1]

미군이 들여온 어른용 껌이 우리나라에서는 어린이용 껌으로 국산화되었다. 우리나라에서 처음 국산 껌을 생산한 곳이 해태제과라고 알려져 있다. 그전에는 미군이 진주하면서 미국 군인들이 씹던 미국산 리글리 껌이 유통되고 있었다. 국산 최초의 제품은 1956년에 국내 기술로 출시된 해태제과 '풍선껌'과 '설탕 껌', '또 뽑기 껌'이다. 이

껌들은 미군이 한국에 진주하면서 소개한 어른용 껌이 아니라 재미있는 어린이 껌이라는 특징이 있다.

1960년대 어른용 껌이 출시되어 시장이 연령 측면에서 확대되었다. 이 시기에 해태제과는 '커피 껌', '시가 껌_cigar gum_', '골드 껌'과 함께 미국 담배의 유행에 편승한 '셀레민트 껌'을 출시했다. 이것이 해태제과 입장에서는 어린이용 껌에서 어른용 껌으로 연령대별로 시장을 확대한 것이다. 1967년에는 롯데제과가 설립되면서 껌을 생산하기 시작하였는데, 어른용 껌으로는 '쿨민트 껌'과 '바브민트 껌', '쥬시민트 껌', '페파민트 껌' 등이고, 어린이용 껌으로는 '슈퍼맨 풍선껌' 등이 있다.

롯데껌 삼총사는 향_flavor_을 알게 하였다. 1972년에 롯데가 출시한 세 종류의 '쥬시후레쉬', '스피아민트', '후레쉬민트'는 껌 시장에 일대 히트상품이 되었다. 롯데제과가 지금까지 최장수 껌이라고 자랑하는 이 껌들은 다양한 색과 다양한 혜택을 자랑한다.

1970년대에 들어 껌이 드디어 색을 보여주기 시작했다. 1974년에는 저가품으로 개발되었던 '은단 껌'이 있었고, 1976년에 개발된 '아카시아 껌'은 기존 황색, 녹색에서 과감히 탈피한 흑색을 사용하여 껌에 주어진 고정관념의 컬러 이미지를 과감히 탈피하여 30대 이전의 젊은층을 타깃으로 껌 시장에 파란을 일으켰던 히트작이었다.

이후 껌이 페미니스트가 되었다. 1980년대 초에 생산되기 시작했던 롯데의 '에뜨랑제', '챠밍', '아뜨리에', '이브 껌'은 제품명에서 풍기는 이미지답게 감수성이 예민한 젊은층에 사랑을 받으면서 대형 껌 세트에 이은 '후로랄 세트'로 자리를 굳히게 되었다. 껌의 향이 제품 선택 기준으로 경쟁하게 되었다.

다음에는 '건강'을 화두로 '무설탕 껌'이 기존 껌들을 모두 나쁜 것으로 만들어버렸다. 1994년과 1995년은 무설탕이 설탕을 이긴 해였다. 껌은 기본적으로 입에 들어가서 세균 증식을 돕기 때문에 설탕이 들어간 껌은 충치를 유발할 가능성이 높다. 이에 반대 개념으로 '무설탕 껌'이 등장한 것이다. 해태의 무설탕 껌 출시는 기존 모든 껌들을 설텅 껌으로 몰아서 '나쁜 껌'으로 전락시켰다. '무설탕 껌'은 '좋은 껌'이라는 포지셔닝을 창조했다. 즉 '건강'이라는 껌 제품 선택 기준을 구매자에게 제시한 것이다. 그래서 기존의 모든 껌은 입 안 건강에 나쁜 것이 되었다.

1990년대 TPO(Time, Place, Occasion)별 기능성 껌이 봇물처럼 터졌다. 특정 고객 집단이, 특정 시점time, 특정 장소place, 특정 상황context에서 사용할 수 있는 많은 종류의 기능성 껌이 출시된 것이다. 졸음 방지 껌, 스트레스 해소 껌, 구취 제거 껌, 충치 확장 억제 껌, 비타민 공급 껌, 머리가 좋아지는 껌 등이 나왔다. 이와 같은 기능성 신제품들은 기존 껌을 '마치 소용없는 무기력한 껌'으로 몰아버렸다. 기능성이 있어야만 '유용한' 껌인 듯 자신을 포장하기 시작한 것이다.

시간이 더 지나 자일리톨이 세상을 지배했다. 무설탕 껌은 '충치를 유발하지 않는다'는 소극적인 입장이었다. 하지만 자일리톨은 '충치를 예방한다'는 구호와 함께 적극적인 껌이 되었다. 롯데제과는 자일리톨 껌을 병과 알약, 케이스의 세 가지 형태로 선보임으로써 포장 구조와 형태, 디자인 등 모든 면에서 혁신하였다.

껌과 캔디의 만남도 이루어졌다. 2004년 오리온은 롤스틱이라는 제

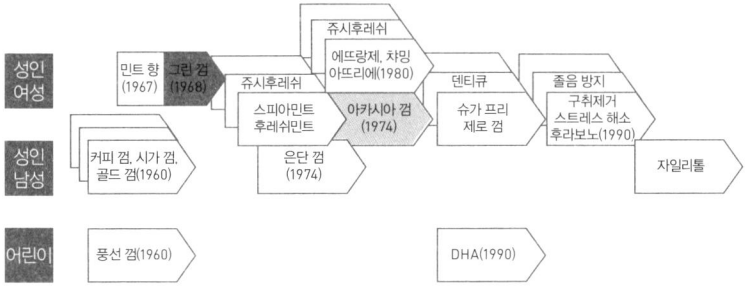

그림 4-1 껌의 역사

품을 출시했다. 풍선껌 속에 캔디가 들어 있어서, 캔디도 먹고 껌도 씹게 된다. 리글리도 중국에서 캔디류로 여겨질 수 있는 껌을 출시한 적이 있다. 이제 제품 카테고리별 드레싱(결합)이 발생하고 있는 것이다.

P&G의 끊임없는 진화

알 리스와 로라 리스는 그들의 저서 《브랜드론칭 불변의 법칙》에서 새로운 카테고리가 어떻게 만들어지는가에 대해 찰스 다윈의 저서 《종의 기원》에서 그 원리를 찾아 이렇게 설명했다.[2]

> 진화에는 두 가지 측면이 있는데, 하나는 한 조상으로부터 현재 조건으로의 점진적 변화다(향상 진화). 다른 하나는 분화(분화), 즉 조상 나무가 새 가지들을 만들어내는 것이다(분화 진화). 향상은 기존 종이 더 나은 쪽으로 나아가는 것이고 분화는 다른 영역을 창조하는 것이다. 생물학에서 향상 진화와 분화 진화는 대체로 별개의 과정들이다. 향상 진화는 자두만한 딸기를 만들어낸다. 자두를 만들어내는

것이 아니다. 자두를 만들어내려면 분화가 필요하다.

분화가 먼저고 진화가 그다음인 것이 자연계의 이치다. 비즈니스 세계에서도 마찬가지다. 그런데 이러한 혁명적 개념 가운데 제1법칙이라 부르는 '진화'에는 많은 사람들의 관심이 쏠려 있는 반면, 제2법칙인 '분화'는 무시되고 있다. 먼저 카테고리가 창조되어야 비로소 진

표 4-1 P&G의 파괴적 혁신 브랜드

브랜드	파괴적 혁신
타이드/아리엘	분말세제를 구시대의 유물로 만든 합성세제 기술로 범주를 혁신시켰다.
팸퍼스	천 기저귀를 대신할 최초의 일회용 기저귀를 개발했다.
질레트 블레이드와 레이저	게임을 바꾸는 면도기술로 면도 효과와 간편성, 안전성을 개선했다.
팬틴	처음으로 가정에서 '미용실 수준의 컨디셔닝'을 가능하게 했다. 탁월한 편익(반짝일 정도로 건강한 모발)으로 브랜드를 포지셔닝함으로써 헤어케어 범주를 변혁했다.
올웨이즈/위스퍼	드라이 위브 기술과 날개 같은 새로운 제품 디자인으로 페미닌 케어 범주를 변혁했다.
고급향수 (돌체앤가바나, 휴고보스 등) 바운티	푸시전략이 아닌 풀전략 중심으로 비즈니스 모델을 바꾸었다. 일용품화가 꽤 진행된 범주에서 제품 디자인과 원가구조를 바꾸었다.
올레이	백화점 수준의 스킨케어 편익과 제품을 대중 시장에 선보였다.
다우니/레노아	최초의 대량 소매용 섬유유연제를 개발했다.
헤드 앤 숄더	아름다운 모발과 두피 관리를 동시에 해결해줌으로써 비듬케어 범주를 재구성했다.
크레스트	불소기술로 충치 예방 효과를 추가함으로써 기존 치약들을 퇴물로 만들었다. 가정에서 전문가 수준의 치아 미백 효과를 낼수있게 했다.
악토넬	골다공증을 치료하고 예방하는 최초의 제품을 출시했다.
돈/페어리/조이	탁월한 제품과 편익(기름때 제거)으로 범주를 변혁했다.
프릴로섹 OTC	유통업체를 약국에서 일반 상점으로 바꿔 소비자가 훨씬 쉽게 구입할 수 있게 했다.
페브리즈	섬유 냄새 제거라는 새로운 범주를 창출했다.
스위퍼	'빠르게 표면을 청소한다'는 범주를 창출했다.

화할 수 있는데도 말이다. 기업은 우선 시장에 존재하지 않던 새로운 카테고리를 어떻게 창조할 것인가에 신경을 더 써야 한다. 새 카테고리 창조를 올바로 해놓으면 무너지지 않는 브랜드 포지션을 구축할 수 있다.

조만간 경쟁력 있는 브랜드가 나와서 스타벅스, 레드불을 따라잡을 수 있을까? 이런 브랜드들은 분화에 의해 창조되었다. 이들은 진화에 의해 최고의 자리를 차지하였다.

혁신의 아이콘 P&G의 예를 살펴보자.

여느 기업과 마찬가지로 P&G는 혁신을 두 가지로 구분한다. 파괴적 혁신과 점진적 혁신이 그것이다. 파괴적 혁신은 완전히 새로운 소비를 창출하고 현재의 시장을 퇴화시키거나 변형시킴으로써 게임을 바꾼다. 예를 들어, 최초의 합성세제 타이드는 분말세제를 구시대의 유물로 만들었다. 이런 파괴적 혁신은 매년 일어나지 않는다. 하지만 고객에게 가치를 더해주는 점진적 혁신(새로운 편익, 새로운 크가 등)은 훨씬 자주 일어날 수 있다.

[표 4-1]에서처럼, 제2차 세계대전 이후로 P&G는 총 17번의 혁신을 이루었다. 이런 혁신의 가치는 지금도 막대하다. 파괴적 혁신을 통해 탄생한 브랜드들은 지금도 매출의 절반 이상을 책임지고 있다.

그렇다 하더라도 점진적 혁신의 꾸준한 흐름이 없었다면 P&G는 지금보다 훨씬 못한 기업으로 남아 있었을 것이다. 늘 킬러 제품을 찾는 태도와 더불어 점진적 혁신은 P&G의 지속적인 성장 모델을 떠받치는 양대 산맥이다. 파괴적 혁신과 점진적 혁신이 균형을 이루어야 한다. "브랜드는 진화하고 카테고리는 분화한다"는 말처럼 말이다.

📂 분화의 두 가지 공식

- 노트북
  태블릿
  투인원

최근 스마트폰은 PC를 닮아가고(PC 성능과 맞먹는 고성능 스마트폰), PC는 스마트폰을 닮아간다(스마트폰처럼 가벼운 PC)고 한다. 또한 서로 다른 기기의 특장점만을 골라 결합한 하이브리드형 기기가 속속 출시되고 있다. 노트북과 태블릿의 특장점을 엮은 투인원 제품이 바로 그것이다.

이처럼 새로운 시장 기회는 기존 시장의 중심부에 있는 것이 아니라 그 시장의 변방에 존재한다. 새로운 카테고리의 상품을 창조하려면 기존에 있던 카테고리에서 출발하여 '변방'으로 밀고 나간다. 즉 기존 카테고리에 기반을 두면서도, 그 경계의 가장자리에 최대한 가깝게 위치시킨다. 그리고 기존 경계를 끊임없이 밀고 나간다. 이렇게 하여 기존 카테고리에서 분화하여 새로운 카테고리를 만들어낸다.

중심을 흔드는 것은 중심에 있는 것이 아니라 변방에 있다. 포스트잇, 비아그라, 아스파탐 등 새로운 카테고리는 시장의 중심이 아닌 변방에서 나와 소비자 수요의 힘을 얻게 됨으로써 새로운 카테고리로서 중심부에 정착하였다.

새 카테고리는 어디에서 나오는가?

카테고리를 분화하여 새로운 브랜드를 구축할 기회를 모색하는 것은 대단히 유용한 방법이다. 그렇다면 기존 카테고리에서 분화는 무엇을 의미하는가? 이러한 분화는 두 가지 측면에서 고려해야 한다. 즉 '나누기'와 '더하기'다.

첫째, 알 리스와 잭 트라우트는 그들의 저서 《마케팅 불변의 법칙》에서 시간이 지나면 하나의 영역은 둘 또는 그 이상으로 분할되기 마련이라는 '분할의 법칙'을 제안하였다.[3] 이는 나누기다.

하나의 영역은 단일 실체에서 시작된다. 컴퓨터가 그 예다. 시간이 지남에 따라 그 영역은 점점 세분화되었다. 메인프레임과 미니컴퓨터, 워크스테이션, PC, 노트북, 펜컴퓨터 등. 컴퓨터처럼 자동차도 단일 영역에서 출발했다. 예전에는 세 개의 브랜드(보레, 포드, 플리모스)가 시장을 장악했다. 그러던 것이 오늘날에는 영역이 세분화되어 고급 승용차, 적정 가격의 승용차, 저렴한 승용차로 나뉘었다. 대형차, 중형

차, 소형차로도 구분된다. 또 스포츠카, 4륜구동 자동차, RV, 미니밴, 스테이션 웨건, SUV 등 그 종류도 다양하다.

둘째, '점 연결하기(편집)', '드레싱dressing' 그리고 '융합' 등의 방법으로 남들에게 없는 무엇인가를 하나 또는 그 이상을 추가함으로써 새로운 카테고리를 창조한다. 이는 '더하기'다. 찰스 다윈의 '종의 분화' 가설 반대편에 '종의 합성' 가설이 있다. 다윈의 《종의 기원》에서 '종의 분화' 가설은 이 세상의 많은 종들이 계속적으로 분화하고 있다는 설명이다. 그런데 '종의 분화' 가설의 반대편에 있는 '종의 합성' 가설에 대해서는 별로 아는 바가 없다. '종의 합성'은 기존 종이 합쳐져서 새로운 종이 만들어진다는 가설이다. 이 '종의 합성'은 우리나라 우장춘 박사의 가설로도 잘 알려져 있다.[4]

여기서 점 연결하기(편집), 드레싱 그리고 융합 등을 다원적 사고로 보면, 기존의 무엇인가에서 새로운 무엇인가가 합쳐져서 그전의 무엇과는 동일하지 않은 무엇인가가 새롭게 창조된다. 이것이 '종의 합성'이다. 그러나 이것이 기존 것과도 일맥상통한 무엇을 갖고 있는 경우에, '종의 분화'라고 부를 수 있다. 특히, 비즈니스 세계에서 융합을 통해 새로운 카테고리를 창조하였지만, 이것은 기존 것과 일맥상통한 무엇을 갖고 있는 경우가 대부분이다. 가령 처음에 휴대폰의 경우 문자 그대로 휴대하면서 통화할 수 있는 전화기였다. 여기서 인터넷 기능이 추가되어 스마트폰이 탄생했다. 그러나 여전히 통화 기능이 중심으로서 휴대폰의 범주 내에 있다.

현실의 비즈니스 세계는 융합을 통해 많은 상품과 서비스가 새로운 카테고리를 만들어내고 있다. 역사를 돌이켜보면 융합 콘셉트는 늘 사람들의 상상력을 자극했다. 남녀를 불문한 인간과 물고기를 결합한 인어는 수천 년간 사람들을 매혹했다. 그리스 신화를 보면 몸뚱이와 다리는 말인데 가슴 위 머리, 어깨, 팔은 사람인 켄타우로스가 등장한다. 그리스 신화에는 또 몸뚱이는 사람인데 머리는 황소인 미노타우로스도 있고, 헤라클레스가 해치운 머리가 여럿 달린 히드라라는 괴물도 있다. 숲의 신이며 말꼬리를 달고 염소의 다리와 귀를 가진 반인반신으로서 환락과 호색을 즐긴 사티로스도 있다. 코믹북의 영웅 배트맨과 스파이더맨도 융합 콘셉트의 지속적인 인기를 대변하는 사례다.

나누기

대부분의 신제품은 무에서 유를 창조하는 완전히 새로운 방식이 아니라 영역을 나눔으로써 탄생한다. 가령 컴퓨터는 데스크톱, 노트북, 태블릿, 투인원$_{2\,in\,1}$('노트북+태블릿'은 평소에 일반 노트북처럼 이용하다가 화면을 떼면 태블릿으로 쓸 수 있다)으로 분할되었다.

과거 커피 시장에서는 커피 하면 달달한 믹스 커피 그리고 맥심이라는 브랜드가 최고였다. 하지만 점차 '커피'라는 카테고리에도 고급 원두를 사용하는 인스턴트 블랙커피가 생겨나고 또 디카페인 커피, 무지방 커피 등 다양한 커피 카테고리가 생겨나고 있다.

2007년 롯데칠성음료에서 기존 커피와는 개념이 다른 새로운 카테고리의 '프리미엄 원두커피 음료' 브랜드 '칸타타'를 시장에 출시하면서 큰 성공을 거두었다. 새로운 '프리미엄 원두커피 음료' 시장의 개척자가 되었다.

또한 택배 시장의 경우 기존 대한통운, 현대택배, 페덱스, UPS 등이 있으며 주문을 받으면 택배기사가 차량을 가지고 주문자를 방문해 물건을 받아가는 형식이었다. 하지만 이들의 근무시간이 정해져 있어 아무리 급해도 근무시간 외는 이용할 수 없을 뿐만 아니라 물건을 받는 수신자가 부재 시에는 마땅히 맡길 곳이 없어 여기저기 부탁하는 불편함이 있었다. 이때 새롭게 등장한 것이 바로 편의점을 이용해 간편하게 보내고 받을 수 있는 '편의점 택배'인 '포스트 박스'다. 기존 택배의 카테고리에서 '편의점 택배'라는 새로운 카테고리를 창조한 것이다.

물론 퍼스널 모빌리티를 창조한 세그웨이처럼, 무에서 유를 창조하는 꽤 복잡한 발명품이 결실을 맺어 브랜드가 되는 경우도 있다. 그러나 반드시 그런 식으로만 브랜드가 구축되는 것은 아니다. 어떤 때는 일반 카테고리 안에서 작은 브랜드로서 성공할 수도 있다. 나이키, 아디다스, 리복은 운동화 부문의 대형 일반 브랜드들이다. 그러나 몇 개의 작은 전문 브랜드가 선발 시장의 한 부분을 점유하고 있다. 테니스화의 '케이스위스', 스케이트보드 신발의 '빈스' 그리고 자전거 신발의 '신디'가 그것이다.[5] 결국 이들은 기존 카테고리에서 분할하여 더 전문화함으로써 새로운 카테고리를 창조하였다.

커피숍의 분할 과정을 보자. 1950년대 커피숍에서 가장 많이 찾는 음식은 햄버거였다. 1948년 캘리포니아 주 샌버너디노에서 딕 맥도날드와 맥 맥도날드 형제가 바로 이런 일을 했다. 햄버거를 주로 내놓는 '커피숍'을 연 것이다. 햄버거를 분화의 기회로 삼은 커피숍은 아래와 같은 여러 개의 다른 브랜드도 구축할 기회도 만들어냈다. 1950년대 커피숍은 샌드위치, 블랙퍼스트, 피자, 아이스크림을 비롯한 여러 카테고리로 분할되었다.[6]

치킨: KFC
핫도그: 비엔나 슈니첼
커피: 스타벅스
도넛: 던킨 도넛
시나몬 롤: 시나본
쿠키: 미시즈 필즈
아이스크림: 베스킨라빈스
냉동요구르트: TCBY
팬케이크: 인터내셔널하우스 오브 팬케이크
와플: 와플 하우스
피자: 피자헛
샌드위치: 파네라
서브마린 샌드위치: 서브웨이

전문화하라

많은 경우 특정 카테고리를 전문 영역으로 분할하여 새로운 카테고리를 만들어 성공하였다. 다음에서 카테고리를 나누어 전문화함으로써 새로운 카테고리를 창조한 몇 가지 사례들을 보자.

밴드에이드[7]

소비자 요구를 정확히 겨냥한 세분화 분석을 통해 전문 영역으로 지속적 분할한 '밴드에이드'는 용도 세분화의 효과를 보여준 좋은 사례다. 수십 년 동안 일회용 반창고는 약국이나 슈퍼마켓에서 치열한 경쟁을 벌인 품목이었다. 이 품목에서는 '존슨앤존슨'사가 제조하는 밴드에이드와 '콜게이트 팜올리브'사가 제조하는 큐래이드가 양대 산맥을 이루고 있다. 1960~1980년대를 거치며 이 분야에서는 주목할 만한 소식이 거의 없었다. 유일하게 관심을 끌 만한 품질 혁신이 있었다면 '떼어낼 때 고통이 없는' 밴드에이드가 등장했던 것과 유아용 제품에 색감과 흥미를 더하기 위해 만화 등장인물에 대한 판권 계약을 맺었다는 것뿐이었다.

이런 상황에서는 밴드에이드와 큐래이드 사이의 시장 점유율에 변화가 있을 리 없었다. 두 경쟁사는 이미 시장에서의 확고한 입지를 굳히고 있었고, 팽팽한 정면 대결에 만족하는 듯 서로 특별한 공세를 취하지도 않았다. 그런데 1990년대 접어들자 밴드에이드가 혁신을 꾀하며 지금까지의 양상을 깨고 도약하기 시작했다. 이른바 세분화 분석을 통해 용도에 대한 소비자의 요구를 정확히 겨냥한 여러 제품을 선보이기 시작한 것이다.

순식간에 소비자들은 알로에 베라와 비타민E 성분이 함유된 밴드에이드와 살균 처리된 밴드에이드, 손가락과 주먹의 상처에 붙일 수 있는 특수한 모양의 밴드에이드, 스포츠 밴드에이드, 방수 처리된 밴드에이드, 투병 밴드에이드, 피부색 밴드에이드, 월트 디즈니 만화 주인공인 인어공주와 곰돌이 푸, 미키 마우스의 그림이 그려진 밴드에이드를 구입할 수 있게 되었다.

치열하던 점유율 경쟁은 하룻밤 사이에 일방적인 경기가 되고 말았다. 바로 여기에서 이 전략의 진수를 볼 수 있다. 밴드에이드는 소비자의 요구를 정확히 반영했을 뿐만 아니라 한 번에 여러 개를 구입할 계기를 마련한 셈이다. 무엇보다도 소비자들은 아이들을 위한 제품(상처 부위에 만화 주인공의 모습을 붙이게 된다)과 손가락과 주먹에 붙일 제품(가장 흔한 상처 부위), 아빠와 농구를 좋아하는 10대 자녀를 위한 스포츠형 제품 그리고 다양한 상처에 대비하여 구급상자에 준비해 놓아야 할 비타민E가 처리된 제품이나 다용도 종합 세트를 구입할 수 있게 되었다. 과거에 비해 특별히 일회용 반창고의 필요성이 증가한 것도 아닌데, 소비자들은 다양한 용도의 밴드에이드 제품을 여러 가지 마련해야 할 이유가 생긴 것이다.

울샴푸 아웃도어

아웃도어 의류용 세제가 시장에 등장하기 전 울 니트, 속옷과 스타킹 등 간편 세탁물에 중성세제를 사용하고 있으나, 반드시 중성세제를 사용해야 하는 기능성 특수 소재(아웃도어 의류)에서 사용 비율은 상대적으로 낮았다. 아웃도어 의류에 붙어 있는 테그[tag]에는 중성세제 사용을 권장하는 설명이 있다. 그럼에도 일반적인 세탁 방법이 주를 이루고 있

어 아예 아웃도어 의류를 위한 전문 세제를 개발하기로 하였다. 그래서 탄생한 제품이 '울샴푸 아웃도어'다. 이는 기존 '중성세제'에 분할하여 '아웃도어 의류용' 전문 세제라는 새로운 카테고리가 창조된 것이다.

인스타그램[8]

SNS는 최초 싸이월드에서 시작해서 트위터, 페이스북, 인스타그램 그리고 핀터레스트 등으로 분화되었다. 이들은 소셜네트워크서비스(SNS)의 틀 속에서 분화하여 새로운 영역들을 개척해오고 있다.

페이스북은 친구와 관계를 맺고, 트위터는 뉴스에 대해 의견을 나누고, 인스타그램은 스마트폰에서 사진을 공유할 수 있게 만든 소셜네트워크서비스(SNS)다.

백문이 불여일견. 이미지는 세계의 공통 언어다. 말과 글로 하는 소통의 무게 중심이 '시각적 소통'으로 옮겨가고 있다. 인스타그램은 사진·동영상 중심의 소셜네트워크서비스로, 설립 5년 만인 2015년 9월 23일 트위터(3억 1,600만 명)를 제치고 월 사용자 4억 명을 기록했다.

말 그대로 '사진'과 '공유'가 핵심 기능인데 사람들은 여기에 열광했다. 누군가에게 의미 있는 한 장의 사진은 여러 줄의 글보다 사람들의 관심을 모으는 데 큰 힘을 발휘했다. 관심은 공감으로 이어졌고 사진 한 장을 두고 수많은 사람이 소감을 나눴다. 자칫 공허할 수 있는 온라인 소통에 온기와 진정성이 더해졌다.

미래는 '보이는 것'이 더 중요해진다. 정확히 말하면 일상 속에서 아름다움을 찾는 일 see the beauty in the everyday 이 중요하다는 얘기다. 사람들은 이미지를 통해 글자보다 더 많은 영감을 받을 수 있다.

이제 전 세계 수십억 명의 사람들은 고성능 카메라가 장착된 스마트폰을 늘 손 안에 가지고 다닌다. 인스타그램은 설립할 때부터 세계 각지에서 일어나는 다양한 순간을 담아내고, 이를 사람들에게 보여주는 '이미지의 힘'을 믿어왔다. 그래서 이들은 슬로건이 '세상의 순간들을 포착하고 공유한다'이다.

실제 창업 초기 인스타그램은 사진 공유 기능이 없는 트위터 이용자 사이에서 큰 인기를 끌었다. 즉석 사진(폴라로이드)을 연상케 하는 정사각형 모양의 사진 크기가 눈길을 끌었는데, 다양한 디지털 필터(효과)를 적용해 누구나 전문 사진작가 못지않은 사진을 찍게 한 점이 주효했다.

SNS에 글을 올리면 그 언어를 아는 사람만 반응하겠지만, 사진을 올리면 세계 어디서든 즉각 댓글이 달릴 것이다. 사진은 '세계 공통 언어'다. 세계는 이미지들로 더 가까이 이어질 것이다. 이게 SNS에서 또 하나의 새로운 영역인 '인스타그램'이다.

집 밖에서 먹는 집밥

국내에서 10가구 중 3가구가 1인 가구라 한다. 그래서 먹고, 살고, 노는 '삶의 풍경'도 달라지고 있다. 예전에는 집에서 먹는 밥은 당연한 '밥'이었고 밖에서 먹는 밥은 '외식'이라 불렀다. 그런데 1인 가구가 늘면서 요즘은 밖에서 먹는 밥이 그냥 '밥'이고 집에서 먹는 '집밥'이 특별한 밥이 됐다. 그래서 '집 밖에서 먹는 집밥'이라는 새로운 카테고리가 탄생했다.

체인점 '무명식당', 요리 연구가 홍신애 씨의 '쌀가게 BY 홍신애' 등 집밥 파는 식당을 표방하는 곳들이 많이 생겼다. 편의점 도시락도 집밥이 캐치프레이즈다. 이제 쌀밥에 국, 찬 등 몇 가지의 지극히 평범한 상차림을 돈 주고 사먹는 시대가 됐다.

고객을 바꾸어 다른 콘셉트로

거리를 산책하거나 드라이브하면서 눈에 들어오는 가게나 회사, 상품, 서비스에 '여성 전용', '학생 전용', '초보자 전용', '독신남 전용' 등 특정 고객을 가리키는 광고 카피를 붙여보라. 의외로 '이 아이디어는 대박날 수도 있겠다'는 놀라운 발견을 하게 될지도 모른다.

현재 시장에 나와 있는 상품이나 서비스에 만족하지 않고 더욱 세련되고 고급스러운 것을 찾는 소수의 고객층도 존재한다. 국내에 거주하는 외국 사람과 해외에서 온 관광객들에게 초점을 맞추어도 새로운 카테고리는 얼마든지 구축할 수 있을 것이다.

이처럼 기존 고객과 전혀 다른 새로운 표적 고객과 연결하여 정의함으로써 새로운 카테고리를 만드는 것뿐만 아니라 고객도 명확하게 할 수 있다.

지금은 스마트폰의 영향으로 많이 위축되었지만 닌텐도DS는 출시 당시에는 '어른들이 즐기는 게임'이란 콘셉트로 성공하였다. 경쟁사인 소니 PS3가 10~20대의 게임 이용자들을 표적 고객으로 하는 반면에 닌텐도DS는 게임에 익숙하지 않은 어른을 표적 고객으로 삼아 쉬운 게임으로 기능을 단순화하여 시장에서 대성공할 수 있었다.

여성이 사회의 중심에 서 있는 환경에서 '여성용 면도기'가 탄생했

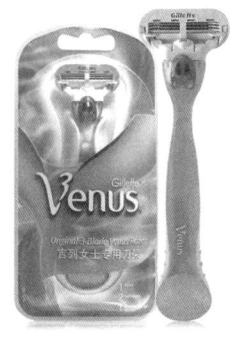
다. 여성의 사회 활동에 따른 사회적 지위 향상에도 불구하고, 체모에 대한 시선이 존재하였다. 따라서 여성의 노출 수위가 높아짐에 따라 옷 사이로 보이는 털을 없애려는 욕구가 강해졌다. 그러나 면도를 하는 여자에 대한 인식은 부정적이었다. 이렇듯 질레트 브랜드가 당면한 문제로서 면도기는 남성 전용 제품이라는 인식이 강한 상황에서, 기존 면도기로 여성 고객을 유입하기가 어려운 상황이었다. 따라서 면도기 시장을 분할하여 새로운 '여성용 면도기' 카테고리를 창조하였다. 그래서 탄생한 브랜드가 비너스$_{\text{venus}}$이다.

📁 더하기

• '더하기'는 '드레싱', '융합', '점 연결(편집)' 그리고 '이종교배' 등으로 표현되는데 기존 무엇인가에서 새로운 무엇인가가 합쳐져서 그전의 무엇과는 동일하지 않은 새로운 무엇인가가 새롭게 창조된다는 의미다. 어떤 표현이든 대상과 대상의 연결과 결합을 뜻한다.

진화생물학에서 '동종교배'는 문제가 있다고 본다. 동종교배란, 유전자 구조가 비슷한 종족 구성원들끼리 폐쇄적인 근친상간만을 반복하는 현상을 말한다. 이런 종족은 시간이 지날수록 악성 유전자를 대물림하고 외부로 드러나는 모습이 '단순'해지기 때문에, 환경 변화의 적응에 실패할 가능성도 더 높다. 그러나 현생 고등생물들이 진화에 성공한 건 다양한 외부 종족을 배척하지 않고 구성원으로 '인정'해 이종교배를 했기 때문이다.[9]

이처럼 진화생물학에서 동종교배보다는 이종교배가 환경 변화의 적응에 강하다고 한다. 미국의 과학자들은 옥수수 수확을 늘리려는 시도를 하던 중 우연히 이종교배를 통해 생산성을 극복할 수 있는 길을 찾았다. 이종교배된 종자가 기존 옥수수에 비해 네 배 이상 높은 수확을 달성했기 때문에 당시 미국의 농민들은 이 종자를 원했다. 물론 지금은 유전자 변형식품(GMO)에 대해 부정적이지만 말이다. 실제로 1960년대 미국 옥수수의 90% 이상은 이종교배에 의한 유전자 변형 옥수수였다. 이종교배란 종이 다른 생물의 암수를 교배하는 것을 말한다. 생물학에서 동종교배보다 이종교배가 적응력과 생명력이 더 강한 개체를 생성한다는 사실은 검증된 사실이다. 근래에는 이종교배의 개념을 지식, 문화, 사고방식 등이 다른 사람들이 각자의 생각을 제시하고 아이디어의 충돌을 통해 각자가 갖지 못했던 새로운 아이디어를 만들어내는 행위를 말하기도 한다. 가령 서울대, 성균관대, 포항공대, 한국기술교육대의 이공계학부에 경영학을 도입한 기술경영 석·박사 학위과정이 설치된 것이 좋은 사례다.

《섹스와 수트》Sex and Suits(1995)라는 책에서 홀랜더Hollander는 지난 200년 동안 여성 옷은 남성 옷을 여성의 몸에 계속 덧입혀온 것이라고 주장했다. 즉 지난 200년의 여성복 역사는 여성이 남성의 옷을 채택함으로써 기존 여성복과 차별화를 시도한 역사라는 것이다. 이렇게 기존 것에 무엇인가를 드레싱하면 새로운 것이 된다. 이 드레싱 창작 기법은 복식뿐만 아니라 음악, 미술, 건축의 창작 기법임을 알 수 있다.[10]

대포가 배에 장착돼 함포가 되면서 해전의 양상이 근접전에서 포격전으로 변하고 세계 역사가 바뀌었다. 서양에서 함포 시대의 개막은 1588년 스페인과 영국 사이에 벌어진 칼레 해전이었다. 하지만 우리나라는 이보다 200년 앞선 1380년 고려 우왕 시절 최무선이 화포를 배에 장착해 전선 100척으로 왜선 500척을 격파하면서 해상 포격전의 막을 열었다. 중국이 발명한 화약과 대포를 배와 결합시킨 포격전술로 전쟁의 승기를 잡은 것이다. 이는 뛰어난 융합의 대표적 사례다.

2004년 오리온은 '롤스틱'이라는 제품을 출시했다. 풍선껌 속에 캔디가 들어 있어서, 캔디도 먹고 껌도 씹게 된다. 이렇게 껌이 드디어 껌의 카테고리를 넘어서 간식 분야의 다른 제품 카테고리와 합종연횡을 시작했다.

이처럼 '더하기'는 비즈니스의 모든 영역에서 적용된다. 기업은 현재 제품의 구성요소나 서비스의 프로세스에 '더하기'를 시도함으로써 제품이나 서비스를 새로이 만들어낼 수 있다. 스티브 잡스는 '창조는 점 연결하기 Creativity is connecting things'라고 강조했다. 창의력은 서로 다른 것들을 연결시키는 것이다. 창의적인 사람들에게 어떻게 무언가를 해냈는지 물어보면 그들은 약간 죄책감을 느낄 것이다. 왜냐하면 그들은 정말로 무언가를 만들어낸 것이 아니라 무언가를 발견해낸 것일 뿐이기 때문이다.

다음은 하나에 하나를 더해서 새로운 가치의 창출을 끊임없는 추구하고 있는 몇 가지 사례들을 보여주고 있다.

이미 존재하는 것들의 또 다른 편집이다

감자 스낵 시장에서 만년 꼴찌였던 해태제과가 '감자칩은 꼭 짜야만 할까?'라는 의문과 발상의 전환으로 새로운 제품에 도전하였다. 만약 감자칩에 버터를 넣어 풍미를 올리고 꿀을 넣어 단맛을 준다면? 이것은 창조의 방법으로 점 연결하기, 즉 드레싱으로 통한다. 트렌드와 시장조사에서 전혀 기회 포착이 되지 않았던 '허니'와 '버터'를 결합해 시즈닝한 '달콤한 감자칩'이 탄생하였다.

우리 국민은 '섞어, 섞어' 방식에 익숙해 있다. 일종의 문화 특징이다. 볶음밥, 섞어찌개, 심지어 밥을 먹다가도 남을 만한 밥과 반찬이 있으면 한꺼번에 섞어 먹는다. 가히 퓨전 음식이 모든 국민들의 밥상에서 그 모습을 보인다.

왕십리에 가면 '삼맛 호떡집'이 있다. 호떡이 기상천외하다. 생각지도 못한 융합을 통해 새로운 호떡들을 만들어낸다. 이들 메뉴는 호떡에 초콜릿에서 아이스크림까지 올려져 만든 이색 호떡들이다. 몇 가지 메뉴를 보자.

아이팟 호오떡: 부드러운 단팥이 토실토실 들어 있는
씨월드 호오떡: 꿀과 몸에 좋은 견과류가 들어 있는
이태리 호오떡: 모짜렐라 치즈와 만남
아이스 호오떡: 뜨거운 호떡 안에 차가운 아이스크림
누텔라 호오떡: 초콜릿
누뗄라 아이스 호오떡: 누텔라 호오떡에 아이스크림

여러 영역에서 융합을 통하여 새로운 산출물을 창조해냈다. 서로 다른 제품들이 횡적으로 결합되면서 생겨나는, 그래서 기존에는 경험해볼 수 없는 새로운 가치가 생겨난다. 이질적인 요소를 합쳐 새로운 가치를 창출해내는 융합은 다양한 아이디어를 결합하여 새로운 가치를 창조한다. 아이디어 발상은 새로운 것을 만드는 게 아니라 이미 존재하는 낡은 요소를 새롭게 결합하는 과정이다. 서로 다른 제품, 혹은 어울리지 않는 가치들을 창조적으로 조합함으로써 새로운 카테고리를 창조할 수 있으며, 소비자들의 시선을 새롭게 변화시킨다.

강아지 + 로봇 = 애완견 로봇(소니의 '아이보')
팬티 + 기저귀 = 팬티형 기저귀(킴벌리의 '풀업스')
패션 + 시계 = 패션 시계(스와치)
탄산 + 술(酒) = 탄산주
패션 + 가발 = 패션 가발

로봇, 스위스 시계 그리고 기저귀는 애완견, 패션액세서리, 팬티 등 새로운 가치(영역)들과 조합하여 그 과정에서 새로운 카테고리가 탄생되었다. 소니의 경우, 로봇을 애완견 카테고리와 조합하여 새로운 애완견 로봇을 창조했다. 그리고 킴벌리는 기저귀를 팬티 카테고리와 조합하여 팬티형 기저를 만들어냈다.

스와치는 시계를 패션 액세서리 카테고리와 조합하여 '패션 시계'라는 새로운 카

테고리를 창조해냈다. 1983년, 니콜라스 하이예크Nicolas Hayek는 스위스 시계에 대해 소비자들이 그동안 가지고 있었던 고정관념을 뒤엎어버렸다. 당시 스위스 시계라고 하면, 사람들은 대부분 고급 보석 매장에 진열되어 있고 수공으로 만들어진, 값비싼 보석들이 박혀 있는 고가의 장신구를 떠올리고 있었다. 이러한 상황에서 하이예크는 스위스 시계를 '패션 아이템'의 카테고리로 집어넣는 모험을 감행했다. 이렇게 탄생한 브랜드가 바로 스와치Swatch다. 스와치는 전통적인 스위스 시계 시장의 한계에 도전하는 개척자로서 스스로의 이미지를 포지셔닝했던 것이다.[11]

보해양조는 미투me-too 제품 말고 그들만의 제품을 만들고 싶었다. 그래서 탄생시킨 제품이 탄산주 '부라더#소다'다. 이것은 탄산을 담은 3% 술로 만든 새로운 카테고리 '탄산주'다. 신제품의 이름은 기존 '잎새주 부라더'의 '부라더'를 활용하였다. 뒤쪽 라벨에 젊은 소비자들이 좋아할 만한 해시태그(#)를 이용한 문구를 넣었고 아울러 탄산이 느껴지도록 '소다'라는 이름을 붙였다. 라벨은 '부라더'의 그래픽 로그에 탄산을 느끼게끔 디자인되었다.

이렇게 해서 국내 최초 탄산주 '부라더#소다'라는 새로운 카테고리가 탄생되었다.

조선 시대와 중세 시대에 이르기까지 화려한 '가체'는 여성으로서의 아름다움과 신분을 상징하는 수단이었다. 이렇게 권위와 아름다움의 상징이었던 가체가 어느 순간부터 단순히 볼품없는 빈모와 콤플렉스를 보완하는 기능만의 '가발'로 의미가 퇴색되었다. 이에 '씨크

릿우먼'의 헤어웨어는 기존의 '가발'과는 다른 우리나라 전통 '가체'의 정통성을 계승해 현대 여성들의 아름다움에 대한 욕망을 채워주는 '패션 아이템'으로 헤어웨어 시장을 개척하였다. 즉 씨크릿우먼의 헤어웨어는 '가발'을 '패션'과 조합하여 '패션 가발'을 만들어냈다.

최근 유쾌한 인문학자로 돌아온 문화심리학자 김정운의 《에디톨러지》는 창조의 편집 방법을 잘 설명해주고 있다. 그는 책 서문에서 "세상의 모든 창조는 이미 존재하는 것들의 또 다른 편집"이라고 설명한다.

> 세상 모든 것들은 끝임없이 구성되고, 해체되고, 재구성된다. 이 모든 과정을 한마디로 '편집'이라고 정의한다. '에디톨로지edit+ology'는 '편집학'이다. 그러나 단순히 섞는 게 아니다. 그럴듯한 짜깁기도 아니다. '에디톨로지'는 인간의 구체적이며 주체적인 편집 행위에 관한 설명이다. 즉, 즐거운 창조의 구체적 방법론이 바로 '에디톨로지'인 것이다.

이렇게 본다면 새로운 카테고리를 만든다는 말은 틀렸다. 찾는 것이다. 탐색하여 발견하고 분화시켜 구조를 만든 뒤 조망하고 연결하면 새로운 카테고리가 나타난다. 보이지 않던 것이 모습을 드러내는 것이다.

모든 카테고리는 분화한다

19세기 이후 미술의 변천사를 보면 사실적 묘사에 근거해서 인상파가 태동했고, 이후 야수파, 입체파, 추상파로 변화되었다. 옳고 그름을 떠나 모두 기존 기법이나 관점과는 다른 새로운 시도를 한 결과들이다.

비즈니스 역시 마찬가지다. 모든 새로운 카테고리는 분화에 의하여 탄생되었다. 이러한 분화를 통해 기업들에게 새로운 비즈니스의 기회를 제공한다. 카테고리의 분화에 대해 알 리스와 로라 리스는《브랜드 론칭 불변의 법칙》에서 이렇게 설명했다.[12]

시장에서 최초가 될 수 없다고 해서 실망할 필요는 없다. 처음이 될 수 있는 새로운 영역을 개척하면 된다. 델은 최초의 PC업체는 아니었지만, 제품을 직접 판매하는 최초의 PC업체였다.

대부분의 시장은 하나의 영역으로 시작하지만 나중에는 나눠진다. 그렇게 분화되는 시장에서는 최초가 될 수 있는 기회가 새로 생긴다. 성공적인 브랜드를 구축하고 싶다면 카테고리들의 분화에 의해 새로운 카테고리를 창출할 기회를 찾아내야만 한다. 그 후에는 이렇게 돋아나는 카테고리에서 최초의 브랜드가 되어야 한다. 선도자가 지배권을 유지할 수 있는 방법은 새로이 나타나는 하나하나의 영역에 대해서 다른 브랜드 이름으로 얼굴을 내미는 것이다.

'브랜드의 거대한 나무'에서, 성공적인 브랜드는 새로 돋은 가지를 지배하고 그후 그 가지 자체를 확장하면서 근처 가지들에게서 햇빛을 차단함으로써 차츰 성공하게 된다.

나뭇가지가 새로 돋아나듯이, 카테고리 역시 새로이 분화하여 또 하나의 새로운 카테고리를 만들어 브랜드가 탄생한다.

CREATE A **CATEGORY**

05

새 카테고리의
위치 정하기

―

어떤 카테고리에
닻을 내릴 것인지
명확히 하라

CREATE A **CATEGORY**

새 카테고리 제품을 불명료하게 표현하여 생긴 실책들

새로운 카테고리의 제품은 시장에 처음으로 모습을 드러내기 때문에 제품을 명료하게 표현하지 못하면 최초의 제품임에도 실패하는 경우가 많다. "구슬이 서 말이라도 꿰어야 보배다"는 말이 있듯이 아무리 새롭고 혁명적인 제품이라도 소비자들에게 어떤 제품인지를 명료하게 제대로 표현하지 못하여 실패하는 경우가 많다. 그러면 새로운 카테고리 제품의 경우 빈번하게 저지르게 되는 세 가지 표현 영역은 무엇인가?

첫째, 어떤 카테고리에 속하는지가 불명료한 경우다.

신제품이 어떤 카테고리에 속하는지 정하지 못해 실패한 경우가 많다. 특히 새로운 카테고리를 창조한 제품의 경우 어떤 제품 카테고리인지 명확하지 않은 시기다. 그렇기 때문에 신제품이 어떤 카테고리에 속하는지를 명확히 제시해주어야 한다. 이를 소홀히 하여 실패한 대표적인 예가 애플의 뉴튼이다.

애플은 1993년 세계 최초로 '뉴튼 메시지패드Newton MessagePad'라는 PDA(Personal Digital Assistant)를 출시할 때 카테고리 이름을 소홀히 다루는 실수를 저질렀다. 애플은 애초에 뉴튼을 'PDA', 즉 개인용 디지털 단말기로 불렀다. 노트북 컴퓨터, 디지털 휴대전화나 손목시계도 모두 개인용 디지털 단말기로 볼 수 있다. PDA라는 카테고리는 뉴튼을 시장에 나와 있는 다른 개인용 디지털 단말기와 구별시키지 못했다.

애플이 "뉴튼이 뭘까요?"라는 헤드라인을 단 광고를 대대적으로 내보냈을 때, 뉴튼이 곤경에 빠진 것은 당연했다. 사람들이 뉴튼이라는 새로운 장치를 어떻게 범주화해야 하는지 감을 잡을 수 없었기 때문이다.

결국 뉴튼은 사람들에게 신제품이 어떤 제품군에 속하는지 이해시키지 못해 실패했다. 따라서 기존 제품군과 매우 다른 제품을 만들어낸 기업은 사람들에게 그 제품이 기존 어떤 제품군에 속하거나 아니면 아주 새로운 제품군을 만들어낸 것임을 이해시켜야 한다.

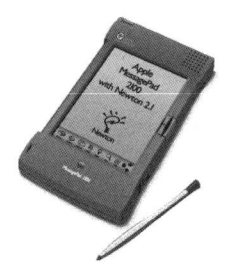

이에 대한 내용은 '6장 새 카테고리의 명칭 정하기'에서 풍부한 사례들과 함께 설명할 것이다.

둘째, 새로운 카테고리의 명칭이 불명료하거나 제한적인 경우다.

마케팅 전쟁에서 성공할 가능성을 높이

기 위해 카테고리 명칭을 명료하게 해야 한다. 그러나 카테고리 명칭이 불명료하거나 너무 제한적인 카테고리 명칭을 사용함으로써 성공 가능성을 줄이는 경우가 종종 있다.

새로운 카테고리에 어떤 이름을 붙일지 고민할 경우 제일 먼저 해야 할 일은 그 카테고리의 특성이나 작동 원리를 분석하는 것이다. 그 다음 그 정보를 이용해 카테고리를 묘사한다. 이를테면 '자동차'라는 카테고리가 처음 소개되었을 때 사람들은 '말 없는 마차(자동차의 작동 원리를 간단하게 설명한 이름)'라고 불렀다. 그래서 고객들에게 새로운 카테고리가 쉽고 빠르게 이해될 수 있었다.

'의류 관리기'를 보자. '의류 관리기'는 LG전자의 '트롬 스타일러'가 만들어낸 카테고리다. 트롬 스타일러는 옷을 흔들고 스팀으로 구김과 주름을 없애주는 생활가전제품이다. 이외에도 대장균, 황색포도상구균 등 세균과 집먼지진드기를 99.9% 없애주는 기능도 있다. 최근 몇 년 동안 미세먼지, 세균, 진드기 등을 없애는 기능이 생활가전 분야에서 필수 기능으로 자리매김한 탓에 트롬 스타일러는 새롭게 주목을 받고 있다.

그런데 처음으로 '의류 관리기'라는 용어를 들으면 무엇이 떠오르는가? 아마 대부분의 사람들은 '의류 관리기'를 처음 접했을 때 쉽게 이해되고 떠오르는 이미지가 없을 것이다. 차라리 기존에 익숙하고 친숙한 '세탁소' 카테고리를 데리고 와 '집안의 세탁소'처럼 직관성 있는 명칭을 부여했더라면 이해하기가 쉬웠을 것이다.

또한 카테고리 명칭이 너무 한정적이어서 기업 스스로 시장 규모를 제한시키는 경우도 종종 있다. 애경의 '울샴푸'는 중성세제 시장에

서 강력한 브랜드 파워와 시장 점유율 70% 이상을 차지하고 있는 부동의 1등 브랜드다. 그러나 울샴푸가 탄생한 지 20여 년의 세월이 흘렀지만, 매출 규모는 200억 원이 채 안 되었다. 시장 규모가 그만큼 성장하지 못하고 작게 머물러 있었다. 그 이유는 중성세제 시장을 '울샴푸'라는 브랜드명에 따라 '울' 세제로 제한시켰기 때문이다. 그러나 울샴푸는 중성세제 카테고리다. 울 소재뿐만 아니라 교복, 등산복 등 고급 의류는 대부분 중성세제로 세탁해야 한다.

이러한 '울 전용 세제'에서 벗어나 '중성세제'로 카테고리를 확대하기 위해 제품 사용 설명서를 제품 라벨의 전면에 아이콘화해서 소비자들이 쉽게 이해할 수 있도록 디자인을 바꿨다. 소비자들은 울샴푸의 사용 용도를 제품 진열대 앞에서 쉽게 이해할 수가 있었고, 그 결과 매출 증가가 이루어졌다.

이처럼 새로운 카테고리 명칭을 불명확하게 하거나 너무 제한적으로 설정함으로써 큰 성공을 거두지 못하는 경우가 종종 있다. 이에 대한 내용은 '6장 새 카테고리의 명칭 정하기'에서 풍부한 사례들과 함께 설명할 것이다.

셋째, 새로운 카테고리의 제품명이 불명료한 경우다.

제품에 붙이는 브랜드 이름은 직관성이 생명이다. 그런데 많은 경우 이런 원칙들을 지키지 못하여 어려움에 처하기도 한다. 특히 새로운 카테고리의 제품인 경우 카테고리의 특징을 나타낼 수 있는 브랜드명으로 작명하는 것이 필요하다. 아울러 브랜드명은 그 카테고리의 대표가 될 수는 있는 것으로 정하는 것이 중요하다. 해당 카테고리를 대표하기 위해서는 카테고리의 연상 가능성이 높은 브랜드명이어야 한다. 이것을 충족시키는 것이 가장 중요하고, 그다음으로 외우기 쉽고 부르기 쉽고 좋은 이미지를 전해야 하는 등 일반적으로 강조하는 네이밍 원칙이 고려되어야 한다. 다음의 예들을 보자.

화이트케어·미초·17차·유튜브·아이나비·액츠·햇반·딤채·트롬

위에서 언급한 사례들은 공통점으로 고객들에게 제품이 쉽고 빠르게 이해될 수 있는 브랜드들이다. 즉 고객들은 위의 브랜드들이 무엇을 의미하는지, 그 제품이 다른 제품과 어떻게 다른지 금방 알아챌 수 있다. 이처럼 제품을 간단하고 효과적으로 설명함으로써 마케팅에서 성공을 거둘 수 있다.

이에 대한 내용은 '7장 새 카테고리 상품의 이름 짓기'에서 풍부한 사례들과 함께 설명할 것이다.

📁 어떤 카테고리에 속하는가?

　　가령 어떤 기업이 시장에 없던 새로운 카테고리의 제품을 만들어 시장에 내놓았다고 생각해보자. 우리는 시장에서 듣도 보도 못한 이러한 새로운 제품을 만나게 된다. 이 경우 어떤 반응을 불러일으킬까?

　　새로운 제품을 만나면, 우리는 그것을 우리의 머릿속에 있는 기존 카테고리에 꼭 집어넣어야 한다. 왜냐하면 우리가 마주치는 모든 새로운 것들에 대해 새로운 카테고리를 만드는 데 드는 정신적 비용이 만만치 않기 때문이다. 이것이 매일 쏟아지는 모든 새로운 것들의 습격에 대한 인간의 생존 방식이다.

　　하지만 우리의 머릿속에 만들어져 있는 기존의 카테고리에 정확하게 들어가지 않는 사물이나 현상이 나타날 때 우리는 당황하게 된다.

예를 들어 성별이 모호한 사람을 보면, 가던 길을 멈추고 이렇게 생각한다. '도대체 남자야, 여자야?' 〈새터데이 나이트 라이브Saturday Night Live〉라는 프로그램에서 줄리아 스위니Julia Sweeney라는 배우가 남자도 여자도 아닌 분장을 하고 등장했을 때 아마도 많은 시청자들이 혼란스러워했을 것이다.[1]

이런 현상들은 비즈니스 세계에서도 마찬가지다. 소비자들은 기존 시장에 없던 새로운 신제품을 만날 경우 어떤 제품 카테고리에 속하는지 혼란스러워한다. 따라서 출시 초기에 고객의 마음속에 새로운 제품 카테고리를 만들거나, 수정하는 데 집중해야 한다. 퍼스널 모빌리티의 대표 브랜드 '세그웨이'는 다른 제품들과 너무 달라 쉽게 카테고리화할 수 없었기 때문에 초기의 상업화 과정이 어려웠다.

실패한 몇 가지 사례들

다음은 출시 초기에 신제품이 어떤 카테고리에 속하는지를 정하지 못하여 실패한 대표적인 몇 가지 사례들을 보여주고 있다.

CUV

스테이션왜건(1950년대 베이비붐으로 가족 구성원 수가 증가하고 여가를 즐기는 경향이 자리 잡으면서 차의 후방 천장을 높여 다양한 용도로 쓸 수 있게 개발한 자동차의 한 종류)의 뒷좌석에서 자라난 베이비붐 세대는 성인이 되어서도 스테이션왜건을 타게 될까 봐 끔직해했다. 다행이 1983년에 크라이슬러가 미니밴을 내놓았다. 클라이슬러의 미니밴은 1960대식 자동차의 짐칸을 없애고 스테이션왜건의 효용성만을 부각시켰다. 이외에도 닷지의 캐러밴Dodge Caravan 역시 큰 인기를 얻고 이후 이들을 모방한 차들이 뒤따라 많이 출시되었다. 미니밴은 스테이션왜건을 싫어하는 사람들을 위한 자동차였다. 그러나 미니밴에는 사커맘(soccerpmom: 도시 교외에 살고 학교에 다니는 아이들 둔 전형적인 중산층 백인 여성을 일컫는 말)을 위한 자동차라는 꼬리표가 붙어 다녔다. 남성들은 미니밴을 운전하는 것이 남자답지 않다고 생각했다. 이때 미니밴을 대신할 만한 포드의 스포츠형 다목적 차량 SUV가 출시되었고 SUV는 남성들만의 자동차가 되었다. 여성들이 SUV를 불편해하는 것은 포드에게 아무런 문제가 되지 않았다.

새로운 시장을 창출하기 위한 마케팅은 계속됐다. 스테이션왜건의 또 다른 대안으로 CUV(Crossover Utility Vehicle: 승용차에 밴이 접목된 다목적 퓨전 차량)가 등장했지만, SUV를 이길 수 없었다. 자동차와 SUV가 접목된 새로운 CUV를 어떻게 카테고리화할지 모호했기 때문이다. 어떤 제조업자들은 크로스오버 차량을 자동차로 분류했고, 어떤 사람들은 트럭으로 분류했다. 크로스오버 차량은 미니밴과 SUV 사이에서 애매한 차로 정체성을 잃고 성공하지 못했다.

지마[2]

지마는 뉴에이지New Age 음료가 유행하던 1992년 아돌프 쿠어스 컴퍼니Adolp Coors Company가 출시한 음료수였다. 지마는 그것이 무엇이 아닌지에 의해 거의 완벽히 정의되었다(다시 말해서 지마는 맥주가 아니며 와인 쿨러Wine Cooler도 아니다). 쿠어스는 지마의 정체를 한번도 알려주지 않았다. 그들은 새 카테고리의 이 신상품은 정의가 불가능하다고 광고했다. 이 무색의 음료는 흰 정장에 검은 모자를 쓴 채로 그 제품을 "이것은 불가사의다. 무엇인가 다르다It'z something different"라고 묘사하는 신비한 선전가가 등장하는 초기 광고 캠페인을 통해 내보냈다. 그들은 새 카테고리의 이 신상품은 정의가 불가능하다고 광고했다. 지마의 최초의 광고 카피는 다음과 같다.

"지마 클리어 몰트는 뭐랄까… 가볍게 탄산을 넣었지만 맥주처럼 배부르지 않고… (양조된 것임에도) 음…, 제련(Zima+세련)되었으면서도 혼합음료보다는 가벼운 맛 그리고 쉽게 넘어가지만 와인 쿨러 제품처럼 그리 달지는(Zima+달지는) 않다. 투명하기 때문에 눈앞에 갖다 대도 병이 훤히 다 보인다(매우 중요한 포인트!) 또…, 그렇다. 스트레이트로 마실 수도 있고 온더락으로 마실 수도 있다. 그러니까 이것은 다른… 어느 것 하고도… 다른 것이다."

이 광고는 다소 신비감을 창출하긴 했지만 소비자들은 지마가 실제로 무엇인지를 확실하게 알지 못했다. 지마가 도대체 뭐란 말인가? 누군들 알겠는가? 회사의 전 중역 중 한 사람은 "그것은 흔들어 마셔야 할지, 얼음을 넣어 조금씩 마셔야 할지를 (소비자들이) 알지 못한다"라고 말했다.

도대체 PDA가 뭐냐?[3]

오래전에 애플이 '뉴튼 메시지 패드Newton Message Pad'라는 PDA(Personal Digital Assistant)를 출시할 때 겪었던 문제를 생각해보자. 무엇보다 사람들에게 PDA라는 물건이 무엇인지 이해시키는 일이 중요했다. PDA는 당시 사람들이 알고 있던 기존 어느 제품군에도 속하지 않는 물건이었기 때문이다.

뉴튼을 처음 출시했을 때 애플은 광고를 통해 "뉴튼은 무엇일까? 뉴튼은 어디에 있는가? 누가 뉴튼인가?"라는 식의 질문을 던져 사람들의 관심을 끌었다.

이어진 광고에서 그 질문에 답하는 형식으로 뉴튼이라는 PDA를 이해시키려고 했다. 그러나 불행히도 애플은 사람들이 알기 쉬운 말로 그 질문에 답을 해주지 못했다. 당시에 PDA라는 제품군은 사람들의 머릿속에 없었고, 그렇다고 갑자기 PDA가 하나의 제품군으로 사람들의 머릿속에 자리 잡아갈 가능성도 낮았다.

제품군을 정하는 것은 기업이 아니라 제품을 사서 쓰는 사람들이다. 당시 사람들의 머릿속에는 PDA라는 제품군이 없었다. 그러나 아무리 PDA를 설명해봐야 사람들에게 PDA가 무엇인지 이해시키기 어려웠다. 이때 PDA 대신 사람들이 이해하기 쉬운 다른 이름을 모색해야 한다. 제품을 잘 팔려면 제품이 무엇인지 쉽게 말해주어야 한다. 예를 들어, 뉴튼에는 컴퓨터, 통신, 전자수첩의 3가지 기능이 있었다. 그러면 그것은 컴퓨터인가? 통신기기인가? 전자수첩인가? 아니면 제3의 무엇인가? 그러나 뉴튼이 무엇인지 말하는 것은 간단한 일이 아니다. 그것은 컴퓨터이면서 통신기기이고 전자수첩이기도 하기 때문이다. 사람들은 '도대체 그게 뭐지? 하며 혼란스러워한다. 그러면 사람들은 제품을 이해하고 머릿속에 넣기 어려워진다.

결국 뉴튼은 사람들에게 신제품이 어떤 제품군에 속하는지 이해시키지 못해 실패했다. 따라서 기존 제품군과 매우 다른 제품을 만들어낸 기업은 사람들에게 그 제품이 기존 어떤 제품군에 속하거나 아니면 아주 새로운 제품군을 만들어낸 것임을 이해시켜야 한다.

위의 사례들에서 볼 수 있듯이, 모두 새로운 카테고리의 제품을 출시했음에도 실패했다. 왜냐하면 이들은 어떤 카테고리에 속하는지를 명확히 설정하지 못해 사람들을 혼란스럽게 했다. 이러한 탓에 사람들의 머릿속에 하나의 범주로서 자리 잡지를 못했다. 우리의 두뇌는 정보가 제대로 분류되지 않으면, 그것을 분류함에 보관하는 것이 아니라 아예 두뇌에서 퇴출시켜버린다.

카테고리 소속을 알리는 방법

물론 이미 시장에서 자리를 잡은 제품이나 서비스의 경우 어떤 카테고리에 속하는지를 정할 필요가 없다. 소비자들은 코카콜라가 청량음료 시장에서 주도적인 브랜드이며, 켈로그 콘프레이크는 시리얼 시장에서 선도적인 브랜드임을 이미 인식하고 있다.

반면 어떤 제품은 어느 카테고리에 속하는지 정하는 것이 중요한 경우가 있다. 가장 쉬운 예로는 새로운 카테고리를 창조한 상품을 도입할 경우, 어떤 제품 카테고리인지 명확하지 않은 시기다. 가령 스와치 시계가 처음 시장에 도입되면서 '패션 시계'라는 카테고리를 설정하였다. 이러한 스와치의 패션 시계는 들어만 봐도 어떤 특징을 가진 제품인지 쉽게 이해할 수 있다. 그러나 PDA가 처음 도입되었을 때, 그것을 '소형 컴퓨터'로 보아야 할지 '수첩 대용품'으로 보아야 할지 분류했어야 했다. 그러나 초기에 어떤 카테고리에 속하는지 정하지 못하여 실패하고 말았다.

이처럼 고객의 머릿속에 어떤 특정 카테고리로 정하는 것은 마케팅에 있어 매우 중요한 문제다. 그러나 기업이 고객의 카테고리 분류 과정에 직접 개입하는 것은 어려운 일이다. 다만 기업은 고객이 처음 마주하는 신제품을 카테고리화하는 일련의 과정에서 더 쉽게 이해할 수 있도록 해야 한다.

기업이 처음으로 시장에 내놓은 신제품을 어떤 카테고리에 속하게 할 것인지를 결정하는 3가지 방법이 있다. 다음에서 카테고리 소속을 알리는 방법을 살펴보자.

첫째, 비교 상대를 누구로 할 것인지 명확히 하라.

둘째, 제품 기술어에 의존하라.

셋째, 해석의 가능성을 오픈해둬라.

비교 상대를 누구로 할 것인지 명확히 하라

- 왜 외국사람 얼굴은 구별하기 어려운가?

왜 흑인들은 다 닮았죠.

다들 머리 작고… 얼굴 갸름하고

입술 두텁고….

마이클 조던으로 대표되는 흑인.

왜 다 닮은 거죠?

우리 황인종이나 백인종은 그래도 각각 다르잖아요.

근데 유난히 흑인은 같은 거 같네요.

모 과학 상식 프로그램에서 조사를 했는데 서로 다른 인종끼리는 비슷하게 보인다고 한다. 백인과 흑인에게 서로 다른 황인을 여러 명 인식시켜주고 일정 시간 후에 맞추게 했는데 맞추지 못했다. 두 번째 우리나라 사람이 백인과 흑인으로 한 대상 실험에서도 구분을 못했다.

자기들끼리는 잘 알아보는데 다른 인종은 그렇지 못한 이유가 무엇일까? 바로 머릿속에 형판template이 없기 때문이다. 여기서 형판은 사전적으로 어떤 도식이나 서식에서 자주 사용되는 기본 골격을 뜻한다. 쉽게 표현하면 견본, 본보기와 같다. 우리가 누군가 낯선 한국 사람을 만나도 형판과의 차이점을 파악하고 인식하므로 어렵지 않게 기억이 된다. 하지만 동양인은 상대적으로 백인이나 흑인을 볼 기회가 적기에 그들에 대한 형판을 갖기 어렵다. 그런 상태에서 그들의 얼굴을 구별하려면 많은 정보를 추가로 인식해야 하므로 그 차이를 쉽게 구별하지 못한다.[4]

애플의 뉴튼은 왜 실패했는가?

애플이 '뉴튼이 뭘까요?' 라는 헤드라인을 단 광고를 대대적으로 내보냈을 때, 뉴튼이 곤경에 빠진 것은 당연했다.[5]

> 사람들이 뉴튼이라는 새로운 장치를 어떻게 카테고리화해야 하는지 감을 잡을 수 없었기 때문이다. 전자수첩을 출시한 다른 회사들도 마찬가지다. 이후 팜 파일럿Palm Pilot이 상용화에 성공하면서 고객들의 마음속에 PDA라는 새로운 제품 범주가 생겨났다. 즉, 선구자 격인 뉴튼은 고객들이 제품을 카테고리화시키기에는 너무나 획기적인 장치였으며, 나중에 PDA라는 종류에 포함시키기에는 너무 일찍 출시

되었던 것이다.

모든 제품은 경쟁자를 필요로 한다. 하지만 당시 PDA라는 카테고리에서 뉴튼의 적은 없었다. 그렇다고 뉴튼이 뚜렷이 어떤 카테고리에 속해 그 카테고리 내의 적수들과 경쟁을 하고 있지도 않았다.

하지만 뉴튼은 전자수첩으로서 상당한 경쟁력을 갖추고 있었다. 또한 당시 전자수첩 시장은 엄청나게 성장하고 있었다. 1994년 한 해 동안 12만 대의 PDA가 판매된 반면 전자수첩 1,000만 대 이상의 판매 실적을 거두었다. 이때 전자수첩의 1인자인 샤프 위저드wizard의 시장 점유율은 60%였다. 뉴튼이 자신을 전자수첩으로 자처하고 샤프 위저드와 경쟁했다면 충분히 승산이 있었을 것이다.

이처럼 새로운 제품군을 만드는 것보다 익숙한 제품군에 닻을 놓고 자사 제품을 소개하는 것이 더 바람직할 수도 있다. 그렇게 하면 사람들에게 제품을 더 빨리 이해시킬 수 있다. 예를 들어 오빌 레덴배처Orville Redenbacher는 '고급 구르매gourmet 팝콘'으로 자사 제품을 포지셔닝했다. 이 경우 팝콘이라는 기존 제품군을 고급 팝콘과 그렇지 않은 것으로 세분화하여 그중 하나에 맞추어 자사 제품을 소개한 것이다. 마찬가지로 애플은 뉴튼을 전자수첩 제품군에 닻을 놓았다면 충분히 승산이 있었을 것이다.

낯선 신제품을 익숙한 대상과 연결하여 비교하라

한국인은 그들의 머릿속에 동양인의 가장 대표적인 형판이 자리 잡고 있어서 누군가 낯선 사람을 만나게 되면 형판과 얼마나 유사한

지(유사점) 그리고 얼마나 차이가 나는지(차별점)를 확인함으로써 그들을 쉽게 이해하고 구별할 수 있다. 이는 범주화 과정으로 인간의 본능이자 사물을 분류하는 방법이다.

이처럼 범주화는 유사점POP: Point Of Parity과 차이점POD: Point Of Difference을 통해 모든 사물을 인식하는 원리고 이를 통해 사물의 특징을 쉽게 설명할 수 있다.

마찬가지로 낯선 신제품을 시장에 내놓을 때 유사점과 차이점을 이용하여 고객들에게 쉽게 이해시켜 소비자의 마음속에 독특한 위치를 차지할 수 있다. [그림 5-1]의 포지셔닝 삼각형은 이러한 두 가지 요소를 시각적으로 보여준다.

첫 단계는 사람들에게 자사 제품이 어떤 제품군에 속하는지 명확히 인식시키는 것이다. 이는 유사점에 관한 내용이다. 그리고 그 제품군에 속한 다른 제품들과 어떻게 다른지 알려줘야 한다. 이를 차별점이라 한다.

여기서 유사점은 내 제품을 소비자에게 인식시키는 닻이 된다. 가령 스마트폰을 휴대폰 기능에 컴퓨터 기능을 더한 것으로 포지셔닝하는 것과 컴퓨터 기능에 휴대폰 기능을 더한 것으로 포지셔닝하는 것은 전혀 다른 결과를 낳는다. 따라서 신제품을 누구를 비교 상대로 할 것인지를 명확히 해야 한다.[6]

그림 5-1 포지셔닝 삼각형

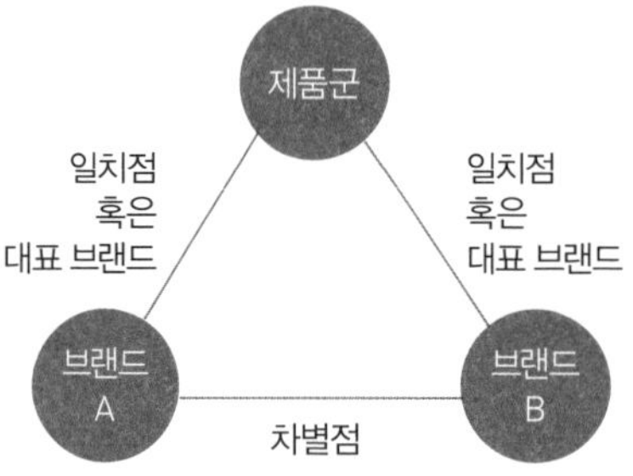

첫째, 모범 사례를 비교 상대로 하라.

둘째, 카테고리를 비교 상대로 하라.

셋째, 하이콘셉트를 비교 상대로 하라.

모범 사례를
비교 상대로 하라

카테고리를 대표할 수 있는 브랜드(모범 사례)와 새로운 신제품을 함께 제시하며 비교하는 것은 신제품이 어떤 카테고리에 속하는지를 구체화하는 방법이다. 스바루Subaru는 광고를 통해 볼보와 비교하였는데, 그 이유는 두 차가 같은 고객에 대해서 경쟁하기 때문이 아니라 이러한 접근방법이 스바루를 (볼보와 같은) '안전한 자동차' 카테고리에 속한다는 사실을 암시하는 데 효과적인 방법이었기 때문이다.[7]

1993년까지 스바루는 미국에서 해마다 단 10만 4,000대의 자동차를 판매하고 있었는데, 이는 판매가 가장 많았던 때보다 60%나 떨어진 수치였다. 미국 내 누적 손실액은 10억 달러에 다다랐다. '품질에 비해 가격이 비싸지 않고, 비싸지 않게 유지할 수 있는 자동차'로 광고된 스바루는 도요타, 혼다 그리고 다른 경쟁자들과 차별화되지 않는 미투me-too 자동차로 비쳐졌다. 분명하고 독특한 이미지를 제공하기 위해 스바루는 승용차 모델 중 4륜구동 차량만을 판매하기로 결정했다. 고급스럽게 이미지를 개선하고 가격을 인상한 후 스바루는 2000년까지 17만 5,000대 이상을 판매했다.

비슷한 예로, 위티즈Wheaties도 단맛을 뺀 시리얼을 시장에 내놓았는데, 소비자들에 만약 프로스티드 플레이크Frosted Flakes를 좋아한다면, 위티즈 하니 골드Wheaties Honey Gold를 먹어야 한다고 말했다. 이것은 프로스티드 플레이크와 경쟁하기 위한 것이 아니라 위티즈 하니 골드가 단맛을 뺀 성인용 시리얼 제품이라는 것을 효과적으로 알리기 위한 것이다. 토미 힐피거Tommy Hilfiger 역시 무명의 디자이너였을 때, 광고를 통해 인정받는 디자이너들이던 조프리 빈Geoffrey Beene, 스탠리 블래커Stanley Blacker, 캘빈 클라인Calvin Klein 그리고 페리 엘리스Perry Ellis와 자신을 연결함으로써 미국의 유명 디자이너 중 한 사람으로 그의 멤버십을 소개했다.

특히 새로운 카테고리의 선도자 브랜드가 아직 없는 신제품을 론칭할 때는 사람들에게 가장 익숙한 기존 카테고리 내의 모범 사례를 비교 상대로 설정할 수 있다. 예컨대 애플이 아이팟을 내놓았을 당시 MP3 플레이어 카테고리에는 누구나 알 만한 뚜렷한 브랜드가 없었다. 그래서 '갖고 다니면서 음악을 들을 수 있는 제품'에서 가장 잘 알려진 소니의 워크맨을 비교 상대로 삼았다.[8]

몇 가지 사례들

새로운 제품을 인식시키려면 카테고리를 대표하는 모범 사례(원조 브랜드)와 비교시킴으로써 그 신제품을 더 쉽고 효율적으로 설명할 수 있다. 다음의 몇 가지 예들을 보자.

서울

《나음보다 다름》의 저자인 한양대 홍성태 교수는 유학 시절 경험했던 일들을 이렇게 이야기했다. 유학 시절 서울은 외국 사람들에게 잘 알려지지 않은 도시였고, 그래서 그들이 잘 아는 일본과 연결해서 "일본의 도쿄 같은 곳인데 더 활기찬 도시"라고 설명했다고 한다.[9]

> 도쿄가 서울보다 널리 알려졌기 때문에 대부분의 사람들은 외국인들은 도쿄에 대한 템플리트를 갖고 있다. 아마도 '이국적인 아시아의 도시'라는 이미지일 것이다. 즉 '이국적인 아시아 도시'라는 카테고리의 리더는 도쿄다. '도쿄 같은 곳'이라는 설명은 일단 그 이미지와 유사점(POP)을 활용하는 방식이다. 그다음에는 차별점(POD)을 얘기한다. '더 활기차다'가 바로 그것이다. "도쿄 사람들은 밤 11시가 되면 집에 들어가지만, 서울 사람들은 그 시간이면 집 밖으로 나오기 때문에 불야성을 이룬다"고 농담처럼 건네면 눈이 동그래지며 금세 알아듣는다. '도쿄 같은 곳인데 더 활기찬 도시'라는 간단한 문장으로 서울을 쉽게 이해시킬 수 있는 것이다. 도쿄에 대한 이미지를 이용해서 서울을 부각시키는 방법이다.

아이폰

애플은 터치스크린 기반의 아이팟, 휴대전화, 모바일이라는 세 가지 기능을 합친 전자기기 아이폰을 출시했다. 고객은 아이폰을 휴대전화로 범주화해야 하는지, MP3 플레이어로 카테고리화해야 하는지에 관해 인지적 혼란을 겪어야 했다.

스티브 잡스는 스마트폰 시대를 본격적으로 연 아이폰을 소개하면서 버튼 없는 자판이 어떻게 작동하는지, 인터넷 기능을 전화기에 심어서 무엇이 좋은지, 어떤 어플리케이션을 쓸 수 있는지 등을 구구하게 설명하지 않았다. 그는 아이폰을 잘 알려진 아이팟으로 데리고 가 쉽고 친숙하게 쓸 수 있다는 사실만을 강조하였다.[10]

> 이건 일종의 아이팟이에요. 그런데 전화도 되고 인터넷도 되죠.
> 3개가 별도의 기계가 아니고, 하나의 기계입니다.
> 우리는 이것을 아이폰이라고 부를 겁니다.
> An iPod, a phone and a internet communicator.
> These are not three seprate devices. This is one device.
> And we're calling it, iPhone.

이보다 앞서 그는 아이팟을 내놓으면서 이렇게 설명했다.

> 이 작고 놀라운 기계에 노래 1,000곡이 들어갑니다.
> 그런데 요게 호주머니에 쏙 들어가네요.
> This amazing little device holds a thousand songs

And it goes right in my pocket.

이 얼마나 단순 명료한가?

이처럼 스티브 잡스는 청중 앞에서 새로운 신제품 아이폰을 간략하게 설명하였다. 애플은 신제품의 론칭 캠페인을 대중을 대상으로 하는 대규모의 교육으로 간주했다. 애플이 만들어낸 신제품을 사람들이 사용하게 되면서 얻게 될 대단한 경험을 효과적으로 커뮤니케이션하는 것으로 론칭 캠페인을 활용했다. 따라서 전대미문의 놀라운 제품을 세상에 선보일 때 소비자를 대상으로 알기 쉽게 설명하는 것은 매우 중요하다.

스티브 잡스가 청중을 대상으로 설명한 아이폰에 대해 홍성태와 조수용은 《나음보다 다름》에서 유사점과 차별점으로 구분하여 이렇게 해석했다.[11]

유사점: 아이팟 써보셨죠? 아이팟의 모양이나 사용법이 비슷하고 물론 음악도 들을 수 있지요.

차별점: 그런데 휴대폰처럼 전화도 되죠. 그뿐인가요? 언제 어디서든 인터넷에 접속할 수 있어요. 그런데 이 모든 기능이 이 기계 하나로 다 됩니다.

결론적으로 2007년 첫 모습을 드러낸 아이폰은 '스마트폰'이라는 새로운 카테고리를 만들어냈고 기존의 '피처폰' 대비 고가의 스마트폰을 대중 시장으로 대체시켰다.

이어서 경쟁자들이 아이폰을 따라 스마트폰 시장에 진입하였고 거대한 스마트폰 및 생태계가 탄생했다. 나아가 아이폰은 인간의 인터넷 이용 방법을 변화시켜버렸다. 기존에는 데스크톱이라는 고정된 공간에서만 웹에 전달했다. 그러나 아이폰은 어디서나 인터넷을 이용할 수 있게 했다.

📂 카테고리를 비교 상대로 하라

• 특히 신제품이 제품 카테고리의 특성과 대비되거나 반대되는 속성을 가지고 있을 경우 그 신제품이 동일 제품 카테고리의 기존 브랜드들에 속하는 것이 더욱 효과적이다. 이렇게 함으로써 양분할 수 있다. 제주도에는 백(하얀)짬뽕이 있는데, 해물을 많이 넣고 국물을 얼큰하게 하지 않은 짬뽕이다. 기존 짬뽕은 얼큰함이 특징을 나타낸다. 백짬뽕은 중국집 우동과 비슷한 맛이 나지만 우동이라 칭하지 않고 이를 백짬뽕이라 했다. 기존 얼큰한 짬뽕과 대비되어 담백한 맛을 가진 짬뽕이라는 점을 강조한 것이다.[12]

이처럼 비교 상대를 기존 카테고리로 설정하여 양분시킴으로써 사람들에게 더욱 쉽게 이해시킬 수 있다. 다음을 보자.

매콤한 짬뽕 vs. 백짬뽕

짭짤한 감자칩 vs. 달콤한 감자칩

인공 조미료 vs. 천연 조미료

분말세제 vs. 액체세제

일반 냉장고 vs. 양문 냉장고

신용카드 vs. 직불카드

몇 가지 사례들

앞에서 설명한 것처럼, 신제품이 제품 카테고리의 특성과 대비되거나 반대되는 속성을 가지고 있을 경우 그 신제품이 동일 제품 카테고리의 기존 브랜드들에 속하게 함으로써 양분할 수 있다.

천연 조미료, 다시다[13]

조미료 시장에서 제일제당 다시다는 '천연 조미료'란 제품 개념을 통해 기존 조미료 시장을 천연 조미료와 인공 조미료 시장으로 양분했다. '천연' 식품의 중요성이 부각되고 있기 때문에 미원의 인공 조미료야말로 적합한 타격 대상이었다. 왜냐하면 천연 성분은 기존 조미료와는 암묵적으로 반대되는 속성이다. 그러자 소비자 마음속에서 기존 브랜드 미원은 천연이 아닌 인공 조미료로 재정의되었던 것이다. 이러한 콘셉트로 다시다는 선도 브랜드 미원을 추월할 수 있었다.

비타민 드링크, 비타500

광동제약의 비타500은 '비타민'이나 '청량음료'라는 카테고리로

포지셔닝할 수 있었지만, 그들은 '피로회복을 돕는 강장제' 쪽을 택했다. 그 카테고리의 리더는 박카스였고 그 외에 생생톤, 홍삼드링크, 구론산 등의 제품들도 있었다. 비타500과 이들 제품들과 언뜻 유사성을 찾기 힘들지만, 잘 보면 비타500의 병 모양과 로고 등에서 유사점을 찾을 수 있다. 이처럼 비타500은 박카스의 병 모양과 비슷하게 함으로써 청량음료가 아니라 강장제 카테고리임을 암묵적으로 표현하였다(POP).

'강장제'라는 카테고리의 리더는 박카스였고 비타500은 기존 강장제 특징과 대비되는 '비타민'을 특징으로 하고 있다(POD). 따라서 비타500은 기존 강장제 시장을 양분하여 '비타민 드링크'란 새로운 카테고리를 만들었다.

이러한 강장제 시장에서 '대한민국 피로 회복제 박카스'와 '국민 비타민 비타500'으로 양분되어 2015년 기준 박카스는 매출 2,000억 원을 넘었고 비타500은 1,000억을 달성하며 그 뒤를 이었다.

달콤한 감자칩, 허니버터칩

감자칩 시장에서 해태제과의 허니버터칩은 '달콤한 감자칩'이라는 제품 개념을 통해 기존 감자칩 시장을 '달콤한 감자칩'과 '짭짤한 감자칩' 시장으로 양분화했다. '달콤한 맛'이란 차별화 속성은 기존 '감자칩'과는 암묵적으로 반대되는 속성이다. 왜냐하면 그동안 감자칩은 짭짤한 감자칩이지만 그냥 감자칩으로 통했다. 달콤한 감자칩을 통해 소비자 마음속에서 기존 감자칩은 당연하게 받아들여졌던 그냥 '감자칩'에서 '짭짤한 감자칩'으로 재정의되었다. '달콤한 감자칩' 콘셉트로 허니버터칩은 선도 브랜드들을 추월할 수 있었다.

저칼로리 맥주, 밀러 라이트[14]

필립 모리스가 밀러 브루잉Miller brewing을 매입했을 때, 밀러의 최고급 브랜드인 '하이 라이프High Life'는 만족할 만한 경쟁을 하지 못하고 있었다. 1970년대 미국의 맥주시장은 버드와이즈가 시장을 장악하고 있었다. 즉 '맛있는 맥주'라는 카테고리의 리더는 버드와이즈였다. 따라서 밀러는 '저칼로리 맥주'라는 새로운 카테고리를 출시하기로 결정했다. 그러나 이를 알릴 방법을 찾지 못해 고심하고 있었다. 이때 그 유명한 '최고의 맛이면서 포만감은 덜해요Great Taste, Less Filling'를 통해서 소비자들의 뇌리에 쉽게 파고들었다. 데이비드 아커는 밀러 라이트를 '광고 역사상 가장 성공한 신제품'으로 칭송했다.

저칼로리 맥주는 맛이 없을 거라는 사람들의 선입견을 깨기 위해 버드와이즈처럼 맛을 강조하면서도(POP), 탄수화물이 적어 배가 덜 부르다는 점(POD)을 내세웠다. 밀러 라이트에 대한 1차 광고 전략은 '맛이 훌륭하다'라는 것을 널리 알림으로써 그 제품군의 내의 필수적이 중요한 고려사항들을 통해 유사점을 확보하는 동시에, 밀러 라이트가 기존 맥주보다 칼로리 함유량이 3분의 1이나 적어서 포만감이 덜하다는 사실을 이용하여 차별점을 창출해내는 것이다.

이처럼 밀러 라이트는 기존 레귤러 맥주의 특징인 '맛있는 맥주'에 닻을 내리고(POP), 이러한 특징과 대비되는 '저칼로리 맥주'를 특징으로 하고 있다(POD). 이렇게 하여 맥주시장에서 밀러 라이트는 '저칼로리 맥주'란 제품 개념을 통해 기존 맥주시장과 양분화하였다.

    흔히 그런 것처럼 소비자들은 맛과 칼로리를 동일시하는 경향이 있기 때문에 유사점과 차별점이 다소 상충되기도 한다. 밀러는 이러한 잠재적인 소비자들의 저항감을 극복하기 위해 맛이 없으면 맥주를 절대 안 마실 것 같은 아주 인기 있던 전직 프로 운동선수들을 모델로 캐스팅했다. 이 전직 운동선수들은 두 가지 제품 이점(훌륭한 맛과 덜한 포만감) 중 어떤 것이 밀러 라이트 맥주를 더 잘 표현해주는가와 관련해서 이 맥주의 장점에 대해 논쟁을 벌이는 광고 속의 재미있는 상황에 등장한다. 이 광고는 '당신이 항상 맥주에서 얻고자 했던 모든 것, 그리고 덜 원했던' 것이라는 센스 있는 태그라인으로 끝을 맺는다.

하이콘셉트를 비교 상대로 하라

최근 테슬라가 공개한 신차 모델3에 대한 예약 열기가 뜨겁다. 테슬라는 자동차에 대한 개념을 바꿔버렸다. 사람들은 자동차가 아니라 IT 기기라고 한다. 세계적 시장분석 회사인 HIS는 테슬라S를 해체해 살펴보고 난 후 '차가 아니다'라고 결론을 내렸다. 이를 두고 새로운 자동차의 개념으로 '바퀴 달린 스마트폰'이라고 표현했다. 머릿속에 쏙 들어오지 않는가? 이제 테슬라는 '바퀴 달린 스마트폰'을 만드는 회사다.

이처럼 설득은 단순 명쾌한 메시지에서 나온다. 아무리 논리가 훌륭하고, 수많은 데이터를 보여주더라도 장황한 설명은 설득의 힘을 떨어뜨린다. 그리고 명쾌하게 메시지를 전달하기 위해 꼭 필요한 것이 비유(은유)다. 예를 들어 수만 명을 대상으로 한 설문조사 결과를 이

렇게 설명한다고 해보자.[15]

첫째, 설문조사에 응한 사람들 가운데 35%만이 자신이 속한 조직이 무엇을 왜 성취하려고 하는지 확실하게 이해하고 있다.
둘째, 5명 중 1명만이 팀이나 조직의 목적에 비해 열정을 가지고 임하고 있다.
셋째, 5명 중 1명만이 자신의 업무와 팀 또는 조직의 목표 사이의 연관성을 뚜렷이 알고 있다.

여러분은 과연 이 설문조사의 의미가 명확히 인식되는가? 스티븐 코비는 《성공하는 사람들의 8가지 습관》에서 이런 식의 표현은 사람들의 기억에 오래 남지 않을 것이라고 말한다. 대신 그는 우리가 익히 알고 있는 축구 경기에 비유하여 설명했다.

첫째, 11명 선수 가운데 자기 팀 골대를 정확하게 알고 있는 선수는 4명뿐이다.
둘째, 11명 선수 가운데 2명만이 상대팀과의 경기에서 이기기 위해 노력한다.
셋째, 11명 선수 가운데 2명만이 자신의 포지션과 해야 할 일을 정확히 알고 있다.

앞의 예와 비유를 통한 설명은 소비자의 머릿속에 착 달라붙지 않는가? 다른 예를 보자. 가령 어떤 자동차 회사가 온라인에서 직접 판매하고자 하는 새로운 판매 방식을 도입하려고 하고 있다고 하자. 이를 소비자에게 알려야 하는데 다음 중 어떤 글이 끌리는가? 아마 대부분 대안2가 머리에 쏙 들어올 것이다.

> 대안1: 오프라인 체험 매장 열고 온라인에서 직판 … 자동차 판매 방식이 바뀐다.
> 대안2: 애플 스토어처럼 … 자동차 판매 방식이 바뀐다.

얼마나 간결한 표현인가. 오프라인 매장에서 체험하고 온라인에서 직판하는 형태하면 떠오르는 대표 브랜드가 애플 스토어다.

새로운 영화를 설명할 경우를 보자. 할리우드에서 〈에일리언〉이라는 새로운 영화를 설명할 때 비유적인 방법을 사용해서 '우주선 버전의 〈죠스〉'라고 소개한다. 에일리언이 죠스같이 사람을 해치는 괴물이 출현하는 공포영화이지만 해변이 아닌 우주선에서 벌어진다는 영화의 핵심 스토리를 간결하게 표현한 것이다. 이렇게 기존에 잘 알려진 영화에 빗대어 계획하고 있는 새 작품을 표현하는 것을 '하이콘셉트'라고 한다. 하이콘셉트는 이미 익숙히 알고 있는 개념 또는 구체적인 개념을 끌어와 새로운 개념을 정의하여 소비자의 머릿속에 착 달라붙게 하는 방법으로, 은유적 표현 방법으로써 낯선 개념을 쉽게 이해시킬 수 있다.[16]

몇 가지 사례들

아리스토텔레스는 이미 알고 있는 개념 또는 구체적 개념을 끌어와 새로운 개념을 정의하는 방법으로 은유의 중요성을 강조했다. 그는 가장 위대한 은유적 표현을 썼는데 '인간은 이성적 동물'로 정의한 것이다. 인간의 개념을 익숙한 상위의 개념인 동물에 비유하여 유사점을 나타내며 '이성'은 동물 중 인간만이 갖는 성질로서 차별점에 해당한다.[18]

은유적 표현은 유사한 범주가 아니라 아예 다른 범주를 사용하여 비교한다. 특히 혁신적인 신제품인 경우 비교하여 설명할 유사한 범주가 없다. 이럴 경우 은유적 표현을 활용함으로써 신제품을 간결하게 정의하여 소비자의 머릿속에 착 달라붙게 할 수 있을 것이다.

타이어도 정수기처럼 렌탈하자

최근 넥센Nexen이 '타이어 렌탈 서비스'를 시작했다. 사실 '타이어를 렌탈한다'는 사실은 사람들에게 조금 생소한 개념이다. 이를 극복하기 위한 광고 '타이어도 렌탈하자' 편에서 기존에 익숙하게 잘 알려진 '정수기 렌탈' 개념을 끌고 와 이렇게 설명했다.

> 관리 받는 '정수기'처럼
> 타이어도 렌탈하자.
> 부담 없는 가격에
> 안전 점검 서비스까지
> 타이어 렌탈 서비스

사람들에게 '정수기'를 '사는 것'보다 '렌탈하는 것'이 일반화 되어 있다. 그만큼 '정수기' 하면 '렌탈'로 통한다. 따라서 '정수기는 곧 렌탈'이라는 친숙한 개념을 광고에 담았다. 비주얼에서도 정수기를 노출시켜 '타이어도 정수기처럼 렌탈하자'는 콘셉트로 사람들에게 다가가고 있다.

호텔 같은 은행[18]

발상의 전환을 통해 업의 개념을 재정의한 사례들은 많다. 금융업에 있어서는 움프쿠아은행Umpqua Bank이 대표적이다.

미국 오리건 주에 위치한 움프쿠아은행은 은행을 금융업이 아닌 고객에게 서비스를 제공하는 소매업으로 정의한 후 직원·은행·사무 공간의 개념을 새롭게 썼다. 〈뉴욕타임스〉는 이러한 움프쿠아은행을 가리켜 '은행원이 일하는 스타벅스'라고 부르기도 했다. 고객들은 상류층이 드나드는 호텔이나 미용실 못지않은 실내 공간에서 무료로 제공되는 음료를 마시면서 신문을 읽거나 인터넷 서핑을 하고 금융상품을 구매할 수 있다. 고객이 데리고 온 애완동물이 놀 수 있는 공간까지 마련돼 있다.

그들은 언제나 고객의 시각에 초점을 맞춘다. 인테리어는 물론이고 내부에서 직원들이 일하는 업무 공간·동선·행원들의 업무 방식도 마찬가지다. 고객이 볼 수 있는 공간에는 고객 담당 직원만 남겨두고 결재나 정산을 맡은 후선부서 직원들은 모두 고객이 볼 수 없는 뒤쪽에 배치된다. 직원은 고객에게 은행의 부가 상품을 판매하려 애쓰지 않는다. 고객을 위해 최선을 다하면 수익은 당연히 따라올 것이라고 믿기 때문이다. 그래서 움프쿠아은행을 찾는 고객들은 이곳을 편안한 커피숍처럼 여기고, 은행 직원들은 자신들이 일하는 은행을 '매장'으로 생각한다. 그들은 은행에 대한 고정관념을 과감히 깨고 호텔이나 백화점 직원이 고객을 대하듯이 고객을 대한다.

여기서 움프쿠아은행의 콘셉트 정의는 '고객이 머물고 싶은 은행'이다. 이렇게 차별화된 편익과 제품 범주로 정의할 수도 있지만 '호텔 같은 은행'으로도 정의할 수 있다. 이는 '호텔'과 '은행'이라는 두 개의 제품 범주가 결합하여 정의함으로써 소비자가 기존 제품 범주를 다른 범주의 관점에서 보도록 한다. 이것도 하이콘셉처럼 더 구체이고 익숙한 개념인 '호텔'로 '은행'을 정의하고 있기 때문에 '고객이 머물고 싶은 은행'으로 정의하는 것보다 이해하기 쉽다.

편의점 같은 우체국[19]

뉴질랜드 우체국은 1987년 4월 정부 조직에서 공사로 독립하였다. 독립 당시에는 4,000만 달러의 적자 기업으로 서비스 수준도 낮았고 직원들의 사기나 생산성도 낮았다. 공사로 전환하면서 흑자 기업으로 탈바꿈하기 위해 직영 우체국 중심 체제에서 약국이나 편의점 등에 우편 서비스를 대행하는 간접 유통 체제로 전환하기로 전력을 바꾸었다. 이 같은 전략을 위해 직영 우체국의 매장 콘셉트도 '편의점 같은 우체국'으로 바꾸었다.

직영우체국은 편의점처럼 운영되어 인건비가 줄면서도 고객이 즐겨 찾는 공간으로 바뀌었다. 이렇게 하여 뉴질랜드 우정공사는 흑자 기업으로의 탈바꿈에 성공하고, 1994년 뉴질랜드 경제지 〈매니지먼트〉가 선정한 200개 기업 중 종합 성적 1위를 차지하게 되었다.

러닝화 같은 워킹화

1960년대를 풍미했던 말 그대로 국제화학이 만든 왕자표 고무신은 어렵고 힘들었던 개발 연대를 민초들의 삶과 함께했다. 1980년대 초 나이키, 아식스, 아디다스 등 세계적 브랜드가 한국으로 몰려들자 왕자표 고무신은 대항마로 나섰다. 왕자표가 진화한 브랜드는 '프로스펙스'였다. 1981년 고급 운동화 시장에 뛰어든 프로스펙스는 세계적 브랜드와 전면전을 펼친 끝에 1988년 국내 시장 점유율 1위에 올랐다. 한국인이 애용하는 왕자표의 위용을 되찾으며 1996년까지 국내 운동화 시장 1위 자리를 지켜냈다.

1985년 모기업인 국제그룹이 부도가 났을 때도 버텨냈던 프로스펙스였지만, 외환위기를 넘어서지는 못했다. 국제그룹에 이어 회사의 주인이 된 한일합성이 휘청거리자 내리막길을 걷기 시작했다. 2000년대 들어서는 왕자표 고무신처럼 국민들의 머릿속에 서서히 잊혀져가며 추억의 브랜드로 밀려났다.

2007년 LS그룹이 이 회사를 인수하였다. 국제상사는 LS네트웍스로 이름을 바꾸고 주력 품목을 운동화로 정하였다. 그리고 시장조사에서 중요한 사실을 발견했다. 운동화 시장이 '달리기'에 적합한 러닝화 일색이어서 정작 걷는 데 필요한 워킹화는 찾아보기 힘들었다는 점이다. 다이어트와 건강관리에 대한 관심이 높아지면서 학교 운동장과 공원에 파워 워킹을 하는 사람들이 늘어나고 있던 시기였다. 이에 '걷기 전용 신발 워킹화'에 초점을 맞추고 개발하였다.

이렇게 탄생한 제품이 'W 워킹화'다. 이 제품은 '런닝화와 다른 워킹화'의 새로운 카테고리를 창조하여 큰 성공을 거두었다. 여기서 두 개의 제품 카테고리를 결합해 'A 제품 카테고리와 다른 B 제품 카테고리'로 정의하였다. 이 경우에 A는 기존 제품 카테고리고 B는 새로운 제품 카테고리다. 즉 '러닝화와 다른 워킹화'가 되는 것이다.

이같은 방식의 콘셉트 정의는 새로운 제품 범주를 창출하는 경우나 기존 범주를 새로운 범주로 대체하는 경우에 사용할 수 있다. 이 경우에 B 범주는 기존 제품 범주를 대체하고자 하는 우월한 제품 범주명을 만들어 이를 자신의 브랜드 콘셉트와 연결시키면 경쟁자보다 우월한 위치에 설 수 있게 된다.

배달 피자와 다른 냉동 피자[20]

1995년 크래프트Kraft의 디조르노DiGiorno는 즉석에서 요리하여 곧장 냉동시킨 크러스트로 만든 최초의 피자를 출시했다. "배달 피자가 아닙니다. 디조르노입니다"를 통해 냉동 피자로 위치시켰다. 이를 통해 냉동 피자의 프리미엄 가격이 아니라 배달 피자의 절반 가격을 제공하는 피자로 확실한 가격 우위를 확보하였다.

디조르노는 이 새로운 카테고리를 좀 더 부각하기 위해, 피자 배달과는 아무 상관이 없는 '디조르노 배달원'이라는 홍보 전략을 내세웠다. 디조르노 배달원에 선정되면 10만 달러에 달하는 연봉을 받지만 사실 아무 일도 하지 않았다. 배달 피자라는 콘셉트의 추가를 통해 카테고리를 재구조화한 디조르노는 냉동 피자의 프리미엄 가격이 아니라, 배달 피자의 절반 가격을 제공하는 피자로 확실한 가격 우위를 확보하였다. 더욱이 디조르노 피자의 품질은 배달 피자에 견줄 만하다고 인식되기 때문에 여타 냉동 피자보다 확실한 우위에 있다는 인상을 주었다. 성공적인 카테고리 구축을 통해 디조르노는 선도 브랜드의 입지를 확보했고 엄청난 가격 프리미엄도 누리게 되었다.

제품 기술어에 의존하라

제품에 카테고리 명칭(라벨)이 없는 경우, 카테고리의 특성(연상 이미지)을 브랜드명에 반영하여 소비자들이 쉽게 이해하도록 할 수 있다. 가령 질레트는 '여성용 면도용품' 시장에 진출하면 브랜드 네이밍을 '질레트 비너스'로 함으로써 여성용 면도기라는 것을 이해시켰다.

반면, '드라이 맥주', '에너지 바', '미니컴퓨터', '아웃도어 세제'의 경우같이 어떤 제품에는 카테고리 명칭을 브랜드로 하여 부여하는 경우도 있다. 드라이 맥주, 클라우드 컴퓨터가 이에 해당한다. 제품 포장에 카테고리 명칭을 부여하여 소비자의 관심을 끌 수 있다면 강력한 도구가 될 수 있다.

이처럼 브랜드 네임에 뒤따르는 제품 기술어는 카테고리의 기원을 알리는 매우 효과적인 수단이 된다.

몇 가지 사례들

직접 브랜드명에 부여하는 제품 기술어는 카테고리의 기원을 전달하는 매우 간결한 수단이다. 제품 기술어를 부여한 다음의 몇 가지 예들을 살펴보자.

디오스 광파오븐

LG전자에서 할로겐램프에서 발생하는 빛을 이용해 일반 전기 오븐보다 조리 시간이 짧고 수분 증발도 적은 새로운 오븐을 개발했다. 태양을 뜻하는 '솔라$_{solar}$'와 둥근 지붕을 뜻하는 '돔$_{dome}$'을 합성해서 'LG 솔라돔'이라고 명명했다. 그러나 소비자들은 이 제품이 무엇에 필요한 것인지 이해할 수 없었다. 그 결과 매출이 저조하였고 다시 콘셉트를 재정립하여 '솔라돔'을 '디오스 광파오븐'이라고 바꿔 출시하였더니 매출이 증가하였다. 광파$_{光波}$란 솔라돔을 이해하기 쉽게 설명하는 차별화 속성이고, 오븐은 이 브랜드가 어디에 필요한지를 보여주는 제품 카테고리를 되는 것이다.[21]

이처럼 카테고리 명칭을 직접 브랜드 네임에 표기함으로써 소비자들의 이해를 도울 수 있으며 그 제품이 어디에 필요한지를 직접 보여준다.

유에스에어

유에스에어$_{USAir}$는 빈약한 명성을 가진 지역 항공사에서 강력한 국내 항공사, 더 나아가 국제적 브랜드로의 탈바꿈을 시도하려는 노력의 일환으로, 최고경영자 스티븐 울프Stephen Wolf의 뜻에 따라 이름을 유에스에어웨이즈USAirways로 바꿨다. 그것을 단행한 근거는 다른 주요 항공사들이 이름에 '에어air'보다 '에어라인즈airlines'나 '에어웨이즈airways'라는 단어를 가지고 있다는 것이었고, '에어air'라는 단어는 일반적으로 더욱 작은 지역적인 운송업자가 연상되므로 느껴지기 때문이다.[22]

이처럼 유에스에어USAir는 미국에서뿐 아니라 국제적인 항공사가 되기 위해 브랜드명을 다른 항공사들처럼 유에스에어웨이즈USAirway로 변경하였다.

다우니 퍼퓸 컬렉션

섬유유연제가 처음으로 시장에서 선보였을 때는 정전기 방지가 핵심 기능이었다. 이때만 해도 의류의 품질 수준이 그렇게 좋지 않아서 피부와 부딪힐 때 정전기가 발생했다. 또한 옷감의 질이 부드럽지 못해 피부에 닿을 때 불편함을 초래했다. 이를 방지하는 섬유유연제가 탄생한 것이다. 그런데 옷감의 재질이 비약적으로 발전했다. 그 결과 섬유유연제의 기능도 바뀌었다. 정전기나 옷감의 부드러움을 유지하는 것을 넘어 향을 중요시하게 된 것이다.

P&G의 섬유유연제인 '다우니Downy'를 보자. 세제가 때를 빼는 거라면 유연제는 세제로 인해 뻣뻣해진 섬유의 촉감을 부드럽게 풀어주고 정전기를 방지하는 효과를 낸다. P&G는 1961년 가정용 섬유유연제를 처음 내놨다. 우리나라에선 2012년에 출시했지만 고농축 제품으로 에너지 절감이라는 시대상을 반영해 관심을 끌고 있다. 효과

는 같지만 용량은 줄이는 효과를 얻
을 수 있다는 기능이다. 최근엔 향
이 오래 갈 수 있도록 향을 마이크
로캡슐에 담은 섬유유연제로까지

발전했다. 옷을 마찰시키면 캡슐이 터져 향이 오래 가게 한 기능이다.
최근 방영 중인 TV CF에서 향을 강조하고 있다.

> 문지를 때마다 향수한 듯
> 새로운 듀얼 향수 캡슐로 오래오래 향기롭게~
> 다우니 퍼퓸 컬렉션

브랜드명은 화장품 '향수'에서 사용하는 네이밍을 차용하고 있다.
다우니 '퍼퓸 컬렉션 Perfume Collection'을 부여함으로써 브랜드명만 들었을 때는 향수로 착각할 수 있을 정도다. 이렇게 함으로써 다우니가 강조하고자 하는 향의 개념을 더 쉽게 설명하였다. 또한 광고에서 '향'을 강조하기 위해 화장품의 '향수병'을 등장시킴으로써 암묵적으로 섬유유연제를 향수 카테고리로 이끌었다.

해석의 가능성을 오픈해두라

기존 제품과 차별성을 두기 위해 콩을 발효해서 만든, 몸에 좋은 조미료라는 캐치프레이즈를 내걸었다. 콩으로만 만들었으니 순식물성이고, MSG 같은 화학 성분을 넣지 않았으며, 단순히 재료를 갈아 만든 것이 아니라 직접 발효한 액체라는 점을 부각시켜 음식 맛도 좋고 몸에도 좋은 친환경 조미료라는 점을 내세웠다. 건강과 안전을 모두 생각하는 주부들에게 어필하기 위한 콘셉트였다.

이렇게 하여 멸치나 쇠고기를 직접 갈아 만드는 천연 조미료보다 더 건강하고 더 맛있는 조미료를 전면에 부각시킨 '연두'를 2010년 출시였다. 결과는 부진했다. 한 달에 1만 병도 채 나가지 않았다. 소비자들은 연두라는 새로운 조미료에 관심을 보이지 않았다.

기존 조미료보다 건강에 좋은 것은 물론 콩을 제대로 발효해 음식의 깊은 맛을 끌어올리는 새로운 조미료로 소개했지만, 소비자에게는 그저 '또 다른 간장의 하나'나 '그래봤자 조미료'일 뿐이었다. 결국 익숙한 조미료 시장에 출시하였지만 실패했다.

다시 조미료 영역이 아닌 새로운 영역으로 2차 출시를 준비하면서 가장 중요한 과제는 새로울 것 없는 간장의 일종, 안 쓸수록 이로운 조미료라는 소비자들의 인식을 깨려면 새로운 카테고리를 정하는 것부터 다시 해야 했다. 조미료처럼 음식 맛을 더 좋게 만들어준다는 점에서 조미료와 비슷한 시장을 타깃으로 하는 유사 카테고리지만 정작 조미료는 아닌 영역을 구축해야 했다. 새로운 시장을 창출해야 했다는 의미다. 소비자들이 간장이나 조미료에 대해 갖고 있는 식상함 또는 부정적 인식을 파악하고 이를 '더 좋은 간장' 또는 '새로운 조미료' 대신 아예 새로운 카테고리로의 전환을 시도했다. 이름 하여 '조미료'가 아닌 '요리에센스'로 새로운 카테고리를 만들었다.[23]

다음의 CM송을 보자.

연두해요~

연두해요~

요리할 땐 모두 연두해요~

이 CM송은 제품에 대한 설명 한마디 없이 그저 "연두해요~ 연두해요~ 요리할 땐 모두 연두해요~"라는 단순한 문구만 반복한다. 이처럼 CM송은 특별한 설명이나 정의 없이 궁금증과 호기심을 불러일으키는 데 초점을 두었다. 스스로의 해석의 가능성을 오픈해둔 것이다. 이것은 명확한 가치 정의가 되지 않은, 색깔 없는 제품을 론칭해야 한다는 말이 아니다. 흥미를 유발할 어떤 고리는 필요하지만, 기존에 존재하지 않은 새로운 카테고리를 만들고자 할 때는 다른 가능성을 미리 차단할 필요가 없다는 이야기다.

물론 광고적인 측면에서는 해석의 가능성을 오픈해둘 수 있다. 그렇지만 '요리에센스'라는 새로운 카테고리가 무엇인지 쉽게 이해하기가 쉽지 않다는 점이다. 그 결과 사람들의 머릿속에 자리 잡는 데 오랜 시간이 걸렸다.

이를 극복할 수 있는 방법은 무엇일까? 하나의 대안으로 앞에서 설명한 '배달 피자와 다른 냉동 피자'처럼 '조미료' 카테고리를 가지고 와서 비교한다. 가령, "연두는 조미료가 아닙니다. 요리에센스입니다".

여기서 두 개의 제품 카테고리를 결합해 'A 제품 카테고리와 다른 B 제품 카테고리'로 정의하였다. 이 경우에 A는 기존 제품 카테고리이고 B는 새로운 제품 카테고리다. 즉 '조미료와 다른 요리에센스'가 되는 것이다.

이런 식의 콘셉트 정의는 새로운 제품 카테고리를 창출하는 경우나 기존 카테고리를 새로운 카테고리로 대체하는 경우에 사용할 수 있다. 이 경우에 B 카테고리는 기존 제품 카테고리를 대체하고자 하는 우월한 제품 카테고리명을 만들어 이를 자신의 브랜드 콘셉트와 연결시키면 경쟁자보다 우월한 위치에 설 수 있게 된다.

최근 새로이 제작한 연두 광고의 '봄을 더 맛있게' 편에서 '조미료'를 등장시킴으로써 '요리에센스'와 비교시키고자 하는 의도가 읽혀

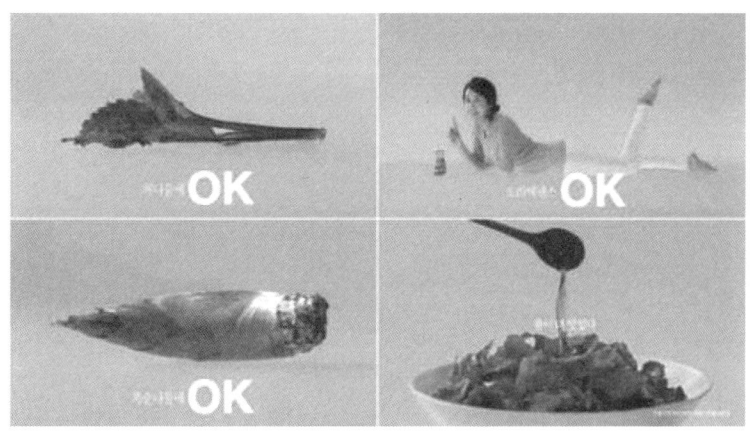

진다. 이렇게 함으로써 굳이 '요리에센스'가 무엇에 사용하는 용도라는 직접적인 설명 없이도 소비자들에게 사용용도를 쉽게 이해시킬 수가 있다.

취나물에 OK

도다리쑥국에 OK

냉잇국에 OK

조미료는 NO

요리에센스 OK

봄이 더 맛있다

요리에센스 연두해요

CREATE A **CATEGORY**

06

새 카테고리의 명칭 정하기

—

알기 쉽고 새롭다는 인상을 심어줘야

CREATE A **CATEGORY**

새 카테고리의 명칭은 중요하다

일이 잘 안 풀리면 이름을 바꾸기도 한다. 어려울 때 이름을 바꾸면 인생이 편다는 소리도 있다. 요즘 드라마 〈응답하라 1988〉에서도 여자 주인공 성덕선이 수현이로 이름을 바꾸었다. 잘 안 풀리고 공부도 못하는데 이름을 바꾸면 대학 들어간다고.

그만큼 이름이 중요하다는 뜻이다. 새로운 카테고리도 명칭을 잘 만들어야 쉽게 그 의미를 전달할 수 있다. 물론 기존 카테고리의 제품이라면 고민할 필요가 없지만 새로운 카테고리를 만들어 새로운 수요를 끌어내고자 하는 경우라면 새로운 카테고리의 명칭을 정하는 것은 중요하다.

사실 개발 초기부터 선발 상품을 의도적으로 개발하고 있는 기업은 그리 많지 않다. 때문에 대부분의 기업들은 카테고리 명칭을 결정하는 방법에 대하여 관심을 갖지 않았다. 그 결과 카테고리 명칭이 없거나 불분명한 선발 상품이 탄생되곤 한다. 이럴 경우에 신상품이 소비자로서는 어떤 상품인지 이해하기 어렵고 소매점에서는 기존 카테고리를 잣대로 대충 나누어 진열하거나 전혀 관계없는 진열대에 올려놓는 경우가 많다. 이러한 결과들로 인해 새로운 상품 카테고리가 개발됐음에도 불구하고 소비자들에게 제대로 전달되지 못하여 실패를 초래하곤 한다. 따라서 새 카테고리에서 새로운 브랜드를 시작하려고 하는 회사의 경우 먼저 카테고리의 명칭을 정하는 것은 정말 중요하다.

'피로회복제'는 박카스의 카테고리다. '피로회복제'라는 카테고리의 명칭은 쉽게 이해가 되고 쏙 들어온다. 그러나 CJ제일제당의 '솔의 눈'이라는 음료는 딱 떠오르는 카테고리 명칭이 없다. 이 경우는 음료 영역에서 또 하나의 음료일 뿐이다. 마시면 머릿속이 시원해지는 음료인데 이름을 무어라 부를지 마땅치 못하다.

따라서 새롭게 출시되는 카테고리를 설명하는 명칭을 개발해야 한다. 개발 초기부터 카테고리 명칭을 명확히 하여 브랜드 자체가 어떤 카테고리의 대명사가 되면 그 힘은 상상을 초월한다. '스타벅스'는 '고급 커피숍'을 의미한다. '롤렉스ROLEX'는 '고급 스위스 시계'를 의미한다. '코스트코'는 '창고 클럽'을 의미한다. 이러한 브랜드들의 가치는 돈으로 환산하기 힘들다.

기업이 새로운 카테고리 제품을 개발하는 경우 카테고리 범위도 정해지지 않았고, 아직 시장도 없고, 유통 채널도 없으며, 따라잡을 경쟁자도 없다. 새 카테고리의 최초의 브랜드는 진정한 개척자이며 숱한 난제를 극복해야 한다. 따라서 최초에 중요한 질문은 카테고리의 명칭이 무엇이냐는 것이다. 간단하면서도 이해하기 쉬운 용어로 새 카테고리를 정의하지 못한다면 성공을 기대할 수 없다. 때문에 새로운 상품 카테고리를 쉽게 성공시키기 위한 하나의 조건은 상품 콘셉트 개발 단계에서 '새로운 카테고리의 명칭'을 정하는 것이다.

쉽게 이해할 수 있어야

가령 노동개혁 법안으로 '기간제법'과 '파견법'이 있다. 그런데 이들이 노동자들에게 부정적인 인상을 준다는 지적에 따라 법 명칭을 기간제법은 '비정규직 고용안정법'으로 또 파견법에 대해서도 '중장년 일자리 창출법'으로 바꿨다.

역시 작명부터 쉽고 눈길을 끌어야 한다. 그래야만 정책 내용의 전달력이 높일 수 있다. 많은 경우 정책의 제목부터 지나치게 핵심 단어의 축약형으로만 이뤄졌다. 전문적이라고 그렇게 제시하다 보니 일반 소비자와 언론에 바로 와 닿기에 어려웠다. 때론 정책의 긍정적 측면은 간과되고, 부정적인 요소만 떠올리게 된다.

비즈니스의 경우도 마찬가지다. 어떤 카테고리 명칭을 봤을 때 직관성이 생명이다. 이는 누구나 딱 보고 바로 이해하고 연상할 수 있게 해야 한다는 말이다.

몇 가지 사례들

카테고리 명칭을 정하는 조건으로 그 카테고리가 무엇인지 '알기 쉬운' 이름이어야 한다. 또한 새로운 카테고리 명칭은 이제껏 세상에 존재하지 않았던 상품 카테고리를 나타내는 것이므로, 세상에 '단 하나밖에 없는' 상품이라는 인상을 심어주는 것이 중요하다.

'의류 관리기'를 보자. '의류 관리기'는 LG전자의 '트롬 스타일러'가 만들어낸 카테고리다. 트롬 스타일러는 옷을 흔들고 스팀으로 구김과 주름을 없애주는 기능 외에도 대장균, 황색포도상구균 등 세균과 집먼지진드기를 99.9% 없애주는 기능도 있다. 최근 몇 년 동안 미세먼지, 세균, 진드기 등을 없애는 기능이 생활가전 분야에서 필수 기능으로 자리매김한 탓에 트롬 스타일러는 새롭게 주목 받고 있다.

그런데 '의류 관리기'를 처음 접했을 때 누구나 딱 보고 바로 이해하고 연상할 수 있는가? 아마 처음 접하는 대부분의 사람들은 의류 관리기가 무엇인지 공통된 답을 하기가 어려울 것이다. 차라리 기존에 익숙하고 친숙한 '세탁소' 카테고리를 데리고 와 '집안의 세탁소'처럼 직관성 있는 명칭을 부여했더라면 이해하기가 훨씬 쉬웠을 것이다. 그만큼 새로운 카테고리 명칭을 정하는 것은 어렵고도 중요하다.

이와는 대조적인 레드불을 보자. 레드불은 가볍게 탄산이 들어간 고(高)카페인 혼합음료다. 레드불의 창업자 디트리히 마테슈츠는 태국의 인기 건강음료인 크라팅 다엥(Krating Daeng)에서 착안했다. 마테슈츠는 이 아시아풍의 혼합음료를 '에너지 드링크'라고 명명했다. 이렇게 최초의 에너지 드링크가 탄생했다. 에너지 드링크는 명칭이 간단할 뿐만 아니라 최초의 '에너지 바' 브랜드인 '파워바'하고도 연관이 잘된다.

다음에서 카테고리 명칭이 쉽고 눈길을 끄는 몇 가지 예들을 보자. 이들은 최초로 카테고리 명칭을 선점하여 큰 성공을 거두었다. 특히 이들은 카테고리 명칭을 잘 선정하여 그 자체가 제품의 콘셉트로서 역할을 하고 있다.

숙취 해소제, 컨디션

'숙취 해소제'는 누가 들어도 쉽게 이해된다. 이런 '숙취 해소제'는 CJ제일제당의 컨디션이 소유하고 있다.

현재 숙취 해소 시장은 대상의 아스파, 롯데칠성음료의 모닝케어 등의 수많은 경쟁 브랜드가 존재하지만 컨디션은 60% 이상의 시장 점유율을 이끌어 나가고 있다.

그렇다면 다른 경쟁 업체의 기술력에 문제가 있어서 컨디션의 장벽에 무너지는 것일까? 그건 아니다. 현재 타 경쟁사들이 보유하고 있는 특허만 해도 200여 종이 넘는 실정이고 현재 시장의 2위인 여명808은 우수한 효능이 입증된 최고의 기술력을 보유한 브랜드다. 그러나 번번이 컨디션이라는 브랜드의 힘에 무너지고 만다. 그렇다면 과연 컨디션이 가진 진정한 힘이 무엇일까?

그건 바로 최초의 제품이며 '숙취 해소제'라는 카테고리를 창조하여 소유해버렸기 때문이다. 아무리 뛰어난 기술을 가지고 있던지, 아무리 많은 특허를 보유하고 있던지, 사람들의 인식은 '숙취 해소제,

컨디션'을 마음속에 심어버렸다.

애완견 로봇[1]

도시타다가 이끄는 소니 연구팀이 가정용 로봇을 개발하고 있었다. 하디만 도이 박사는 시작 단계부터 문제에 직면했다. 아무리 많은 예산을 쏟아붓는다고 하더라도, 당시 기술력으로는 인간과 교류할 수 있는 로봇을 만들어내는 것은 불가능하다는 사실을 연구 초기에 깨달았기 때문이다. 당시 인공지능 기술은 지극히 초보적인 수준이었다. 그래서 사람의 명령을 알아듣는 로봇을 만들어낸다는 것은 시기상조의 프로젝트였다. 그래서 연구팀은 소비자의 기대에 부응할 만한 가정용 로봇 개발은 당시로서는 완전히 불가능한 프로젝트라고 결론을 내렸다.

그러나 도이 박사는 여기서 기발한 아이디어를 냈다. 그것은 로봇 대신 '로봇 강아지'를 개발하는 것이었다. 즉, 가사일을 도와주는 로봇이 아니라, 애완견 로봇을 출시하기로 결정을 내렸다. 결국 소니 연구팀은 애완견 로봇을 설계했고, 그 이름을 '아이보AIBO'라고 지었다.

1999년, 소니는 아이보를 출시하면서 아주 독특한 마케팅 전략을 시도했다. 소니는 아이보를 감성을 지닌 '애완견 로봇'이라고 소개를 했다. 그들은 아주 유쾌하게 아이보의 다양한 기능들을 설명해주었다. 노인, 아이를 둔 부모 그리고 바쁜 젊은 전문직 종사자들을 일차 고객으로 삼았다. 즉, 애완견을 기르고 싶지만 불편함을 싫어하는, 그래서 강아지 로봇이 가장 적당한 해결책이 될 수 있는 소비자를 타깃 고객으로 설정해두었다. 소니의 마케팅 전략에 따라, 사용자들은 아이보를 '가정용 로봇'이 아니라 '애완견'이라고 하는 카테고리에 넣어 두었다.

아이보는 소니가 1999~2006년 생산한 애완견 로봇으로 진짜 개처럼 짖기도 하고 100개 단어를 사용해 말도 한다. 주인의 말은 1,000개 단어를 활용해 알아듣는데 주인이 원할 때는 춤도 추고 재롱도 떤다. 한 대당 220만 원인데 4세대 제품까지 출시 총 100만 대 정도가 팔렸다. 일본인들이 이 아이보를 실제 반려견으로 여긴다. 집에서든 밖에서든 여행을 할 때도 데리고 다니는 사람들이 많다. 그냥 로봇이 아니지요. 왜냐하면 우리가 키웠으니까요. 그래서 아이보가 더 이상 고칠 수 없어 처분해야 할 때는 가족을 떠나보내듯 정성껏 장례를 치러주고 사찰에서 천도제를 올려주기도 한다.[2]

퍼스널 모빌리티

'퍼스널 모빌리티'가 뜨고 있다. 주로 레저용으로 쓰이던 과거와 달리 최근엔 근거리를 오갈 수 있는 이동수단의 개념이 더해진 덕이다.

세그웨이, 나인봇 외에도 양발에 바퀴를 달아 움직이는 새로운 형태의 '포스트모던 스케이트보드', 체중계처럼 생긴 네모난 발판으로 움직이는 '워크 카Walk Car', 신발에 네 바퀴가 달린 신개념 롤러스케이트 '워크 윙Walk Wing' 등이 성공 가능성을 시험받고 있다.

자전거와 킥보드 같은 개인 이동수단은 이전에도 있었지만, 전기를 활용한 구동장치가 설치된 1인 이동수단이라는 점에서 기존 탈것과 차이가 있다.

'스마트 모빌리티', '마이크로 모빌리티' 등 이들을 부르는 이름도 다양한데, 개인에 초점을 맞춘 '퍼스널 모빌리티'라는 표현이 비교적 널리 쓰이고 있다.

연상 이미지를 선택하라

1982년 디트리히 마테슈비츠는 동아시아에서 널리 소비되고 있는 '크라팅 다엥'이라는 음료를 접한 후 '강장음료' 제품에 눈을 뜨기 시작했다. 홍콩의 만다린 호텔 바에 앉아 있다가, 아시아 이외 지역에서 기능성 음료를 판매한다는 아이디어가 떠올랐다. 그는 이 음료를 '에너지 드링크'라고 불렀다. 결국 '에너지 드링크'라는 새로운 제품 카테고리가 생겼다. 이러한 '에너지 드링크'라는 제품 카테고리 명칭은 간단해서 쉽게 이해할 수 있을 뿐만 아니라, 최초의 에너지 바energy bar인 파워 바power bar를 연상시킨다는 이점도 있었다.

이처럼 새로운 카테고리의 유익한 네이밍 방법은 해당 카테고리의 특징을 선택하여 이를 카테고리 명칭으

로 활용하는 것이다. 새로운 상품 카테고리의 개발 단계에서 우선 광범위한 연상 이미지 목록에서 몇 개의 연상 이미지를 선택한다. 그리고 선택된 연상 이미지를 대상으로 하여(보통 다섯 개 정도) 우선순위를 정하고, 그 우선순위에 드는 목표 연상 이미지는 새로운 카테고리를 다른 대안들과 차별화시키고 고객의 이목을 끌어 고객의 선택이나 결정을 이끌어내야 한다. 뿐만 아니라 연상 이미지는 새로운 카테고리를 정의할 경우 다른 카테고리와의 경계를 뚜렷하게 구별하는 기준이 되어야 한다.

이러한 연상 이미지 중 소수의 이미지, 때로는 한 개의 이미지가 포지션을 정립하는 데에 사용될 수 있다. 많은 기업이 사용하는 연상 이미지 기반의 새로운 카테고리 명칭은 신제품을 개발하는 데에도 도움이 된다. 이러한 이미지들이 하나의 출발점이 될 수 있다.[3]

> 초기 단계에서 맛지도를 통해 찾아낸 '달콤한 감자칩'이란 콘셉트를 설정해두고 신제품 개발을 진행했다. 결국 이러한 달콤한 감자칩은 기존 짭짤한 감자칩에 대비하여 또 하나의 새로운 카테고리였다. 여기서 '달콤하다'라고 표현하는 두루뭉술한 맛을 어떤 소재로 구체화할 것인가가 제품 개발의 관건이었다.
>
> 단맛 하나를 내는 데도 설탕, 메이플, 과당 등 다양한 종류의 재료가 들어갈 수 있다. 어떤 재료를 어떻게 조합하느냐에 따라 단맛이 유지되는 양상도 달라진다. 개발 과정에서 어떤 변수, 어떤 영향이 생길지 알 수 없기 때문에, 새로운 맛을 만든다는 것은 항상 미묘하고 복잡한 일이다.

몇 차례의 시식회를 거친 뒤, 달콤한 감자칩의 원료를 정하였다. 추억이 담긴 전통 식재료로 '꿀'로 확정했다. 달콤한 감자칩은 낯선 아이템이지만 오래전부터 전통 다과를 먹어온 한국인들에게 꿀은 가장 익숙한 단맛일 수 있었다. 단맛이라는 큰 틀과 방향을 잡고 난 뒤, '버터'를 또 하나의 원료로 최종 채택하였다.

또한 연상 이미지(콘셉트)가 새로운 카테고리의 명칭으로서도 중요하지만 브랜드에도 적용될 수 있다. 그리고 카테고리 명칭이 그 브랜드의 포지션과 통합되어 강력한 힘을 발휘한다.

요리에센스[4]

2000년 이후 간장 시장이 매년 줄어들고 있었다. 그 이유를 보자면 서구식 요리 방법의 확산과 외식 문화의 확산에서 기인하였다. 오랜 기간 간장이라는 한 우물만 파왔고 그 결과 전체 매출에서 절대적 비중을 차지하는 샘표에 위협적인 상황이 아닐 수 없었다. 따라서 새로운 아이템 발굴에 적극 나설 수밖에 없었다. 이러한 이유로 '연두'가 탄생됐다. 연두의 개발과 리포지셔닝의 과정들을 보자.

맛은 있는데…
2003년 어느 날, 연구원들이 이런저런 방법으로 콩을 발효해보다가 기존 제품보다 진하고 깊은 맛을 내는 새로운 간장(당시만 해도 새로운 포지셔닝을 생각하지 않고 또 다른 간장으로 인식)을 만들었다. 어떻게 마케팅하느냐에 의견이 갈렸다. 간장의 한 종류로 내놓을 것이냐, 간장이 아닌 새로운 카테고리가 적합하냐의 문제였다. 고민 끝에 맛과 향이 기존 간장과 많이 달라 간장보다는 음식의 맛을 풍부하게 해주는 조미료에 가깝다는 결론을 내렸고 결국 조미료 부문의 신제품으로 포지셔닝하기로 했다. 기존 제품과 차별성을 두기 위해 콩을 발효해서 만든, 몸에 좋은 조미료라는 캐치프레이즈를 내걸었다. 콩으로만 만들었으니 순식물성이고, MSG 같은 화학성분을 넣지 않았으며, 단순히 재료를 갈아 만든 것이 아니라 직접 발효한 액체라는 점을 부각시켜 음식 맛도 좋고 몸에도 좋은 친환경 조미료라는 점을 내세웠다. 건강과 안전을 모두 생각하는 주부들에게 어필하기 위한 콘셉트였다. 자연과 콩을 강조한 '연두'라는 이름도 여기서 나왔다.

마케팅 포인트도 '웰빙'에 뒀다. 우리나라 1세대 조미료는 공장에서 대량 생산하는 데 초점을 둔 화학 조미료였다. 2세대는 멸치나 쇠고기 등 천연 재료를 소량 첨가했으나 여전히 MSG가 대량 들어간 종합 조미료다. 3세대는 최근 등장한 멸치나 쇠고기를 직접 갈아 만드는 천연 조미료다. 더 건강하고 더 맛있는 조미료를 전면에 부각시켰다. 2010년 연두의 1차 출시였다.

출시 후 결과는 매우 부진했다. 소비자들은 '연두'라는 새로운 조미료에 관심을 보이지 않았다. 왜 소비자는 연두를 사지 않을까.

샘표는 연두를 새로운 카테고리가 아닌 기존 '조미료' 카테고리에 소속시켜버렸다. 즉 '4세대 콩 발표 조미료'로 정의하고 맛과 건강을 동시에

잡은 웰빙 제품으로 포지셔닝시킴으로써 결국 '더 나은' 제품일 뿐이었다. 기존 조미료보다 건강에 좋은 것은 물론 콩을 제대로 발효해 음식의 깊은 맛을 끌어올리는 새로운 조미료로 소개했다. 하지만 소비자에게는 그저 '또 다른 간장의 하나'나 '그래봤자 조미료'일 뿐이었다.

결국 연두는 좋은 제품이 아니라 덜 나쁜 제품일 뿐이었다. 조미료라는 말을 듣는 순간 사람들은 사용하기도 전에 연두를 해로운 제품 범주에 포함시키고 있었다.

간장을 벗자, 새로움을 입자

새로울 것 없는 간장의 일종, 안 쓸수록 이로운 조미료라는 소비자들의 인식을 깨려면 포지셔닝부터 다시 해야 했다. 기존 조미료 시장에서 웰빙 쪽으로 방향을 잡으려던 본래 계획을 전면 수정해야 했다. 조미료처럼 음식 맛을 더 좋게 만들어준다는 점에서 조미료와 비슷한 시장을 타깃으로 하는 유사 카테고리지만 정작 조미료는 아닌 영역을 구축해야 했다. 새로운 시장을 창출해야 했다는 의미다.

관건은 '간장'이나 '조미료'처럼 들으면 확 와 닿아야 한다는 점이다. 기존 카테고리에 포섭되는 제품이라면 고민할 필요가 없었지만 새로운 카테고리를 만들어 수요를 이끌어내야 하는 것이라면 얘기가 달랐다. 한 번 들으면 "아 그거!" 할 수 있어야 했다. 어떤 제품군을 정체성을 규정할 것인가, 이름 짓기부터 돌입했다. 브레인스토밍을 통해 떠오르는 이름들을 일일이 적어가며 새로우면서도 알기 쉬운 카테고리 찾기에 주력했다. 여러 이름이 물망에 올랐다. 수십, 수백 개의 이름을 썼다. 지우가며 몇 달간 회의를 반복하던 중 어느 직원이 "연두 쓰다 보니 이제 이것 없이는 요리할 수가 없다. 모든 요리에 필요한 에센스 같다"며 '에센스'를 내놨다. 내고 또 내고, 짓고 또 짓다가 후보군에 올라온 모든 이름을 들고 소비자 테스트를 진행했다. 해당 단어에 소비자가 어떤 느낌을 갖고 있는지 객관적으로 알아보기 위해서였다. 그런데 의외로 에센스가 좋은 평가를 받았다. 소비자들은 에센스를 귀하고 비싼 고급품으로 인식하고 있었다.

다양한 소비자 조사와 끊임없는 품질 연구, 무엇보다 조미료가 아닌 요리에센스로 포지셔닝을 다시 한 전략은 긍정적 시너지를 냈다. 2년 만에 다시 시장에 나온 연두는 소비자들의 호기심을 강하게 자극했다. 이름으로, 노래로, 광고로 연두를 접한 사람들은 '요리에센스'가 정확히 뭔지는 몰라도 요리할 때 꼭 넣어야 하는 필수품이라는 인상을 받았다.

이제 '연두'는 재출시를 통해 성공의 기반을 잡아가고 있다. 그것은 '더 나은 조미료' 대신 아예 새로운 카테고리로의 전환을 시도함으로써 가능했다. '조미료'가 아닌 '요리에센스'로 새로운 카테고리를 만들었다.

그런데 '요리에센스'가 무엇을 의미하는지 쉽게 이해가 되는가? 아마 처음 듣는 사람들은 '요리에센스'가 무엇인지를 이해하기가 그리 간단치 않을 것이다. 새로운 카테고리를 만들어 수요를 이끌어내기 위해서는 한 번 들으면 새로운 카테고리를 쉽게 이해할 수 있어야 한다. 소비자 조사에 결과에 따르면 "소비자들은 '요리에센스'라는 단어를 낯설어하면서도 새롭게 여겼고 호기심을 갖게 된다"고 했고, "정확히 뭔지는 몰라도 귀하고 값진 제품일 것으로 예상하기도 했다"고 답했다.

그러나 새로운 카테고리의 명칭을 만드는 데 있어서 색다르고 호기심만 있다고 되는 것은 아니다. 어떤 카테고리명을 봤을 때 직관성이 생명이다. 누구나 딱 보고 바로 이해하고 연상할 수 있게 해야 한다는 말이다. '숙취 해소음료'와 '요리에센스' 중 어느 것이 카테고리의 의미를 알기 쉽게 바로 이해하게 해주는지 상상해보라.

조합어를 만들어라

앞서 사례에서 볼 수 있듯이, 로봇, 시계 그리고 기저귀는 애완견, 패션액세서리, 팬티 등 친숙한 물건들과 조합하여 그 과정에서 새로운 카테고리가 탄생되었다. 소니는 로봇을 친숙한 애완견과 조합하여 새로운 카테고리 '애완견 로봇'을 만들었다. 킴벌리는 기저귀를 팬티와 조합하여 '팬티형 기저귀'라는 새로운 카테고리를 만들었다. 스와치는 시계를 패션 액세서리와 조합하여 '패션 시계'를 창조하였다.

강아지+로봇 = 애완견 로봇(소니의 '아이보')

팬티+기저귀 = 팬티형 기저귀(킴벌리의 '풀업스')

패션+시계 = 패션 시계(스와치)

이처럼 이들은 두 영역을 조합하여 탄생한 신제품의 경우로서, 이들 제품의 카데고리 명칭은 두 영역의 조합이를 활용함으로서 새로운 카테고리를 쉽게 정의하고 있다.

범주화 과정에서 기존 개념들을 새로운 개념의 창출에 사용하는 개념적 결합은 명사-명사 결합 noun-noun combination 으로 수식명사 modifier noun 와 주도 명사 head noun 로 구성된다. 결합의 형태들은 다음과 같다.

첫째, 관계적 결합으로 이는 주도어 head 와 수식어 modifier 간의 관계적 결합으로 나타난다. 가령 '스컹크 박스 Skunk box' 경우 이는 '스컹크(북미산 족제비과의 작은 동물)를 가두는 박스 A box that contains a skunk'라는 의미다.

둘째, 속성 배치 property mapping 결합으로 수식어의 속성이 주도어에 귀속되는 배치 결합으로 나타난다. 가령 '스컹크 스퀴럴 Skunk squirrel'의 경우 '등의 흰줄이 있는 다람쥐 A squirrel with a white stripe on its back'라는 의미다.

셋째, 합성 hybrid 결합으로 주도어와 수식어 간의 교차 결합으로 나타난다. 가령 '로빈 블루버드 Robin bluebird'의 경우 이는 '울새와 파랑새로 구성된 새 A bird that parts of robins and bluebirds'라는 의미다.

몇 가지 사례들

기존에 존재하는 카테고리 간의 결합을 통해 새로운 카테고리와 그 명칭을 만들어 성공한 몇 가지 사례들을 다음에서 보자.

애슬레저(에슬레틱+레저)

패션업계에서 언더아머는 '애슬레저 Athlesure'로 주목받고 있다. 애슬레저는 '애슬레틱Athletic'과 '레저Leisure'의 합성어다.

이는 집에서 편하게 있다가 저녁 모임에 나가도 전혀 어색하지 않은 스타일, 하루 종일 옷을 갈아입을 필요 없이 한 벌로 여러 가지 활동을 해결할 수 있다는 장점 등으로 일상생활에서도 착용이 가능한 '스포츠 의류'를 총칭한다. 특히 과거 청바지가 장소와 계절을 막론하고 모든 상황에서 입을 수 있어서 성공했다면, 이제는 애슬레저가 이 시장을 점차 잠식하고 있다.

애슬레저는 미국 요가복업체 '룰루레몬' 레깅스가 유행하기 시작한 2010년 이후 성장해 이제는 일상복 영역에서도 인기를 끌고 있다. 애슬레저는 모든 의류업체들의 시장 주도권 싸움의 중심에 서 있다.

패스트 캐쥬얼 레스토랑(패스트 푸드+캐쥬얼 레스토랑)

힐러리 클린턴은 2015년 봄 대선 출마 선언 직후 멕시칸 음식점 '치폴레Chipotle'에 처음 모습을 드러냈다. 치폴레는 서민적이면서도 건강하고 성장하는 이미지를 갖고 있다. 부자, 엘리트라는 인상을 주는 힐러리 입장에선 친서민·친중산층 이미지가 필요하였던 모양이다. 젊은 유권자층을 고려했을 것이고, 히스패닉을 염두에 뒀기 때문일 것이다. 그럼 치폴레는 어떤 식당인가?

치폴레는 멕시코의 대표 음식인 브리토, 타코를 맛볼 수 있는 곳이다. 상호는 스페인어로 '멕시코 고추를 구워 말린 양념'을 의

미한다. 멕시칸 음식을 좋아하는 사람은 이 단어를 들으면 침이 절로 고인다고 한다. 마치 우리가 동치미라는 단어에서 '시원함', '무', '거울', '팥죽'을 연상하는 것처럼 말이다. 치폴레는 패스트푸드와 캐쥬얼 레스토랑의 중간이다. '패스트 캐쥬얼' 레스토랑이다. 그럼 어떻게 탄생했는가?

패스트푸드와 캐주얼 레스토랑의 상식에 반기를 든 청년이 있었다. 스티브 엘스라는 이름의 젊은이는 대학 졸업 후 샌프란시스코의 레스토랑에서 2년 정도 근무했다. 그 과정에서 음식점에 대한 그만의 철학을 정립한다. 패스트푸드라고 해서 품질이 낮을 필요가 없고, 맛있다고 해서 비쌀 필요가 없다는 것이다. 기존 상식과는 다른 이야기다. 어느 산업이건 새로운 장르는 이런 식으로 탄생한다. 맛있으면서 저렴하고, 빠르면서 고품질인 음식. 스티브는 1993년 콜로라도 덴버에 첫 매장을 열었다. 그러면서 1990년대 미국에서 번창한 패스트 캐주얼의 선도자가 된다. 패스트푸드와 캐주얼 레스토랑의 딱 중간이다.

팬티형 기저귀(팬티형+기저귀)[5]

일반적으로 기저귀 기업들이 안고 있는 가장 큰 문제점 한 가지는 기저귀를 사용하는 아기들의 연령이 지극히 제한적이라는 사실이다. 보통 두 살 정도가 되면 기저귀를 뗀다. 이 나이가 지나면, 부모들은 물론 아이들도 기저귀 차는 것을 싫어한다.

하지만 이에 대해 킴벌리는 이렇게 질문을 던졌다. "두 살이 넘은 아기들을 위해, 꽉 조이는 기존 기저귀 대신, 팬티처럼 입을 수 있는 기저귀를 출시하면 어떨까?" 이러한 생각은 결국 풀업스Pull-Ups라는 브랜드의 탄생으로 이어졌다. 킴벌리는 풀업스를 출시함으로써 20개월 이후의 아기들을 겨냥한 '팬티형 기저귀'라고 하는 새로운 카테고리를 창조했다.

CREATE A **CATEGORY**

07

새 카테고리 상품의 이름 짓기

—

카테고리 그 자체에 집중하라

CREATE A **CATEGORY**.

새 술은 새 부대에

'새 술은 새 부대에'라는 말이 있다. 즉 '새 술은 오래된 병에 넣지 말라'는 뜻이다. 새 포도주를 낡은 가죽 부대에 넣을 사람은 없을 것이다. 그렇게 하면 부대가 터져서 쏟아지고 부대를 버리게 된다. 이처럼 기존 브랜드명의 확장 유혹을 뿌리치고 새로운 이름을 만들어서 새로운 카테고리에서 독자성을 확보하는 것이 무엇보다 필요하다.

복사기의 대명사격인 제록스가 PC사업에 진출하여 사용한 브랜드 역시 '제록스'였다. 극히 상식적인 이 브랜드 전략은 실패로 끝났다. 기존 성공 브랜드를 성격이 다른 신제품에 활용하는 브랜드 확장 전략은 곧잘 실패한다. 이처럼 브랜드명성이 높을수록 소비자들의 마음속에는 고정된 이미지(제록스는 복사기)가 새겨지기 때문에 새로운 범주(제록스 PC?)에서는 성공적인 브랜드로 자리 잡기 힘들다.

우리나라 부엌치고 '간장' 없는 부엌이 있는가? 간장은 우리의 전통 양념으로 유구한 역사와 전통을 자랑한다. 따라서 간장 브랜드는 다른 분야의 브랜드들에 비해 역사가 오래된 편이다. 1960년대 닭표 간장에 이어 시장을 오랜 기간 장악해왔던 샘표 간장은 브랜드 인지도나 호의도 측면에서 강력한 선도자의 지위를 누려왔다. 이러한 브랜드 파워를 활용하여 '진간장, 조미간장' 등 간장 제품을 중심으로 지속적인 브랜드 확장을 해왔다. 전통 간장 부분의 대표 브랜드인 샘표에서 커피가 나온 것이다. 이름하여 샘표 '타임커피'이다. 물론 성공하지 못했다.

이처럼 새로운 카테고리 창조의 상품이라면 새로운 이름이 필요하다. 기존 브랜드명의 확장 유혹을 뿌리치고 새로운 이름을 만들어서 새로운 카테고리에서 독자성을 확보하는 것이 무엇보다 필요하다. 아울러 새로운 카테고리 상품의 브랜드명은 그 카테고리의 대표가 될 수 있는 것으로 정하는 것이 중요하다. 해당 카테고리를 대표하기 위해서는 카테고리의 연상 가능성이 높은 브랜드명이어야 한다. 이것을 충족시키는 것이 가장 중요하고, 그다음으로 추가로 외우기 쉽고 부르기 쉽고 좋은 이미지를 전해야 하는 등 일반적으로 강조하는 네이밍의 원칙이 고려되어야 한다.

형태는 기능을 따른다

리글리Wrigley는 버블 껌(버블 얌), 민트향 껌(더블민트), 무설탕 껌(트리덴트), 치아미백 껌(트리덴트 화이트), 니코틴 껌(니커렛), 과일향 껌(주시 프루트), 향이 오래가는 껌(엑스트라), 구강용 껌(덴타인) 등으로 다양하다.

리글리는 계속 껌 카테고리의 선두자리를 지키고 있다(미국 시장의 절반을 석권했다). 이는 리글리가 카테고리가 분화할 때 이를 이용하기 위해 새 브랜드를 신속하게 론칭한 덕분이다.[1]

해태제과는 '달콤한 감자칩'이라는 새로운 카테고리를 만들었는데, 이는 핵심 콘셉트를 대표하는 성분을 꿀과 버터로 하여 만든 감자칩이다. 이러한 꿀과 버터를 담은 '달콤한 감자칩'을 브랜드로 표현하기 위해 '허니버터칩'으로 네이밍하였다. 어떤 과정으로 진행했는지를 다음에서 보자.[2]

"우리한테 생생칩이 대표 브랜드지, 고객한테는 그냥 널리고 널린 감자칩 중 하나 아닙니까?"

누군가 툭 던진 한마디에 사람들은 잠시 조용해졌다. 가슴 아픈 이야기지만 우리 회사의 생생칩은 경쟁업체의 감자칩들에 비해 인지도도, 판매량도 현저히 떨어지는 게 현실이었다. 어쩌면 이런 상황에서 생생칩이란 브랜드를 고집하는 것은 일찌감치 신제품의 한계를 규정짓는 일이 될 수도 있었다.

"그것도 그거지만, 새 술은 새 부대에 담아야 하지 않겠습니까? 여러 사람들이 공들여서 완전히 새로운 제품을 만들어냈는데, 기왕이면 이름도 새롭게 짓는 게 좋겠어요."

새 이름을 붙이자고 결정한 뒤에도 여전히 '어떤' 이름으로 할 것이냐는 신중히 고민할 부분이었다. 1차 회의 이후 내 손에는 몇 가지 신제품 이름 후보가 적힌 리스트가 들려 있었다.

버터 위의 꿀감자

버터랑 감자랑

벌꿀칩

꿀 먹은 버터칩

베스트칩

허니버터칩

'달콤한 감자칩' 이름을 지을 때 우리가 중점을 둬야 할 요소는 '맛'이었다. 이 제품의 목적은 처음부터 새로운 맛을 내는 데 있었고, 이 점을 살리려면 이름 또한 형태나 이미지를 표현할 게 아니라 맛 자체를 정직하고 단순하게 드러내는 데 중점을 두어야 했다. 새로운 맛을 목적으로 달콤한 꿀과 고소한 버터로 만든 감자칩. 이 신제품에 허니버터칩보다 더 잘 어울리는 이름은 없었다.

이처럼 '달콤한 감자칩'이라는 카테고리의 특성을 잘 나타내는 '허니버터칩'을 브랜드 이름으로 지음으로써 소비자들이 쉽게 카테고리의 특징을 이해하는 데 기여했다.

유명한 건축가인 루이 설리번은 '형태는 기능을 따른다'고 했다. 마찬가지로 브랜드 이름은 카테고리 이름을 따라간다. 카테고리의 이름이 정해졌으면 그다음 단계는 새로운 상품명은 쉽게 그 상품 카테고리를 연상시키는 것으로 정해야 한다. 광고 투입량이 같다면, 상품 카테고리의 연상 가능성이 높을수록 소비자들에게 카테고리 대표 이미지를 빨리 심어줄 수 있다.

애플의 브랜드를 보자.

아이팟 ipod
아이폰 iPhone
아이패드 ipad

이들은 브랜드 이름이 카테고리 이름을 따라감으로써 브랜드와 카테고리 사이와 연관성 확보를 용이하게 해준다. 해당 카테고리가 언급되었을 때 그 브랜드를 더 쉽게 떠올릴 수가 있다. 이러한 연관성이 없다면 브랜드는 새로운 카테고리를 정의하는 데 영향력을 행사하지 못하게 될 것이다. 특정 브랜드가 구매제품 선택을 지배할 만큼의 강한 연계성을 갖게 된다면 이는 경쟁 기업에 거대한 장벽을 구축하는 것이 된다.

무엇보다도 아이팟, 아사히 수퍼드라이, 아마존처럼 카테고리를 설명할 때 이들의 브랜드 네임이 사용되는 원조 브랜드가 되는 것이 가장 이상적이다. 그렇게 될 경우 경쟁 기업이 카테고리에 어느 정도의 연관성을 갖느냐 하는 것이 결국 원조 브랜드와 얼마나 유사한가에 의해 결정되는 것이다. 따라서 원조 브랜드와 경쟁하는 경쟁 기업은 어떠한 차별화를 시도하더라도 오히려 연관성을 상실할 위험을 떠안게 되므로 결국 방어적인 자세를 취할 수밖에 없게 된다.

원조 브랜드 구축을 위해서는 카테고리와 강한 연계성을 확보하고 이를 대표할 만한 브랜드로 인식시키는 것이 중요하다. 이를 위한 간단한 방법으로는 광고, 포장, 후원 등의 단순한 노력을 통해 브랜드를 카테고리와 연계시키는 방법이 있다. 그러나 대중이 그러한 정보와 연계성을 이해하기 위해 노력할 이유가 없으므로 성공하기 어렵고 비용 소모가 높은 방법일 수 있다.

반면 적절한 설명을 제공하는 브랜드 네임은 카테고리를 대표하는 이름이 될 수 있고 실질적인 원조 브랜드가 될 수도 있다. 그럴 경우 해당 카테고리가 언급될 때 특정 브랜드를 떠올리지 않을 수 없게 되는 것이다. 예를 들어 린퀴진Lean Cuisine과 웨이트 왓처스Weight Waters는 두 가지 관점에서 체중 조절과 연계성을 가진다. 해당 하위 카테고리가 체중조절 프로그램일 경우 웨이트 왓처스를 떠올리게 된다. 그러면 저지방 식단이 하위 카테고리의 특징이라면 린퀴진이 먼저 떠오르는 것이다.

카테고리 브랜딩

적절한 설명을 제공하는 브랜드 이름은 그 카테고리를 대표하는 이름이 될 수 있고 원조 브랜드가 되는 데 용이할 수 있다. 다음은 필자가 직접 수행했던 화장품 시장의 미백 전문 브랜드 '화이트케어'를 개발했던 사례에 관한 이야기다.

단품의 미백 전문 제품을 개발하기로 결정했고, 이제 제품의 기능적 특징을 소비자에게 강하게 소구하는 것이 성공의 지름길이었다. 왜냐하면 법적 규제로 인해 화장품이 피부 케어와 같은 기능적인 측면을 알릴 수가 없었기 때문이다. 이를 극복하는 방법으로 기능 콘셉트를 아예 네이밍에 담아서 그 자체에서 기능 이미지를 자연스럽게 떠올리게 하자는 것이다.

물론 카테고리의 속성이나 카테고리 명칭과 관련 없이 독특한 네이밍으로 전문 브랜드화 한 경우도 많이 있다. 예를 들어 제록스, 코닥 등의 경우는 독특한 네이밍이지만 그 네이밍 자체가 카테고리의 대명사가 된 경우다. 그러나 전문 브랜드일수록 해당 카테고리의 속성이나 카테고리 그 자체와 유사한 네이밍을 보여주는 것이 중요하다. 카테고리 속성이나 카테고리 명칭을 활용하면, 마케팅 비용을 최소화할 수 있고 해당 카테고리를 선점할 수 있는 이점이 있기 때문이다.

따라서 제품의 기능적 콘셉트인 '하얀 피부를 케어해주는 미백 전문 화장품'을 표현해주는 '화이트white'와 '케어care'를 조합하여 '화이트케어whitecare'로 네이밍했다. 즉, '화이트white'는 카테고리의 기능인 미백을 나타내면, '케어care'는 전문성을 떠올리게 하는 것으로 이 둘을 조합한 '화이트케어'는 미백 전문 브랜드의 이미지를 떠올리게 하는 데 조금도 부족함이 없었다. '화이트케어'의 이름만 보고도 그것이 무슨 제품인지를 알 수 있다면 성공의 절반을 확보한 셈이다.

어떤 브랜드 이름은 분명하게 제품을 언급하고 있으며, 반면 어떤 브랜드 이름은 제품에 대한 언급을 전혀 보여주지 않는다. [표 7-1]에서처럼, 브랜드 이름이 제품에 대한 언급된 정도에 따라 조어 브랜드 이름, 임의 선택 브랜드 이름, 연상적 브랜드 이름, 서술적 브랜드 이름, 일반 명칭 브랜드 이름으로 구분할 수 있다.[3]

여기서 존재하지 않던 카테고리를 창조한 상품인 경우 카테고리 브랜딩에 초점을 맞추는 것이 효율적이다. 즉 카테고리 그 자체에 집중하는 것이다. 네이밍이야말로 콘셉트를 전달하는 최대의 매개다.

표 7-1 브랜드 네임의 유형

유형	주요 특징	보기
조어 브랜드 이름 (coined mark)	• 사전에 없던 단어 등을 창작하여 브랜드 네임으로 사용 • 강한 식별력 • 브랜드 네임 등록 가능 • 제품과의 연상 작용이 없어 소비자에게 알리는 데 광고 비용이 많이 듦	코닥 (Kodak)
임의 선택 브랜드 이름 (arbitrary mark)	• 제품과 전혀 관련이 없는 이미 존재하는 단어 등을 브랜드로 사용 • 강한 식별력 • 브랜드 네임 등록 가능 • 제품과의 연상 작용이 미약	애플컴퓨터 (Apple computer)
연상적 브랜드 이름 (suggestive mark)	• 제품의 특징을 간접적, 상징적으로 표현한 브랜드 네임 • 자연스러운 연상 작용으로 소비자들이 쉽게 인식 • 식별력도 있어 브랜드 네임 등록 가능	스위스 스와치 (Swiss Swatch)
서술적 브랜드 이름 (descriptive mark)	• 제품의 특징을 설명하거나 품질 내용을 기술하는 브랜드 • 식별력이 없어 브랜드 네임 보호가 불가능	새우깡
일반 명칭 브랜드 이름 (generic mark)	• 사물의 보통 명칭 • 식별력이 없어 단독으로 브랜드 네임 등록이 불가능	오리온 초코파이

기억하기 쉽고 알기 쉬운 콘셉트의 표현이 좋은 네이밍을 탄생시킨다. 좋은 네이밍을 들어본 것만으로 제품 콘셉트가 전달된다.

카테고리의 의미를 브랜드명에 담아라

새로운 카테고리 상품의 이름을 만드는 데 중요한 이슈는 다음과 같이 세 가지 측면에서 고려할 수 있다.

첫째, 브랜드명과 카테고리 명칭이 일치시키는 네이밍 방법이다. 즉 카테고리 명칭 자체를 브랜드명으로 하여 이를 최초로 선점하여 활용하는 것이다. 태블릿 PC와 노트북의 특장점이 결합된 제품으로

'탭북'은 카테고리 명칭을 그대로 브랜드화한 사례다. 또한 롯데 '자일리톨' 껌, 애경의 울샴푸 '이 웃도어' 세제 역시 카테고리 명칭을 그대로 브랜드화한 사례다.

특히 카테고리어를 활용한 브랜딩 방법은 최초로 선점함으로써 원조로서 인식될 수가 있다. 자일리톨 껌, 드라이 맥주, 클라우드 컴퓨팅 같은 제품 라벨을 브랜드화함으로써 브랜드와 카테고리가 일치된다. 메시지를 전달하는 제품 포장에 적용된 라벨을 사용하여 카테고리의 강렬하고 차별화된 포지션을 정립할 수 있으며, 이를 통해 카테고리에 대한 고객의 인식을 지속적으로 관리할 수 있다.

그러나 이들은 초기 커뮤니케이션이 쉽다는 장점이 있지만 향후 라벨 자체가 일반명사로서 또 다른 제품 등의 등장으로 인해 진부해졌을 때 제품의 카테고리를 극명하게 표현한 이 브랜드는 한계를 갖게 된다.

둘째, 카테고리의 연상을 활용한 네이밍 방법이다. 가령 '미백 전문 화장품'을 표현해주는 '화이트$_{white}$'와 '케어$_{care}$'를 조합하여 '화이트 케어$_{Whitecare}$'로 네이밍 한 사례를 들 수가 있다. 이처럼 카테고리 연상을 활용한 설명적 브랜드 네임은 새로운 카테고리의 의미를 명확히 드러나도록 할 수 있다.

그러나 설명적 브랜드 네임은 확장에서 있어서 한계가 있다. 예를 들어 파이버원은 식이섬유와 연관성이 없는 분야에 진출하기는 힘들 것이다. 아마존의 이름이 북스닷컴$_{books.com}$이었다면 현재처럼 다양한 카테고리의 상품을 출시하는 데 있어 연관성 및 신뢰성에 문제를 겪었을 것이다. 그러므로 연관성의 이점을 확보하는 것과 미래 전략적

유연성을 위한 여지를 남기는 것 사이의 상충 관계가 종종 발생하게 되는 것이다.

셋째, 카테고리 의미와 관계없이 독자적인 조어 형태의 브랜드 이름을 만드는 방법이다. 이는 지향 가치나 상징적 요소로 이루어진 브랜드다. 특히 새로운 카테고리의 제품일 경우 더 포괄적인 개념으로 브랜딩하면 새로운 카테고리를 알리기 위한 많은 커뮤니케이션 비용이 증가할 수밖에 없다. 따라서 조어 형태의 브랜드 이름은 새로운 카테고리 창조 상품에는 적합하지 않을 수 있다.

새로운 카테고리 상품을 인식시키는 브랜드가 복잡해서는 안 된다. 최대한 간결하고 핵심적인 내용이 담겨야 한다. 특히 새로운 카테고리 상품의 경우 브랜드 이름은 그 자체가 카테고리를 설명할 수 있어야 한다. 광고 투입량이 같다면, 상품 카테고리의 연상 가능성이 높을수록 소비자에게 카테고리 대표 이미지를 빨리 심어줄 수 있다. 다음에서 카테고리 브랜딩의 4가지 방법을 설명할 것이다.

첫째, 기존 카테고리어에서 출발하라.
둘째, 새 카테고리 연상어를 활용하라.
셋째, 새 카테고리를 대변하는 본질적 단어를 창조하라.
넷째, 새 카테고리어를 그대로 활용하라.

기존 카테고리어에서 출발하라

사람의 인식 체계는 기존 인식들이 확고히 자리 잡고 있어 새로운 것, 새로운 시도에 대한 수용이 더디기 마련이다. 따라서 사람들은 어떤 사물에 대해 한번 판단하고 나면 웬만한 충격이 주어지지 않고서는 사물에 대해 다시 생각하거나 평가를 바꾸려 하지 않는다. 따라서 무작정 장황하게 설명을 통해 '완전히 새로운 그 무엇'임을 던질 게 아니라 사람들에게 익숙한 사고의 길로 접근하는 것이다.

네이밍에서도 마찬가지다. 사람들에게 익숙한 기존 카테고리어를 활용하여 새로운 카테고리를 인식시키는 것이다. 친숙한 기존 카테고리어의 일부를 가져와 넓게는 기존 'ㅇㅇㅇ'이라는 카테고리 내에 있지만 '새롭게 정의된 ㅇㅇㅇ'이라는 인식을 심는 방법이다. 즉 기존의 카테고리어(POP)를 새로운 콘셉트(POD)와 결합하여 네이밍하는 것이다.

이처럼 새로운 카테고리에 대한 정보가 없는 상태에서 새로운 카테고리의 실체를 브랜드명을 통해 정의해주는 것이 필요하다. 이를 통해 새로운 카테고리를 인식시키는 직관성을 높일 수 있다. 다음의 몇 가지 사례들을 보자.[4]

식초

식초라는 카테고리는 그저 새콤한 맛을 내는 조미식초가 지배적이었다. 극히 일부 사람들만이 건강을 위해 식초를 물에 희석시키고 복용하고 있을 뿐이었다. 오랜 기간 조미료식초로만 인식되던 식초를 음료로 인식시키기에는 많은 시간과 노력이 필요한 것처럼 보였다. 그러나 웰빙 라이프 스타일, 건강 음료 선호 풍토와 맞물려 식초음료에 대한 관심이 단시간에 증가하자 음료용 식초가 출시되기 시작했다.

CJ는 식초라는 기존 카테고리어를 직접 브랜드에 활용하되 '예뻐진 식초 음료'라는 의미를 담아 '美초'로 표현하면서 카테고리를 새롭게 정의하였다. 또한 초기 식초 건강법으로 시작된 식초음료의 활용도를 확장시켜 건강 타깃뿐만 아니라 젊은 여성 중심의 다이어트 타깃을 흡수했다.

혼합차

단일 재료의 차가 아닌 여러 재료가 믹스된 혼합차의 개념을 담은 '17차' 역시 '차'라는 카테고리 안에 있으면서 혼합된 재료들의 숫자를 결합하여 '혼합차'로서의 대표성을 표현했다. 17가지 몸에 좋은

차 성분을 한 병에 담은 혼합차의 카테고리를 확보한 것이다. '차'라는 기존 카테고리어에서 출발하지만 녹차, 구기자차, 결명자차 등과 같이 명확한 재료가 아닌 그저 17개의 차가 합쳐진 차로서의 이미지를 전달하였다.

새 카테고리 연상어를 활용하라

새로운 카테고리 상품의 브랜드를 만드는 또 다른 패턴은 카테고리어 자체를 쓰지는 않지만 해당 카테고리를 연상시키는 용어를 활용하는 것이다. 이 방법은 새로운 카테고리를 창조한 상품의 경우 유익하고 가장 많이 활용하는 방법이다. 다음에서 몇 가지 사례를 보자.[5]

유튜브

유튜브(You Tube)는 다양한 UCC(User Created Contens) 등을 접할 수 있는 동영상 공유 커뮤니티로서 '인터넷 방송국'이라는 새로운 매체로 자리 잡고 있다. 사용자가 직접 영상 클립을 업로드하거나, 보거나, 공유하는 매체로서 '당신이 직접 참여하는 인터넷 방송'이라는 대표성이 브랜드에도 그대로 담겨 있다. 이는 'TV'를 지칭하는 카테고리 용어인 '튜브Tube'를 활용한 점에서 강하게 느껴진다. 이후 판도라TV, 아프리카TV, 곰TV 등의 등장에도 불구하고 가장 무게감 있고 대표성 있는 이미지가 유지될 수 있는 것은 브랜드 자체에서 이미 확보하고 있는 카테고리의 힘 덕분이다.

아이나비

국내 시장에서 '내비게이션Navigation 제품을 대표하는 브랜드는 아이나비I'navi다. 내비게이션이라는 카테고리가 일반적이지 않았던 시장 초기에 카테고리어의 초성 2음절을 활용하여 새로운 카테고리를 대표하는 브랜드가 되었다.

아이리버iRiver의 'NV'는 내비게이션이라는 제품이 대중화되는 무렵에 등장한다. 'NV'는 이 시점에서 다시 한번 내비게이션 카테고리를 새롭게 환기시킨다. '내비게이션'을 대표하는 이니셜 두 자 'NV'만으로 내비게이션 카테고리를 나타낸 것이다. 특히 'NV' 브랜드를 아이리버의 하위 브랜드로 적용하는 전략을 통해 아이리버 PMP 중 내비게이션 기능이 있는 새로운 제품 라인, 즉 '뉴 버전New Version'이라는 이미지를 전달한다.

액츠

세제 카테고리에서 더 세분화된 액체세제 브랜드로서 피죤의 액츠Actz 역시 새로운 카테고리의 가장 큰 특성을 브랜드에 강하게 심고 있다. 액체세제여서 찌꺼기가 안 남고 찬물에 잘 녹으며 세척력이 강하다는 등의 여러 가지 특성과 효익이 있지만, 무엇보다도 '액체세제'라는 카테고리의 핵심에 집중한 것이다. '액체'라는 물성에 대한 정보를 강하게 전달하면서 'Act'라는 단어를 통해 강한 세척력의 이미지를 함께 표현하였다. 이는 액체세제에 대한 인식이 거의 전무한 초기 시장에서 액츠가 백 마디의 설명, 현란한 비유보다 더 강하고 확실한 이미지를 확보할 수 있게 하였다.

새 카테고리를 대변하는 본질적 단어를 창조하라

새로운 카테고리 상품의 브랜드를 만드는 또 다른 방법은 새로운 카테고리를 대변할 수 있는 가장 본질적인 단어를 창조하여 선점하는 것이다. 다음에서 잘 알려진 몇 가지 사례들을 보자.

햇반

즉석 밥은 조리가 된 상태로 판매되는 밥이다. '즉석 밥'을 흔히 '햇반'이라고 부르는데, 이것은 1996년 CJ제일제당이 출시한 즉석 밥의 상표이다. '쌀' 또는 '밥'이라는 카테고리어가 있지만 이러한 기존 카테고리어를 살짝 피해 '반飯'이라는 용어로 '햇반'은 '간편식 밥(즉석 밥)' 카테고리를 대변한다.

딤채

'냉장고'라는 기존 카테고리에서 세분화된 '김치' 냉장고를 대표할 수 있는 본질적인 단어로서 '김치'에 주목해 찾아낸 '딤채'도 새로운 카테고리라 할 수 있다. 김치의 옛말인 '딤채'는 김치의 어감이 살아 있으면서 김치를 보관하는 장소라는 이미지도 묻어난다.

트롬

일반 세탁기 카테고리에서 세분화된 드럼형 세탁기 제품의 경우는 '드럼식'을 어떻게 브랜드에 녹일 것인가가 관건이었다. '드럼'이라는 본질적 가치에 주목하면서 여기에 견고함을 상징하는 독일의 이미지를 부여한 브랜드가 바로 '트롬'이다. '트롬'은 독일어로 '드럼'이라는 뜻의 'Trommel'에서 유래됐다. 이처럼 트롬은 독일어로 '드럼'을 뜻하면서도 한글 발음 역시 '드럼'과 비슷하게 들리므로 트롬은 곧 드럼 세탁기로의 연관성이 강하게 형성될 수 있는 기반을 갖추었다.

이처럼 기존 카테고리의 인식에서 살짝 비껴가 세분화된 제품의 가장 근원적인 차별화 포인트에 포커스를 맞출 때 새로운 카테고리의 정의가 창조되는 것이다. 기존 카

테고리 인식에 기대지 않는다는 것은 결국 세분화된 제품의 혁신성을 강조하는 것으로 해석할 수 있다. 기존 카테고리어로는 정의되지 않는 새로운 제품의 강점을 내세우는 것이다.[6]

눈꽃빙수, 설빙[7]

2013년 4월 부산 남포동에 첫 매장을 연 후 전국 곳곳에 퍼진 매장 수만 460여 개에 달한다. '스타벅스' 같은 글로벌 브랜드도 아니고 '엔젤리너스'처럼 대기업에서 운영하는 프랜차이즈 브랜드도 아닌 중소기업이 운영하는 브랜드가 지방에서 시작해 서울까지 접수한 것이다.

설빙은 창업자인 정선희 대표가 2011년 10월 부산 남천동에 문을 연 떡카페 '시루'가 시발점이 됐다. '시루' 매장을 열고 첫 6개월 동안이 매출은 그리 신통치 않았다. 어떤 메뉴든 대중화시키려면 젊은 층의 입맛을 사로잡아야 하는데 빵과 케이크류에 익숙해 있는 젊은이들의 관심을 끄는 게 무엇보다 힘들었다. 대부분 시루 매장을 찾는 고객은 떡을 원래 좋아하는 나이 든 중장년층이었다. 젊은층 가운데 일부 시루를 찾는 이들도 있었지만 대부분 마니아층에 불과했다.

반년간의 시행착오 끝에 정 대표는 메뉴 개발 전략을 바꿨다. 기존엔 떡을 '주재료'로 삼고 초콜릿, 과일 등 다양한 재료를 '부재료'로 더해 메뉴를 개발했지만 이를 거꾸로 뒤집었다. 즉, 젊은이들의 관심을 끌어들이기 위해 빵이나 빙수처럼 젊은이들이 좋아하는 메뉴를 주재료로 삼고 떡을 부재료로 접목시키는 방식을 택했다. 기존엔 시루가 떡카페 보니 자연스럽게 떡을 핵심으로 내세워 신메뉴를 개발했는데 오히려 그 점이 젊은이들의 접근을 막고 있다고 판단했기 때문이다. 이렇게 해서 개발된 제품이 바로 인절미 빙수와 인절미 토스트다.

인절미 빙수는 우유로 만든 얼음을 갈아 빙수를 만들고 그 위에 인절미 콩고물을 수북하게 쌓아 올린 메뉴다. 인절미 빙수를 보고 흔히 '눈꽃'빙수라고 말하는 것도 얼음이 뽀얗고 부드러운 눈송이 같아서다. 수북하게 쌓인 콩가루 위에 아몬드를 얹고 연유를 가미해 달고 시원하면서 고소한 맛이 어우러진다. 특히 빙수에는 당연히 들어가야 한다고 여겨지는 팥이 없는 게 특징이다. 인절미 토스트는 부드러운 빵과 쫄깃한 인절미가 조화를 이룬 퓨전 메뉴다. 식빵 두 조각 사이에 인절미를 넣고 오븐에 구워낸 메뉴인데 빵 사이에 치즈처럼 인절미가 얇게 들어가 있어 식감이 좋은데다 토스트 위에 콩가루와 아몬드를 뿌려 고소함을 한층 더했다.

새롭게 적용한 퓨전 제품 '인절미 빙수'와 '인절미 토스트'가 입소문을 타자 사람들이 몰려들기 시작했다. 특히 젊은층의 반응이 폭발적이었다.

기존 '시루'는 시루떡이라는 단어에서 쉽게 연상되듯이 너무 '떡' 느낌이 나서 떡을 싫어하는 젊은이들에겐 자칫 거부감을 일으킬 수 있다고 봤다. 대중화를 하려면 일단 이슈를 만들어 입소문이 나야 하는데, 이를 위해선 히트 메뉴인 인절미 빙수를 연상시킬 수 있는 브랜드 네임이 효과적이라고 판단했다. 이렇게 해서 탄생한 게 바로 눈꽃빙수의 또 다른 말인 '설빙'이다.

메뉴 이름에도 변화를 줬다. 무엇보다 빙수라는 표현을 다 빼고 '설빙'으로 통일했다. 예를 들어 시루의 히트 제품인 인절미 빙수는 '인절미 설빙'으로, 뚝배기 팥빙수는 '밀크팥 설빙'으로 대체했다. 정 대표는 '설빙은 빙수 전문점이 아니라 코리안 디저트 카페'라며 "소비자들에게 여름철 한절 메뉴로 각인돼 있는 '빙수'라는 표현 대신에 '설빙'이라는 브랜드명을 적극 사용함으로써 빙수도 사계절 즐길 수 있는 디저트 중 하나라는 인식을 고객들에게 심어주고 싶어 내린 결정"이라고 설명했다.

'설빙'은 '눈꽃빙수'의 또 다른 말이다. '빙수'라는 표현 대신에 '설빙'이라는 브랜드명을 적극 사용함으로써 빙수도 사계절 내내 즐길 수 있는 디저트 중 하나라는 인식을 고객들에게 심어주었다.

이처럼 새로운 카테고리 상품의 브랜드명은 그 카테고리의 대표가 될 수 있는 것으로 정하는 것이 중요하다. 추가로 외우기 쉽고 부르기 쉽고 좋은 이미지를 전해야 하는 등 일반적으로 강조하는 네이밍의 원칙이 고려되어야 한다.

새 카테고리어를 그대로 활용하라

새로운 카테고리 명칭을 아예 새로운 상품의 브랜드명으로 활용함으로써 소비자 이해와 전달을 용이하게 할 수 있다. 다음의 몇 가지 사례들을 살펴보자.

아사히 수퍼드라이

아사히 '수퍼드라이' 맥주를 보자. '수퍼드라이'는 정통 맥주 대비 새로운 카테고리로서 이를 그대로 브랜드 네이밍으로 활용하였다.

1986년 당시 기린 맥주의 시장 점유율은 60%에 달했다. 아사히는 1987년 아사히 '수퍼드라이'를 출시하였다. 쌉싸름함+풍부함+산뜻함'이 모두 느껴지는 가볍고 목 넘김 좋은 새로운 카테고리 '드라이 맥주'가 탄생하였다. 출시 이전 아사히는 고작 10% 수준에서 3년 사

이 24%를 달성하고 10년 후인 1997년 아사히가 기린을 앞섰다.

바로 기존 정통 맥주 대비 '수퍼드라이' 맥주라는 새로운 영역을 창조한 것이다. 기린의 아성을 파괴한 아사히는 '드라이 맥주'라는 새로운 영역의 창조를 통해 1등으로 올라섰다.

페어폰

페어폰FairPhone(공정폰)을 들어보았는가. 스마트폰에도 공정무역이 있다. 네덜란드 산업 디자이너 출신의 바스 판 아벨은 공익재단과 분쟁 광물 조사를 벌이다 스마트폰 공정무역을 위한 회사를 설립했다. 마치 커피, 초콜릿의 공정무역처럼 광산을 방문해 지속적으로 감시하고, 공정한 대가를 치른 자재로, 공정한 임금을 지급하면서 스마트폰을 생산한다.

이처럼 네덜란드의 사회적 기업이 만든 '페어폰'이라는 새로운 카테고리어를 브랜드 그 자체에 활용했다. "스마트폰의 이름을 페어폰이라고 지은 것은 사람들로 하여금 '스마트폰'에 무슨 문제가 있었던가?'라고 생각해보도록 유도하기 위해서였다"고 바스 판 아벨은 〈쿼츠〉와의 인터뷰에서 말했다.

울샴푸 아웃도어

'고급 기능성 의류용' 세제의 명칭 후보로 이미 익숙한 아웃도어,

등산, 스포츠 등이 제시되었고 평가를 통해 새로 개발하는 제품의 명칭을 '아웃도어'로 정했다. 여기서 아웃도어는 이미 의류에서 카테고리 명칭으로 일반화되어 있었다. 따라서 세제에서도 아웃도어를 그대로 활용함으로서 소비자들이 쉽게 이해하게 하는 장점이 있었다. 울샴푸 하에서 '아웃도어'라는 새로운 명칭을 부여함으로써 소비자들이 용도를 쉽게 이해할 수 있었다.

일반화의 늪을 주의하라

신제품을 개발하여 확실한 새로운 카테고리를 창조한 제품이라고 평가될 때, 신규 브랜드가 궁극적으로 '이 카테고리만의 특성을 강하게 나타내는 카테고리 브랜드_{Category Brand}가 되었으면 좋겠다'는 생각을 하게 된다. 이럴 경우 브랜드 네임도 카테고리 명칭으로의 성격을 전달할 수 있는 형태로 진행을 하게 된다. 특히 혁신성이 강한 제품일 경우 브랜드 네임과 카테고리 명칭의 성격을 일치시키고자 한다. 또한 해당 카테고리에 대한 소비자의 인식이 낮을수록 더욱 강하다.

즉, 소비자에게 아직은 낯선 제품이면서 새로운 라이프 스타일의 등장과 함께 그 효용성이 조금씩 부각되는 아이템인 경우인 것이다. 이 경우 기업의 입장에서는 새로운 제품 카테고리에 대한 소비자의 이해를 높이려는 의도와 함께 최초 진입자로서의 최고 위상 구축에

의 야심찬 계획으로 브랜드에 대한 기대를 표출하는 것이다.

그러나 해당 카테고리에 대한 정보, 성격에 너무 치중하여 네이밍할 경우 그 자체가 브랜드에 제한적 요소로 작용한, 즉 브랜드명이 일반화됨으로써 브랜드가 추구해야 하는 고유성 자체가 희석화될 우려가 있다. 향후 해당 카테고리 내에서의 자연스러운 확장을 시도할 경우 걸림돌로 작용할 수 있다. 따라서 새로운 카테고리 제품의 브랜드를 만들 때는 카테고리 자체에 집중하면서도 지나친 일반화를 경계해야 한다. 결국 일반화된 접근은 후발 브랜드들과의 차별화 문제를 초래하게 된다.

앞서 살펴본 식초음료 사례가 대표적인 경우다. 대상의 '마시는 홍초'가 출시되자 우후죽순처럼 '그녀의 초심', '美초', '여인미 사과초', '마시는 홍삼흑초', '사랑초' 등이 연달아 나왔다. '마시는 홍초'는 카테고리를 처음 여는 제품으로서 새로운 카테고리를 알리기 위해 용도나 속성에 대한 설명으로 브랜드를 설정해야 했다. 그래서 '마시는 홍초'가 되어 소비자들이 쉽게 카테고리를 인식할 수 있게 했지만 이를 응용한 후발 브랜드들의 출시를 막을 수는 없었다.

반면 CJ의 '美초'는 다이어트 시장에 좀 더 포커스를 맞추면서 한 단계 발전된 카테고리를 노렸다. '美초'는 다양한 용도나 첨가물 등으로 브랜드를 확장할 경우에도 탄력적인 대응이 가능한 브랜드였다.[8]

'헬시 초이스Healthy Chioce'는 브랜드 이름만으로도 많은 것을 전달해준다. 헬시 초이스는 브랜드 아이덴티티를 아이스크림 같은 냉동식품뿐만 아니라 쿠키, 수프, 크래커 제품군까지 일반 식품으로 브랜드를 확장해왔다. 대부분의 식품 카테고리는 저염도, 저지방, 낮은 당분, 단백질 강화에 관한 정보나 이러한 특성이 강화된 제품들로 넘쳐난다. 그러나 헬시 초이스 상품은 이 모든 노력을 줄여준다. 헬시 초이스 제품이 특정 영양소 중 뛰어나다는 것을 알리지 않더라도 제품이 상대적으로 건강에 좋을 것이라는 점을 전달해주기 때문이다. 이처럼 헬시 초이스는 건강에 지대한 관심을 가지고 있는 고객들이 손쉽게 접근할 수 있도록 브랜드 네임에서 건강에 좋은 음식이라는 느낌을 주고, 고객의 접근성과 편리성을 높였다.

이처럼 카테고리 브랜드는 용도를 설명해주는 것에서 한발 더 나아가 향후 활용성을 짚어봐야 한다.

밀러 라이트

1980년 무렵 밀러는 미국에서 안호이저 부시에 이어 두 번째로 큰 양조업체였다고 한다. 하이라이프 브랜드 덕분에 2위 자리를 차지할 수 있었다. 새로운 상품 '밀러 라이트' 역시 매출에 많은 기여를 했다. 〈에스콰이어〉의 칼럼니스트였던 윌리엄 플라나간은 라이트를 "어떤 기준에서 봐도 맥주 산업 사상 가장 성공한 제품"으로 평가했다.

밀러 라이트가 이렇게 성공한 이유는 무엇일까? 여러 이유가 있겠지만 라이트가 성공한 결정적인 이유는 '저칼로리 맥주'라는 '새로운 카테고리'를 창조했기 때문이다.[9]

그런데 문제가 불거져나왔다. 많은 기업들이 밀러 라이트의 성공에 편승해 너도나도 라이트 맥주 시장에 뛰어들었다. 밀러는 '저칼로리' 맥주를 의미하는 자신들만의 브랜드명, 'Light(라이트)'라는 이름을 경쟁사들이 사용하지 못하도록 법적인 노력을 기울였다. 하지만 라이트 맥주 시장에 뛰어든 기업들이 '라이트'라는 이름을 사용하는 것을 막을 수는 없었다. 이 일은 밀러에게 뼈아픈 교훈을 안겨주었다. 밀러는 '라이트Lite'라는 상표명으로 '경쟁 우위'를 점령했다. 하지만 그것은 일반적인 용어 '라이트light'와 구분하기 어려웠다. 'Lite'는 특정 제품을 위한 '등록 상표명'이라기보다 저칼로리 맥주 범주의 모든 제품을 위한 '일반 상표명'이 되었다. 'Lite'는 소비자의 마인드 속에서 최초로 성공한 '라이트light' 맥주로서 막대한 이익을 누렸다. 하지만 'Lite'라는 이름이 연상시키는 '라이트light'라는 일반 상표명은 궁극적으로 'Lite'에 커다란 불이익으로 작용했다. 후에 밀러는 'Lite'의 이름을 '밀러 라이트Miller Lite'로 바꿨다. 현재 라이트light 맥주 시장에서 밀러 라이트Miller Lite는 버드 라이트Bud Light의 뒤를 이어 2위 브랜드 자리를 간신히 지키고 있을 뿐이다.

이처럼 밀러 라이트는 카테고리 자체에 집중하여 일반 상표명이 됨으로 후발 진입자들의 출시를 막을 수 없었다. 카테고리 브랜딩은 독과 약을 동시에 가지고 있다. 카테고리 브랜딩은 초기에는 시장 확산을 용이하게 하고 카테고리의 의미를 쉽게 소비자들에게 설명하는 장점이 있지만, 어느 정도 시장에 정착하게 되면 일반상표명으로 되어 후발 진입자의 사용을 막을 수가 없다. 따라서 카테고리 자체에 집중하되 일반화의 늪을 주의하자.

CREATE A **CATEGORY**

08

새 카테고리의
적 설정하기

—

브랜드 경쟁이 아니라
카테고리 경쟁이다

CREATE A **CATEGORY**

적이 없으면 시장 성장이 어렵다

카테고리의 지배자 category king 가 되려면 기업은 다음의 세 가지에 초점을 맞추어야 한다. 첫째는 고객의 마음속에 새로운 카테고리를 설정하는 것, 둘째는 이 새 카테고리에서 최초의 브랜드로 자리 잡게 하는 것, 셋째는 새 카테고리로 옛날의 카테고리를 공격하여 확산하는 것이다. 이렇게 함으로써 새 카테고리를 소비자의 마음속에 집어넣을 수 있다.

'천연 조미료 다시다'는 어떻게 성공했는가? '천연 조미료'란 제품 개념을 통해 기존 조미료 시장을 '천연 조미료'와 '인공 조미료' 시장으로 양분했다. 천연이라는 차별화 속성은 기존 조미료와는 반대되는 속성이다. 따라서 소비자 마음속에서 기존 브랜드 미원은 천연이 아닌 인공 조미료로 재정의되었다. 이와는 반대로 적 설정을 전혀 고

려하지 않고 자기의 장점만을 강조하여 실패한 애플 뉴튼의 사례를 살펴보자.[1]

모든 제품은 경쟁자를 필요로 한다. 하지만 당시 PDA라는 상품군에서 뉴튼의 적수는 없었다. 그렇다고 뉴튼이 뚜렷이 어떤 제품군에 속해 그 제품군 내의 적수들과 경쟁을 하고 있지도 않았다.

하지만 뉴튼은 전자수첩으로서 상당한 경쟁력을 갖추고 있었다. 당시 전자수첩 시장은 엄청나게 성장하고 있었다. 1994년 한 해 동안 12만 대의 PDA가 판매된 반면 전자수첩은 1,000만 대 이상의 판매 실적을 거두었다. 이때 전자수첩의 1인자인 샤프 위저드의 시장 점유율은 60%였다. 뉴튼이 자신을 전자수첩으로 자처하고 샤프 위저드wizard와 경쟁했다면 충분히 승산이 있었을 것이다.

신제품이 어떤 제품군에 속하는지를 잘못 결정하면, 빨리 인정하고 벗어나야 한다. 그래야 나중에 제대로 된 다른 제품군으로 바꾸어도 사람들이 쉽게 이해하고 받아들인다. 만약에 애플에서 "뜻하지 않게 위저드를 쓸모없는 제품으로 만들었습니다"라는 광고를 만들었다면 사람들로부터 훨씬 큰 관심을 불러일으켰을 것이다. 즉 "뉴튼은 무엇인가?"라는 광고보다 뉴튼을 더 많이 팔았을 것이다.

새로운 카테고리의 상품은 적을 먹고 산다. 적이 없다면 새로운 카테고리의 상품은 빨리 성장하여 시장에 정착하지 못한다. 세상에 나온 수많은 발명품 중에는 상대할 적이 없어서 더 이상 발전하지 못하고 사라진다. 이런 것들은 기존 시장에 존재하지 않는 기발한 개념이긴 하지만 소비자의 마음에 자리를 잡지 못한 것들이다.

알래스카 연어캔

조미료 시장에서 '미풍'은 원조 브랜드인 '미원'과 한판 벌였지만 끝내 성공하지 못하고 철수했다. 그리고 절치부심 끝에 '천연 조미료 다시다'라는 새로운 카테고리를 시장에 내놓았다. 다시다는 대박을 쳐 조미료 시장을 바꾸어버렸다.

마찬가지로 참치캔 시장에서 CJ제일제당의 '워터 튜나'는 원조 브랜드 격인 '동원 참치'와 한판 벌일 태세로 야심차게 내놓았지만 이내 거두어들이고 말았다. 이어서 통조림의 새로운 카테고리 '연어캔, 알래스카 연어'를 시장에 내놓았다. 천연 조미료 다시다처럼 큰 성공을 만들어가고 있다.

이 둘의 사례는 매우 닮았다. '조미료 전쟁'에 비유할 만한 '통조림 전쟁'의 이야기를 다음에서 보자.[2]

'워터 튜나water tuna'는 참치캔에 기름 대신 물을 채워 넣어 지방과 칼로리를 줄인 제품이다. 웰빙well being을 지향하면서 동시에 경쟁사들과 차별화된 제품을 선보이겠다는 의도는 좋았으나 기존 참치캔에 익숙한 소비자들은 워터 튜나를 집어 들지 않았다. 결국 CJ제일제당은 참치 통조림 시장에서 철수하기로 결정했다. 절치부심 끝에 나온 또 다른 통조림이 바로 '알래스카 연어'다.

처음 완성된 연어캔은 연어 스테이크와 비슷했다. 캔에 들어 있는 참치처럼 결대로 조각조각 나뉘는 형태가 아니라 연어 몸통의 순살 부

분이 통째로 들어간 형태였다. 하지만 첫 제품은 내부 품평에서 좋은 평가를 받지 못했다. 여러 차례 시행착오 끝에 참치캔과 비슷한 모양의 연어캔을 만들어냈다.

최근에는 건강과 안전을 우선시하는 웰빙 트렌드에 맞추어 집밥 또는 홈쿠킹 트렌드가 확대되고 있다. 이에 CJ제일제당의 '알래스카 연어'도 집에서도 연어를 쉽게 즐길 수 있는 국내 연어캔 식문화 트렌드를 이끌고 있다. 별도의 손질 없이 간단하게 언제 어디서나 활용할 수 있는 캔 제품을 선보이면서 연어캔의 대중화를 주도하고 있다.

이제 연어캔 '알래스카 연어'는 맛과 영양 면에서 참치캔을 대체할 대항마로 꼽히며 눈에 띄게 시장 확산에 성공하였다. CJ제일제당은 다양한 사용법과 요리 레시피 등을 제공해 소비자들이 더 많이 연어캔을 사용하도록 유도해왔고 스스로 다양한 제품 포트폴리오를 구축하는 등 소비자들의 친숙함을 높이기 위한 노력을 많이 하고 있다. 연어라는 생선이 우리나라 사람들에게 그다지 익숙하지 않고 참치 통조림이라는 인접한 카테고리의 기존 제품이 아직 탄탄한 수요를 유지하고 있는 가운데 거둔 성과라는 점에서 의미를 갖는다. 이제 연어캔은 참치캔을 암묵적인 적으로 설정하여 시장을 확대해나가고 있다.

개가 고양이를 잡아먹는다

찰스 다윈이 주장한 생물계의 끊임없는 생존 경쟁은 브랜드 전쟁에서도 그대로 재현된다. 다만 '개가 개를 잡아먹는 식'이 아니라 '개가 고양이를 잡아먹는 식'이다.[3] 모든 카테고리들은 이웃한 카테고리들을 지배하려 한다.

아이스크림 시장의 하겐다즈
스포츠용품의 나이키
패션 브랜드 구찌나 루이비통

이들은 한결같이 소비자로부터 다른 브랜드와 비교되기를 꺼린다. 이들은 자기 브랜드만을 취급하는 단독 장소를 확보하려고 노력한다. 하겐다즈가 슈퍼마켓에서 자기 브랜드만을 따로 진열하는 냉동고를 구비하고, 소비자들에게 '급이 다른' 브랜드라는 인상을 심어주기 위해 노력을 한다. 이 같은 전략에는 어떤 배경이 있을까?

예를 들어 하겐다즈, 빙그레, 롯데아이스크림이 한 냉동고 안에 섞여 있으면, 소비자들은 브랜드보다 가격에 주의를 기울일 가능성이 높다. 이런 상황에서는 비교적 저렴한 제품을 선택할 확률이 커진다. 그러나 하겐다즈와 다른 브랜드들이 서로 다른 냉동고를 사용해 물리적으로 격리되면, 소비자들은 하겐다즈냐 다른 브랜드냐를 먼저 선택하게 된다.[4] 따라서 소비자들은 영역이 다른 제품으로 간주한다. 이러한 영역 구분 짓기를 통해 카테고리 경쟁에 이르게 된다.

카테고리 포지셔닝

[표 8-1]은 고객의 마음속에 자리를 차지하기 위한 포지셔닝 방법들이다. 그중에서 새로운 카테고리 상품의 경우 가장 유익한 방법은 제품군에 의한 포지셔닝이다. 모든 새로운 카테고리를 기존의 카테고리와 대비되거나 반대되는 자리에 포지셔닝하는 방법을 통해서 소비자의 마음에 진입할 수 있다. 말하자면 기존 카테고리를 적으로 취급하는 것이다.[5]

이처럼 자사 제품을 대체성 있는 다른 제품군과 연계하여 포지셔닝함으로써 다른 제품군을 사용하는 소비자들의 제품(상표)전환을 유도할 수 있다. 즉 표적 시장의 소비자들이 특정 카테고리에 대한 반감을 갖고 있는 경우, 그 카테고리와 다르다는 것을 강조함으로써 제품 전환을 유도하는 경우가 있고, 반대로 어느 카테고리에 대해 소비

표 8-1 포지셔닝 유형

포지셔닝	예
제품속성에 의한 포지셔닝	볼보-안전성, 죽염치약-잇몸질환예방
사용상황에 의한 포지셔닝	게토레이-갈증해소 음료
제품군에 의한 포지셔닝	녹차-커피나 홍차의 대용품
제품 사용자에 의한 포지셔닝	아디다스-리오넬 메시, 질레트-박지성
경쟁적 포지셔닝	매일유업-'바나나는 원래 하얗다'

자들이 호감을 나타낼 경우 동일 카테고리임을 강조하는 포지셔닝을 하게 된다. 많은 녹차 브랜드들이 카페인이 함유되어 있는 커피나 홍차의 대용품으로 포지셔닝하는 경우나, 세안용 도브가 기존 비누 제품과는 달리 건성 피부의 여성에게 적합한 제품이라고 포지셔닝하여 성공한 것이 예가 될 수 있다.

또한 기업은 자사를 카테고리 리더라고 말한다. 코닥은 필름을 의미하고, 제록스는 복사기를 의미한다. 그 외에도 밴드에이드, 크리넥스 등 많은 선도 브랜드들이 카테고리 리더로서 포지셔닝되어 있다.

이처럼 새로운 카테고리를 창조한 상품들은 그 카테고리를 소유하기 위해 카테고리 포지셔닝에 초점을 맞추고 옛날 카테고리를 적으로 설정하여 공격함으로써 소비자의 마음에 진입할 수 있다.

게토레이

전통적인 시장구조가 시장을 제품 중심적으로 파악하는 것과는 달리 소비자 중심적인 시장의 경쟁 구조는 소비자의 인식과 제품의 용도에 바탕을 두고 파악된다. 예를 들면, 음료수 시장의 경쟁 구조는 크게 2단계로 분류될 수 있다. 소비자의 선택 단계별로 보면 1단계의 시장에서는 콜라, 스포츠 이온 음료, 오렌지 주스, 생수, 우유, 탄산음료 등이 경쟁하고 있으며, 2단계에서는 만일 소비자가 스포츠 이온 음료를 마시기로 했다면, 포카리스웨트, 게토레이 등이 소비자의 선택상에서 경쟁하게 된다. 1단계는 제품이 다른 것들끼리의 경쟁이기 때문에 제품간 경쟁(즉 카테고리 경쟁)이라고 하고, 2단계는 동일 제품 계열 내에서 다른 브랜드끼리의 경쟁이기 때문에 브랜드 간 경쟁이라 할 수 있다.

일반적으로 포지셔닝 전략이 시장 세분화와 그에 따른 표적 시장의 선정에 따라서 수립된다. 그러나 아직 미형성된 새로운 카테고리의 경우 시장의 경쟁 구조에 따라서 수립하는 것이 바람직하다. 게토레이가 처해 있는 시장의 경쟁 구조와 포지셔닝에 대해 이와 같은 논리를 적용해보자.

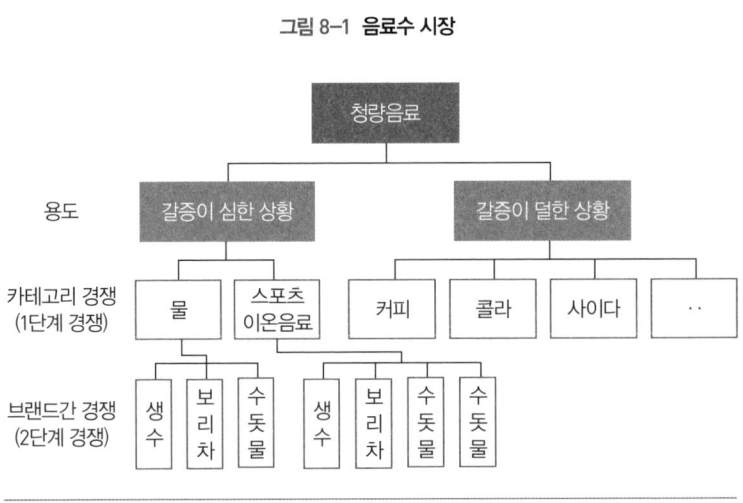

그림 8-1 음료수 시장

경쟁 구조 파악에 따라서 게토레이는 '갈증 해소 음료'로 포지셔닝되고 있으며, '갈증이 심한' 상황에서는 탄산음료, 과즙 음료 등이 부적합하다는 것을 강조하고 있다. 따라서 갈증 해소 음료의 요건으로서, 첫째 달지 않아야 한다는 것을 주장하고, 갈증이 심한 상황에서 소비자들은 물을 주로 마시고 있는데 물이 가지고 있는 단점은 흡수가 느리다는 것이므로 갈증이 심한 상황에서는 물이나 기타 음료수를 마시지 말고 건강음료이면서 흡수가 빠른 게토레이를 마셔달라는 것이다.

중요한 것은 2단계의 브랜드 간 경쟁보다는 1단계의 카테고리 경쟁에 포지셔닝함으로써 더 큰 시장에서 매출 확대를 기대할 수 있다.

양극화하라

- 아이비앤비, 위버, 메소드, 래밀리, 다시다, 허니버터칩.

이들은 모두 암묵적이든 명시적이든 카테고리 경쟁을 하고 있다. 가령 '달콤한 감자칩' 허니버터칩은 '짭짤한 감자칩'을 그리고 '천연 조미료 다시다'는 '인공 조미료'를 암묵적으로 양극화하여 경쟁을 펼친다. 그럼 왜 양극화하는 것일까? 하노 벡이 이야기 한 것처럼 경제학적 이유에서 비롯된 것일 수도 있다. 그의 이야기를 해보자.

슈퍼 카, 세계 여행, 수영장이 딸린 집…. 모든 것을 가질 수 있다면 좋겠지만, 우리가 원하는 것을 모두 가지고 살 수 없다. 때문에 우리는 언제나 무엇을 선택하고 포기할지 고민에 빠진다. 커피숍에서 고르는 음료에서부터 로또 번호를 어떻게 골라야 하는가에 이르기까지 우리는 삶의 매 순간을 선택하는 것이다. 경제학은 이러한 선택의 순간들에서 인간이 최고의 선택을 할 수 있도록 연구하는 학문이다. 하나의 예를 들어보자.[6]

> 우리는 왜 좌우를 나눠 싸우는 것일까?
>
> 하노 벡은 어쩌면 이것이 경제학적 이유에서 비롯된 것일 수도 있다고 주장한다.
>
> 정치 활동에는 상당한 수고가 필요하다. 유권자는 모든 정당의 공약집을 읽고 자신과 국민에게 어떤 영향을 미칠지 판단해야 한다.
>
> 그러나 유권자 대부분은 정책을 분석할 시간도 없고, 그것을 귀찮다고 여긴다. 심지어 공들인 수고에 비해 자신이 미칠 수 있는 영향력은 너무나 미비하다.
>
> 경제학적으로 판단하면 정치적 의견을 형성하는 수고는 효율성이 떨어지는 행위인 것이다. 이때 좌우 이념이 등장한다. 정당들이 사회보장 제도, 경제 발전 등 명확한 이미지로 나뉘는 순간 유권자는 선택의 수고를 덜어낼 수 있게 된다.
>
> 결국, 대중은 정당의 공약들을 분석하는 대신 간단하게 좌우로 판단하는 것을 선택한다. 인간의 경제학적 판단이 진영 논리를 탄생시킨 것이다.

마찬가지로 새로운 신제품을 내놓을 때 이전의 카테고리와 양극화하는 순간 소비자는 선택의 수고를 덜어낼 수 있게 된다. 특히 새로운 카테고리의 경우 소비자에게 아직 알려져 있지 않은 상태이므로 이를 설명하는 가장 효율적인 방법은 이전의 카테고리를 적으로 설정하여 대비시키는 것이다.

달콤한 감자칩 vs 짭짤한 감자칩

해태제과는 원조 브랜드가 떡 버티고 있는 감자 스낵 시장에서 후발 브랜드로서 정면으로 도전하지 않고 '대안 제품'으로 '달콤한 감자칩' 허니버터칩을 론칭하였다.

'달콤한 감자칩'은 '짭짤한 감자칩'과 암묵적으로 양극화하였다. 이렇게 함으로써 브랜드 간 경쟁이 아니라 카테고리 경쟁으로 몰아갔다. 즉 '개가 개를 잡아먹는 식'이 아니라 '개가 고양이를 잡아먹는 식'으로 경쟁을 이끌어간 것이다. 이처럼 허니버터칩은 명시적이든 암묵적이든 '동종'보다는 '이종'에서 적을 설정하여 시장을 공략하였다. 그래야만 달콤한 감자칩이 하나의 새로운 카테고리로서 부각될 수 있기 때문이다.

그리고 외형상으로는 동종 간에 적을 친절히(?) 맞이하였다. 새로이 진입하는 후발 주자들에 관심을 두지 않았다. 신정훈이 쓴《허니버터칩의 비밀》에 나온 다음 내용을 보면 오히려 적을 친절히 맞이하는 듯한 느낌을 갖게 된다.[7]

수미칩 허니머스타드, 오감자 허니밀크, 케틀칩 허니앤버터맛, 꼬깔콘 허니버터맛, 스윙칩 허니밀크, 돌풍감자 허니치즈맛, 통감자 허니버터맛, 달콤버터 왕감자, 프링글스 허니머스타드, 쌀로별 허니버터맛, 울트라짱 허니버터맛, 허니스타 허니+버터….

넘겨도 넘겨도 리스트는 끝이 없었다. 허니버터칩이 나온 뒤 허니가 들어가거나 버터가 들어가거나 허니와 버터가 함께 들어간 스낵이 연속적으로 쏟아져나오고 있었다.

스낵뿐만이 아니었다. 식품 전반으로 카테고리를 넓히면, 이런 제품은 더 많았다.

고소허니팝콘, 립파이 허니버터, 츄릿 허니시나몬, 허니버터 아몬드, 허니버터리스크, 허니크림치즈라떼, 허니버터라떼, 허니커리치킨, 허니글레이즈드, 허니버터쥐치포, 허니버터오징어….

거기다 먹을거리를 넘어서 화장품(허니버터팩, 허니버터시트마스크)과 주택 시장(달달한 신혼부부를 위한 신축빌라 '허니버터빌')까지, 허니와 버터를 차용한 제품들이 줄을 잇는 상황이다.

보통 이럴 때는 우리가 오리지널이라는 것을 강조해 광고를 하거나, 타사의 카피가 지나치다는 식으로 보도자료를 내는 것이 일반적이다. 심하다 싶은 경우에는 상표권 소송을 벌이는 경우도 있다. 하지만 지금 상황에서 올바른 대응일까? 어쩌면 유사 제품들은 허니버터칩이 하나의 트렌드, 아이콘이 되는 데 일조하고 있는 건 아닌가?

농심의 수미칩 허니머스타드, 오리온 오감자 허니밀크, 롯데 꿀먹은 감자칩 등의 등장은 오히려 '허니버터칩'이 원조로서 더 부각되도록 하는 계기를 만들어주었고, 궁극적으로 시장 규모를 확대하는 측면에서 기여를 해준 것이다.

비현실적인 바비 인형은 가라!

"비현실적인 바비인형은 가라"면서 낭랑히 외치는 현실적인 몸매의 인형이 나타났다. 이름은 '래밀리'다. 빼빼마른 '바비' 인형과 달리 뱃살과 허벅지살, 흉터에 여드름까지 있어 평범한 여성들의 모습과 비슷하다. 이는 미국 19세 여성의 평균 몸매를 기준으로 만들었다. 또 래밀리는 화려한 드레스를 입었던 바비 인형과 달리 티셔츠와 청바지, 운동화 등 거리에서 흔히 볼 수 있는 소박한 패션을 갖추고 있어 눈길을 끈다.

래밀리의 제작자 그래픽 디자이너 니콜레이 램은 "'진짜가 아름답다'라는 메시지를 전하고 싶었다"며 "인형의 모습이 모두와 비슷하다면 소녀들이 자신의 외모를 자책하지 않을 것"이라고 설명했다.

'래밀리'는 비현실적인 몸매로 지탄을 받아온 '바비' 인형의 대항마로 등장했다. 바비 인형은 "미의 기준을 왜곡한다", "외모 지상주의를 부추긴다"는 지적을 받아왔다.[8]

욕먹는 속옷, 칭찬받는 속옷

세계 최대 란제리 브랜드 빅토리아 시크릿은 늘씬한 모델들과 섹시한 콘셉트의 속옷으로 인기를 누려왔다. 빅시는 2014년 광고에서 마른 체구의 여성 모델들을 등장시킨 뒤 '완벽한 몸 Perfect Body'이라는 문구를 넣었다가 여론의 뭇매를 맞았다. '나는 완벽해'라는 해시태그를 단 사용자들의 항의성 셀카가 빗발쳤다. 과도한 포토샵 사용도 비판

받고 있다. 빅시의 2015년 9월 광고 사진에서는 모델의 엉덩이와 허벅지에 적나라한 포토샵 수정 흔적이 포착됐다. 그러자 '말라야만 예쁘다'는 잘못된 인상을 심어준다는 비판이 빗발쳤다.

반면 마른 모델과 포토샵을 없앤 마케팅으로 최근 주목받는 속옷 브랜드가 있다. 캐주얼 브랜드 '아메리칸 이글'의 속옷 브랜드인 '에어리Aerie'다. 2006년 출시된 에어리는 2014년부터 광고사진에 포토샵을 일절 사용하지 않았다. 요즘 여성들은 포토샵을 쓴 이미지를 의식적으로든 무의식적으로든 구분할 줄 안다. 꼼수를 쓰는 브랜드는 더 이상 믿지 않는다.

모델들도 흔히 볼 수 있는 몸매다. 빅시의 비현실적인 몸매와는 다르다. 최근에는 플러스 사이즈 모델인 바비 페레라를 기용하기도 했다. '바비와의 솔직한 대화'라는 캠페인 영상에서 분홍색 비키니를 입은 바비는 접힌 뱃살을 있는 그대로 내보였다.[9]

궁중 화장품, 더 히스토리 오브 후[9]

LG생활건강은 대한민국 명품 시장이 100조 원 시대가 도래하면서 또 한 번의 도약의 기회를 맞이하였다. 그렇지만 명품 화장품은 외국 제품들이 국내 시장을 장악하고 있었다. 다만 '한국의 미'의 자존심으로 '한방 화장품'만큼은 예외적이다. '가장 한국적인 것이 가장 세계적이다'라는 격언처럼.

한방 화장품의 원조는 '설화수'다. 사실 설화수는 1966년도에 세계 최초로 개발한 'ABC 인삼크림'으로 거슬러 올라간다. 이후 '설화'라는 이름으로 1980년대 말에 출시되었고, 1997년 현재의 '설화수'라는 이름을 갖게 되었다. 동양적인 분위기에 한방 생약 성분을 특징으로 한 제품으로 출발한 설화수는 최초의 한방 화장품 시장을 공략하여 2015년 기준 1조 원을 달성한 국내 최고의 장수 브랜드로 성장하였다.

'한방 화장품' 말고, '궁중' 한방 화장품으로

LG생활건강 화장품 사업부는 이자녹스의 성공 여세를 제2도약을 위해 한방 화장품 시장에 진입하기로 하고 준비 단계에 들어갔다. 초기에는 설화수가 공략하지 않은(당시 설화수는 백화점과 방문판매를 주력 채널로 운영하고 있었음) 화장품 할인점(로드숍)에서 설화수 대비 합리적인 가격의 한방 화장품을 출시하는 방향으로 검토하였다. 물론 타당한 발상이었다.

그러나 검토 과정에서 방향을 바꾸어 프리미엄 시장을 공략하기로 하고 한방 화장품의 원조 브랜드 설화수를 정면으로 도전하지 않고 새로운 '대안 제품'에 초점을 맞추었다. 그렇다면 15년이 넘은 한방 화장품의 원조 설화수가 떡 버티고 있는 시장에서 어떻게 차별화된 대안 제품을 만들었는가?

'대안 제품'으로서 기존 제품 범주의 특성과 대비되는 속성이나 편익을 사용하여 콘셉트를 정의하면 선도 브랜드보다 우월한 브랜드 콘셉트를 만들 수 있고, 새로운 제품 범주를 만들어 기존 시장에서 선두 브랜드를 추월할 수 있다.

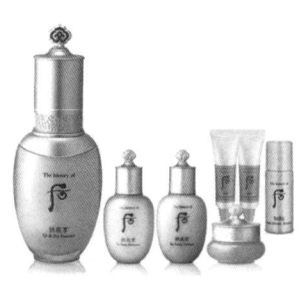

아사히 맥주가 '드라이 맥주'를

출시했을 때 기린맥주의 강점은 부모 세대로부터 즐겨 마시던 최고의 '라거 맥주'를 생산하고 있다는 전통과 명성이었다. 바로 이 점이 젊고 시원하며, 서양적인 이미지를 추구하던 신흥 시장에서는 커다란 약점으로 작용했다.

설화수 역시 우리 엄마 세대들이 좋아하는 고가 한방 화장품의 대표 브랜드로 각인되어 있었다. 특히 '우리 엄마 세대가 쓰는 화장품'으로서 전통과 신뢰의 이미지를 확고히 가지고 있었다.

하지만 이러한 설화수의 강점이 성공한 상류층이나 사회생활이 활발한 40대층에서는 오히려 단점으로 작용하였다. 왜냐하면 엄마들이 쓰는 한방 화장품으로 각인되어 있었기 때문이다. 이런 단점을 극복한 대안제품으로 '궁중'을 모티브로 한 한방 화장품으로 하여 젊은 세대 즉 사회적으로 성공한 상류층이 쓰는 한방 화장품으로 양극화를 시도하였다. 이름 하여 '궁중' 한방 화장품이라는 새로운 카테고리가 탄생되었다.

'궁중'을 모티브로

궁중 화장품으로서 '궁중'을 모티브로 한 브랜드 콘셉트에 바탕을 두고 네이밍, 디자인 등의 작업이 이루어졌다. 특히 네이밍이야말로 콘셉트를 전달하는 최대의 매개로서 궁중의 콘셉트를 담은 '더 히스토리 오브 후'로 네이밍하였다. '후'는 우리나라 전통 악기 해금의 이미지에서 차용한 한자 后(후)를 브랜드명으로 하였다. 특히 한자를 사용하는 아시아권 고객들은 왕후王后를 떠올리게 하는 '후'만 봐도 총체적인 브랜드 콘셉트를 파악할 수 있다. 물론 브랜드 출범 당시로부터 글로벌 시장, 그중에서도 아시아를 염두에 두었다고는 볼 수 없지만, 그러나 '후'를 네이밍한 것은 궁중과 왕후의 연관성 등 탁월한 선택이었다. 이러한 브랜드명은 왕후의 아름다운 모습으로 형상화되어 디자인되었다. 브랜드 로고는 서예가 손숙옥 님의 서체를 활용하여 해금의 부드럽고 청아함을 모티브로 하여 더 히스토리 오브 후 서체를 심볼화하였다. 브랜드 칼라 또한 골드와 호박$_{amber}$의 차분함과 왕실의 화려한 기품을 표현하는 색상을 사용하였다. 디자인은 연꽃 전통 문양 왕관을 형상화하여 호박 보석을 연상시켰다.

이처럼 브랜드명, 브랜드 로고, 칼라 그리고 디자인이 한데 어우러져 궁중 비법을 담은 '궁중' 한방 화장품 '후'는 기존 한방 화장품과 다른 프리미엄 한방 화장품으로 자리를 잡았다.

CREATE A **CATEGORY**

09

새 카테고리 확산하기

—

브랜드보다 카테고리를 홍보하라

CREATE A **CATEGORY**

카테고리 수명 주기 관리

생물체와 마찬가지로 카테고리 역시 태동기, 성장기, 성숙기, 쇠퇴기를 거치는 수명 주기([표 9-1])를 가진다. 따라서 카테고리 수명 주기에 따라 관리 방법을 달리해야 한다. 9장에서 11장에 걸쳐 카테고리 수명 주기 관리에 대해서 사례들과 함께 설명할 것이다.

초기 시장

아직 제품 카테고리가 미형성되어 있는 상태에서 처음으로 진입하는 개척자는 제품 카테고리를 규정하는 편익을 자사 브랜드와 연관하여 포지셔닝하는 것이 중요하다. 특히 새로운 카테고리의 확산을 위해 브랜드보다 카테고리 홍보에 집중해야 한다. 이렇게 함으로써 새 카테고리의 확산에 주력할 수 있다.

이에 대해서는 '9장 새 카테고리 확산하기'에서 다양한 사례들과 함께 설명할 것이다.

성장 시장

점차 시장이 성장하여 같은 제품 카테고리에 다수의 브랜드가 후발로 진입한다. 이제 제품 카테고리명이 생기고 경쟁 브랜드들은 제품 카테고리명에 의해 집단화된다. 후발 진입자는 제품 카테고리 욕구를 충족하면서 선발자와 차별화를 시도한다. 이제 제품 카테고리 내 경쟁 브랜드와 차별화된 속성-편익과 관련하여 포지셔닝한다. 이런 시장 상황에서 선도자는 원조 브랜드로서 확실한 위치를 구축하여 진입장벽을 만들어야 한다.

이에 대해서는 '10장 새 카테고리의 경쟁자 차단하기'에서 다양한 사례들과 함께 설명할 것이다.

표 9-1 카테고리 수명 주기 관리

수명주기	시장 상황	카테고리 관리
초기 시장	• 최초 진입상표(개척자) • 제품 카테고리의 미형성	• 브랜드보다 카테고리 홍보 • 제품 카테고리 욕구와 연관 또는 소속하여 포지셔닝
성장 시장	• 동일 제품 카테고리에 다수의 브랜드 진입 • 제품 카테고리 명칭이 생김	• 원조 브랜드의 존재 강화 • 후발 진입자는 제품 카테고리 욕구를 충족하면서 선발 진입자와 차별화 시도
성숙 시장	• 카테고리 분화 • 시장이 성숙화되면서 계층적 구조 형성	• 시장의 역동성에 대응하여 연관성 유지 • 원래의 제품 카테고리를 충족시키면서 다른 하위 카테고리의 형성 • 후발 진입자 또는 도전자는 의도적인 시장 분화 시도

성숙 시장

성숙 단계에 이르게 되면서 카테고리가 약화되거나 변화에 직면하게 된다. 선발자는 시장의 역동성에 대응하여 연관성을 유지하는 것이 중요하다. 또한 과잉 성숙 시장에 이르게 되면서 시장의 정체 내지 쇠퇴로 접어들어 새로운 하위 카테고리가 형성된다. 이제 기업들은 우수한 제품 개발에 투자해서 새로운 하위 카테고리를 창조하고 기존 브랜드를 훌쩍 뛰어넘는 것이다. 단순히 동등한 제품을 보유한 참여자의 지위에 만족하는 대산 해당 하위 카테고리를 완전히 점령하거나 적어도 실질적이고 변혁적인 혁신을 이루어 선도하는 주체가 되는 것이다. 반면 후발 진입자 또는 도전자는 의도적인 카테고리 분화를 시도하면서 원래의 제품 카테고리를 충족시키면서 다른 제품 또는 카테고리와 차별화하려는 노력을 기울이게 된다.

이에 대해서는 '11장 카테고리의 약화나 변화에 대응하기'에서 다양한 사례들과 함께 설명할 것이다.

혁신 확산

새로운 제품들이 소비자들의 선호를 불러일으켜 소비가 한 사람에게 채택$_{adoption}$되어가면서 거시적으로 사회에 확산되어간다. 기업에서 창출된 신제품이 소비자들에게 어떻게 전파되어 시간이 경과함에 따라 이 사회에 확산되어가는가에 대한 연구는 혁신 확산$_{diffusion\ of\ innovation}$ 연구에 잘 담겨져 있다. 확산 현상은 어디에서나 발견할 수 있다. 자연 현상에서는 맑은 물이 들어 있는 컵에 붉은 잉크를 떨어뜨리면 물이 붉게 변하는 경우와 같이 볼 수 있고, 생물 현상에서는 전염병이 이웃으로 번져가는 현상 등에서 볼 수 있다. 경영 현상에서는 새로운 아이디어가 창출되어 이웃으로 번져가는 현상이나, 스마트폰 같은 새로운 제품이 출현하여 전 세계적으로 사용되면서 생활 스타일이 변화되어가는 현상에서 볼 수 있을 뿐만 아니라, 종교에서도 기독교의 복음이 사도 바울 같은 이들을 통하여 로마로 전파되어 가는 현상에서도 볼 수 있다. 인간은 심리적이고 사회적 동물로서 더불어 살아가면서 서로 영향을 받고 있으며 이러한 영향 관계를 통하여 창출된 새로운 아이디어가 인간들의 필요와 욕구$_{\text{needs and wants}}$에 부합되면 채택하게 되며, 채택이 집합적으로 나타날 때 확산이 이루어진다.

이처럼 새로운 아이디어와 제품이 창출되어 전파되면서 사회 변화까지 연결되는 전 분야에서 다루어질 수 있다. 이 분야의 연구가 처음으로 나타난 학문은 농촌사회학에서였다. 1941년 아이오와 주립대학교의 농촌사회학자인 라이언$_{\text{Ryan}}$과 그로스$_{\text{Gross}}$는 두 개의 자그마한 공동체에서 살고 있는 259명의 농부들과 인터뷰를 통해 농부들이 언제, 어떻게 옥수수 잡종씨앗을 수용하는가를 밝혔다.[1]

> 라이언과 그로스가 분석하고 있는 잡종 옥수수 혁신$_{\text{the innovation of hybrid corn}}$은 1928년 아이오와 주 농부들에게 처음으로 소개되었을 때, 1930년대에서 1950년대까지 전체 농협혁신 중에서 농업혁명에 해당할 정도로 중요한 것으로서 이 씨앗을 채택한 농부들에게 주요한 행동변화를 가져다주었다.

1928년에서 1941년 사이에서 아이오와에 거주하는 259명의 농부들 사이에 2명을 제외하고 전부 이 씨앗을 채택하는 과정에서 확산 패턴이 존재하였다. 이 패턴은 처음에는 서서히 확산되다가 혁신에 대한 주위의 합의가 일어나면 빠르게 확산이 이루어지다가 마지막에 다시 서서히 일어난다. 1928년 소개 후 첫 5년 후인 1933년경 아이오와 주의 농부들 중 10%만이 채택하였는데, 그 뒤 3년 후인 1936년 경우에는 40% 수준까지 도약하였으나 그 이후 1941년까지 채택률은 하락하기 시작하였다.

처음 채택한 농부들은 어떤 특성이 존재하였는데, 그들은 큰 농장, 높은 소득을 가지고, 고등교육을 받은 사람들이었으며 세계 지향적인 정신을 가지고 있었다. 잡종씨앗은 그 당시 다른 씨앗보다 상대적 이점을 지닌 혁신이었지만, 농부들 사이에서 혁신을 처음 인지하는 단계에서 채택에 이르는 단계까지의 기간은 평균 9년이 걸려 천천히 이루어진 것으로 나타났다.

이들 농부들 사이의 경험이 누적되어가면서, 농부와 농부 사이에서 활발한 정보 교환이 이루어졌고 빠른 확산이 이루어졌다. 라이언과 그로스는 이러한 혁신이 일종의 사회적 눈덩이social snowball처럼 아이오와 주에 번져갔다고 주장하였다. 상호작용하는 집단에서 영향력이 있는 사람들이 그 동료들의 행동에 영향을 끼치기 때문에 소수 농장에서 잡종씨앗이 성공하면 채택 의도가 그다지 강하지 않았던 농부들에게 새로운 자극을 주어 채택이 유도되었다. 즉, 확산 과정에 있어서 대인 간 네트워크interpersonal network가 중요한 역할을 수행한 것으로 나타났다.

라이언과 그로스의 분석에서 나타났듯이 하나의 혁신이 채택자들에 의해 채택되어가는 과정에는 몇 가지 요소가 관련되고 있다. 첫째, 잡종 옥수수 씨앗이라는 혁신이 존재하여야 하며, 둘째, 미국 아이오와 주 농촌이라는 사회 체계social system를 전제하여야 한다. 셋째, 정보가 전달될 수 있는 대인 네트워크를 통한 커뮤니케이션 경로

communication channels가 존재하여야 한다. 넷째, 1928년에서 1941년 사이의 시간time이 관련되어 있다. 다섯째, 혁신을 사용하려는 채택자adopters와 어떠한 이유로 혁신을 채택하지 않으려는 비채택자들nonadopters의 채택자 범주가 있다. 따라서 혁신 확산에 관한 기본 구조는 혁신, 커뮤니케이션 경로, 사회체계, 시간 그리고 채택자 범주라는 요소들이 함께 상호작용함으로써 나타나게 되는 역동적 과정이다.

이처럼 혁신 확산의 과정은 새로운 카테고리를 창조한 상품에 잘 나타난다. 따라서 시장에 존재하지 않던 제품을 내놓을 때 초기의 혁신 확산 과정을 잘 이해해야 한다.

어떻게 마음속에 진입할 수 있는가?

새 카테고리에 도전하는 새 브랜드를 출시하려면 넘어야 할 장애물이 많다. 새 카테고리 상품은 아직 시장에 존재하지 않는다. 따라서 이에 대한 신뢰의 확보와 인습의 극복이라는 문제가 대두된다. 이에 대해 알 리스와 로라 리스는 그들의 저서 《브랜드 론칭 불변의 법칙》에서 이렇게 설명했다.[2]

첫 번째 장애물은 '신뢰도'다. 새로운 카테고리 상품은 아직 시장에 존재하지 않기 때문에 신뢰도가 없다. 특히 광고로 접근할 때는 더욱 그렇다. '성교 불능 치료제' 비아그라는 광고를 등에 업고 출시되었다면 결코 성공하지 못했을 것이다. 광고는 신뢰도가 미약하다. 효과적인 광고가 되려면 신뢰감이 필요한데 이것은 제3자가 제공해줄 수 있을 뿐이다. 제3자란 친구, 이웃, 친척 그리고 특히 언론매체다. 따

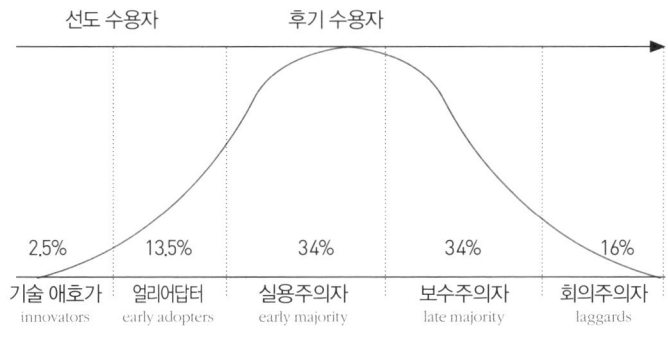

그림 9-1 혁신 성향에 따른 소비자 집단의 유형화

라서 새 브랜드 출시를 위한 가장 효과적인 마케팅 방법은 입에서 입으로 소문이 돌게 하는 것이다.

두 번째 장애물은 '인습'이다. 사람들은 '인습적인 것'을 사고 싶어 한다. 다른 사람들 눈에 띄는 것을 싫어하기 때문이다. 물론 전통이 100% 확실한 기준이 된다면 새로운 콘셉트는 어떤 것이건 이륙이 불가능할 것이다.

하지만 다행히도 소비자들 중에는 자신을 비인습적 사람으로 여기고 새로운 것을 추구하는 사람들이 있다. 새 브랜드 출시 비법은 이 비인습적 그룹의 사람들(즉, 혁신가 또는 초기 사용자라고 부르는 사람들)을 동원하는 것이다.

완전히 비인습적인 제일 아래 계단(혁신가 또는 초기 사용자)에서 완전히 인습적인 제일 높은 단계(후기 다수자 혹은 혁신 지체자)까지 올라가는 데는 시간이 걸린다. 이는 로저스의 혁신 채택 과정에서 혁신 성향을 기준으로 사회 구성원들을 범주화해 혁신가, 초기 채택자, 초기 다수자, 후기 다수자, 혁신 지체자 등 다섯 집단으로 구분하여 설명하고 있다. 따라서 [그림 9-1]의 혁신 확산 그래프를 '인습의 사다리'라 부를 수 있을 것이다.

그렇다면 새로운 카테고리 상품의 경우 초기 혁신 확산 과정에 있어서 소비자의 마음속에 진입하기 위하여 신뢰도 획득과 인습의 장애물을 어떻게 극복해야 하는가? 다음에서 몇 가지 방법들을 살펴보자.

첫째, 개척자가 학습 과정을 이끌어간다
둘째, 홍보해야 할 대상은 카테고리다
셋째, 비인습적 그룹의 사람들 동원하기
넷째, 소문내기
다섯째, 공감하기

개척자가
학습 과정을 이끌어간다

얼마 전 집안 분위기도 바꾸어볼 겸 거실에 냉장고의 위치를 바꾸었다. 그동안 놓여 있었던 위치를 바꾸자 집안 분위기가 확 달라졌다. 집안 가족들 모두 거실 분위기가 훨씬 밝아졌다고 좋아들 한다. 그런데 재미있는 일이 벌어졌다. 물을 마시기 위해 컵을 들고 물병을 꺼내려고 냉장고로 향한다. 모두가 한결같은 행동에 박장대소를 한다. 옮기기 전 원래 있던 위치로 물병을 꺼내려 간다. 지금까지 해오던 습관이 나도 모르게 과거의 냉장고 위치로 향하게 된다.

마찬가지로 우리의 구매행동도 같은 패턴을 보인다. 기업이 기존 제품을 단순히 업그레이드했다면 혁신적이지는 않지만, '새롭고 향상된' 제품으로 받아들여질 수 있을 것이다. 그러나 기존 제품을 변화시키는 것은 한편으로는 기업에게 매우 위험한 일일 수 있다. 제품의 변화는 소비자의 습관적 구매행동을 방해할 수 있기 때문이다.

새로운 카테고리 제품이 시장에 채택_adoption_ 되기 위해서는 기존에 형성되어 있는 자동화된 소비 습관이나 고정관념을 바꿔야 한다. 그렇지 않으면 한 소비자의 마음속에 들어갈 빈 영역이 없다. 따라서 이러한 빈 영역을 마련하기 위해서는 소비자의 소비 습관을 새로이 형성함으로써 소비자의 마음속에서 새로운 수요를 일으켜 새로운 시장의 기회를 만들어낸다.

여기서 소비자의 소비 습관을 새로이 형성하기 위해서는 설득이 필요하다. 설득은 곧 구매자 학습이다. 구매자 학습이 가장 확연히 드러나는 경우는 소비자가 세상에 처음으로 등장한 제품들, 가령 가정용 로봇, 디지털 수첩 혹은 인터넷 서비스 등을 접할 때다. 세상에 처음 등장한 제품을 성공적으로 출시한 선발 진입자, 혹은 개척자 _pioneer_ 는 매우 어려운 당면 과제에 부딪힌다. 이때는 제품에 대한 지식도 없고, 가치에 대한 개념도 없으며, 제품을 선택해본 경험도 없는 상태다. 따라서 선발 진입자의 핵심 목표는 구매자들에게 그 제품의 중요한 측면에 대해 가르치는 것이고, 가치의 개념을 창조하는 것이며, 선도자의 브랜드를 선택할 수 있는 논리를 창조할 수 있도록 도와주는 것이다.

이처럼 소비자를 구매자로 만들기 위해서는 설득이라는 학습이 필요하다. 성공적인 개척자들은 구매자를 학습시키고, 그 결과 학습의 지속적인 영향이 시장에 작용한다. 이러한 결과들로 개척자들은 흔히 인지적으로 독특하게 부각된다. 예를 들어 리바이스, 제록스, 코카콜라처럼 우리는 쉽게 그들을 기억해내고, 흔히 그들 브랜드명을 제품 카테고리 전체와 관련짓는다. 더욱이 개척자는 흔히 소비자들이 중요시하는 가치의 개념을 확립하는데, 그러한 가치의 개념은 수십 년 동안 지속되기도 한다. 예를 들면 리바이스는 '오래 입을 수 있어야 하고, 질기며, 시간이 지나온 모양이 변하지 않아야 한다'는 청바지에 대한 가치를 확립했다. 이 기업은 100년이 넘도록 청바지 카테고리를 정의했다.

요약하자면 개척자가 진입하기 이전의 시점에서 구매자의 마음속에 그 제품 카테고리는 아직 존재하지 않은 상태다. 이러한 상황은 개척자가 자신의 브랜드에 대한 그리고 실제적으로는 전체 제품 카테고리에 대한 가치 제안을 확립할 수 있는 기회를 만들고, 이를 통해 개척자 브랜드에 대한 인지를 창조하고 브랜드 선택의 논리를 확립하게 한다. 바셀린 석유 젤리 Vaseline petroleum jelly의 경우 이러한 개척자 우위를 잘 설명해준다.[3]

> 바셀린 브랜드는 1880년에 도입되었고, 다른 어떤 경쟁 제품도 '따라올 수 없는 순수함'을 가진 치료약으로 광고되었다. 이것은 많은 구매자의 시각에서 석유 젤리 제품군을 반투명의, 매우 순수한 젤gel로 정의하게 했다. 바셀린이라는 브랜드를 통해서 석유 젤리를 접한 구매자들은 반투명의 매우 순수한 젤은 효과적인 치료제임을 배웠고, 이로 인해 석유 젤리의 효과성은 반투명함과 순수함에 있다고 추론했다. 그 당시, 다른 상처 치료제가 검은 콜타르 cola tar 추출물을 만들어졌는데, 이것은 순수함과 반투명성 모두를 가지고 있지 않았다. 이어지는 시도와 광고는 구매자들이 바셀린의 우위에 대한 생각을 더욱 강화

시켰다. 이렇듯, 반투명성은 불투명한 것에 비해서 더 선호되었고 브랜드 평가에서 더 중요하게 고려되었다. 더욱이 바셀린은 제품군 개척자였기 때문에 모든 후발 브랜드들과 비교되었고, 단순히 바셀린이 아니라는 이유로 무언가 부족하다고 인지되었다. 바셀린을 모방한 브랜드 역시 그들이 차별점이 없는 것으로 보였기 때문에 어려움을 겪었다.

소비자들을 교육시키려 들지 말라?

2005년에서 2011년까지 애플의 월드와이드 마케팅 커뮤니케이션의 부사장으로 근무했던 앨리슨 존슨Allison Johnson은 스티브 잡스와 직접 소통하는 몇 안 되는 애플 사람 중 한 명이었다. 존슨에 따르면 스티브 잡스 치하에서 가장 꺼려지고 미움을 받아왔던 단어 두 가지는 '브랜딩'과 '마케팅'이었다고 한다. 그러나 마케팅과 브랜딩을 혐오했으면서도 잡스는 이를 현명하게 운용할 줄 알았다.[4]

그녀는 이렇게 회상한다. "사람들이 브랜드를 텔레비전 광고나 여타의 인위적인 것들과 연결시켜 떠올린다고 스티브는 마음속으로 생각했던 것 같아요. 가장 중요한 것은 제품 자체가 사람들과 관계를 맺는 것인데… 그래서 어떤 때는 '브랜드는 더러운 말'이라고 말했던 적이 있습니다."

마케팅은 애플이 최고로 잘하는 것이 아니던가? 어떻게 애플의 월드와이드 마케팅 수장이 애플 안에서 마케팅이 더러운 단어였다고 주장할 수 있지?

이 같은 비핸스Behance의 CEO인 스콧 벨스키Scott Belsky의 질문에 그녀는 이렇게 대답한다. "애플은 신제품의 론칭 캠페인을 대중을 대상으로 하는 대규모의 교육으로 간주했어요. 애플이 만들어낸 신제품을 사람들이 사용하게 되면서 얻게 될 대단한 경험을 효과적으로 커뮤니케이션 하는 것으로."

'전대미문'의 놀라운 제품을 세상에 선보인다면 소비자를 대상으로 하는 알기 쉬운 교육은 꼭 필요한 부분이다. 스티브 잡스는 '소비자들을 교육시키려 들지 말라'는 마케팅계의 오래된 격언을 정면으로 거부했던 것이다.

최초의 스마트폰을 개발한 노키아는 왜 실패했나

150년 전통의 노키아는 종이, 고무장화, 타이어, 케이블과 TV까지 생산하던 종합 기업이었다. 그러나 1993년 노키아는 폭발적인 수요를 보인 휴대전화 시장에 전념하기 위해 다른 사업들을 다 포기했다.

2011년까지 세계 1위를 유지하던 노키아 휴대전화를 안 가진 사람이 별로 없을 정도였고 40%를 웃도는 시장 점유율로 세계 시장을 완전히 장악했다. 이처럼 노키아는 한때 아날로그 휴대폰 시장의 최강자였다.

그러나 아이폰이라는 스마트폰이 등장하면서 노키아는 오늘의 나락으로 떨어졌다. 노키아는 스마트폰으로의 방향 전환에 실패해 이런 결과를 가져온 것이다.

하지만 노키아는 SMS(휴대전화 단문 메시지), 전자우편, 팩스, 인터넷 기능 등을 하나로 모은 최초의 스마트폰을 개발했던 기업이었다. 2000년에 출시된 최초의 스마트폰이라고 할 수 있는 에릭슨 380 모델에 터치스크린을 이미 장착했다. 노키아·에릭슨·모토롤라·마쓰시타가 초기에 공동으로 개발하고 2008년 노키아가 독점 사용하기 위해 인수한 스마트폰 운영 시스템인 심비안의 최초 버전을 사용하고 있었다.

아이폰이라는 기기의 등장에 하드웨어의 실패에 이어 구글의 안드로이드 OS의 출현은 노키아의 이런 소프트웨어 시장에서의 경쟁력도 무너뜨렸다. 아이폰과 안드로이드의 등장에 노키아는 패배자가 된 것이다.

노키아는 심비안을 인수한 덕분에 소프트웨어에서 역량을 보유한 휴대폰 제조업체였음에도 하드웨어의 우위성을 확신하는 엔지니어 문화와 시대 변화를 제대로 감지하지 못했고 스마트폰, 태블릿 PC업계에서 최초 개발을 했지만 시장 적기를 놓쳐 몰락의 단초를 제공했다.

전문가들은 노키아의 실패 요인을 이렇게 말한다. 대중이 수용하기 힘든 너무 이른 시기에 제품을 개발했기 때문이라고 한다. 하지만 이른 시기보다는 애플처럼 소비자들에게 설득을 하지 못했다. 즉 혁신적인 최초의 제품을 개발했지만 소비자에게 스마트폰의 필요성과 개념들을 이해시키지 못했던 것이다.

홍보해야 하는 대상은 카테고리다

브랜드보다는 새로운 카테고리를 만들어서, 이 카테고리가 시장에서 승리하도록 하는 것을 최종 목표로 설정했다면 브랜드는 걱정하지 말고 이 카테고리의 든든한 주창자가 되라. 카테고리가 승리하게 되면 브랜드도 자연스레 승리하게 된다. 아사히 수퍼드라이는 드라이 맥주 카테고리의 주창자였다. 드라이 맥주라는 새로운 카테고리가 맥주 시장을 차지하자 아사히 수퍼드라이도 같이 축배를 들었다. 이처럼 새로운 카테고리를 창조한 경우 카테고리와 더불어 브랜드를 만들어야 한다. 그래야만 브랜드와 카테고리 사이의 연계성을 강화하여 원조 브랜드가 될 수 있다.

알 리스와 로라 리스의 공동 저서 《브랜딩 불변의 법칙》에서 동시에 다음의 두 가지를 수행해야만 한다고 강조하였다.

첫째, 그 브랜드를 출시할 때 최초이거나, 리더거나, 개척자나, 오리지널이라는 인식을 창출해야 한다. 브랜드를 소비자들에게 알리기 위해 이들 중 하나의 단어를 선택해 묘사하는 것이 필요하다.

왜냐하면 어떤 카테고리를 선점했다는 사실로, 소비자들은 그 기업의 차별성을 강하게 인식하기 때문이다. 소비자들은 최초의 제품이 오리지널이며 그 나머지는 유사품이라고 생각한다. 그리고 오리지널은 지식과 전문성에 유사품보다 뛰어나다고 인식한다. 프랑스 생수업체 에비앙이 2,000만 달러를 들여가며 자신들이 '업계 최초'라고 끊임없이 광고하는 것도 이 때문이다.

둘째, 새로운 카테고리를 홍보해야 한다. 왜냐하면 새로운 카테고리에서 새 브랜드를 시장에 내놓을 때 고객이 관심을 갖는 것은 새 브랜드가 아니라, 새 카테고리다. 초기에 새로운 카테고리를 홍보하게 되면 소비자들 사이에서 뉴스거리가 될 가능성이 높다. 왜냐하면 언론매체는 새로운 것을 찾아 말하고 싶어 하는 성향이 있기 때문이다. 즉 그들은 무엇이 뉴스거리고 무엇이 최초이며 무엇이 유행인지에 대해 관심이 있을 뿐이다. 무엇이 더 좋은 제품인지에 대해서는 말하고 싶어 하지 않는다.[5] 뉴스거리를 만드는 방법은 새로운 제품이 나왔다는 것을 알리는 것이 아니라 새로운 카테고리가 나왔음을 알리는 데 있다.

새로운 카테고리가 나왔다는 뉴스거리는 신뢰감을 제공한다. 카테고리에 대한 정보는 일반적인 브랜드 광고 캠페인보다 더 큰 신뢰를 주기 때문이다. 다른 사람들이 자신의 브랜드에 대해 얘기하는 것이 스스로 얘기하는 것보다 훨씬 강한 신뢰감을 준다. 그래서 홍보가 광고보다 일반적으로 더 강한 효과를 발휘하는 것이다.

따라서 새 브랜드 출시는 홍보에 기초를 두고 있어야 한다. 브랜드 커뮤니케이션은 결국 기업의 이익을 도모하려는 것으로 여겨지기 때문이다. 그래서 브랜드 메시지는 명시적이지 못하고 암시적이다. 새로운 카테고리에 대해 어느 브랜드보다 더 많은 정보를 보유하고 더 큰 흥미를 자아내는 브랜드는 해당 카테고리를 대표하는 브랜드로 인식될 가능성이 크다.

이처럼 새로운 카테고리와 더불어 브랜드를 만드는 일을 동시에 수행함으로써 이 둘 사이의 연관성을 높일 수 있다. 기업이 새로운 카테고리를 만들었다고 하더라도 자사 브랜드를 이와 연결시키지 못한다면, 결국 자신의 브랜드가 연관성 확보에 실패하는 참담한 결과로 이어진다. 개척자로서 결국 기반만 닦는 역할을 하게 될 뿐이다. 그러나 아사히 수퍼드라이는 새로운 카테고리와 긴밀하게 연결되어 해당 카테고리 모범 사례로서 입지를 강화했다.

많은 경쟁자들이 넘쳐나는 비즈니스 세계에서 시간과 에너지를 들여 남과 같은 방법으로 브랜딩하기보다는 회사 스스로 새로운 카테고리를 만들어 자기 분야에서 으뜸이 되는 편이 낫다. 그것이 훨씬 손쉽고, 빠르게, 무엇보다 영리하게 '브랜드를 만드는 방법'이라고 말할 수 있다.

새로운 소비를 유도하려면 의제 설정하라

그동안 '마케팅은 인식이 전부다'라는 격언처럼, 인식의 관점에서 차별화를 바라보았다. 그러다 보니 허위적이고 가식적인 메시지들을 통해 차별화만을 위한 차별화에 매몰되는 경우도 있었다. 다소 부정직한 제품 정보는 문제가 되지 않았다.

이런 '차별화'는 단기적으로는 소비자들에게 어필할 수 있겠지만 지속적으로는 결코 승리할 수 없다. 그래서 '인식만을 위한 차별화'에서 벗어나 진정한 차별화로서 사람들의 머릿속에 '새로운 카테고리'를 만들어야 하는 것이다. 그러려면 사람들이 당연하다고 여기는 뻔한 판단 기준을 뒤집어야 한다. 인간은 어떤 사물에 대해 한번 판단하고 나면, 그와 유사한 사물에 대해 다시 생각하거나 평가를 바꾸지 않으려는 경향이 있다. 거의 무의식적으로 기존 고정관념에 의존하는 것이다. 따라서 새로운 판단 기준을 유도하려면, 고정관념에서 벗어나서 잠시나마 그 사안에 대해 '다시 한 번' 생각하게끔 만들어야 한다.[6]

박용후의 저서 《관점을 디자인하라》에서 그는 "상품은 파는 것이 아닌, 소비자들에게 새로운 관점을 제공하는 것"이라고 강조한다.[7] 여기서 '소비자에게 새로운 관점을 제공하는 것'은 '새로운 표준, 새로운 장르, 새로운 방법' 등을 의미한다. 이것은 제품을 고르고 브랜드를 고르는 '본질적', '혁신적' 기준을 제시하는 '의제 설정 Agenda Setting'이다. 업계의 리더는 그들이 리드할 기준 Agenda 으로 소비자들이 제품과 브랜드를 판단하게 한다. 다음에서 몇 가지 사례들을 살펴보자.

서울우유는 유통 기한만이 중시되던 유제품 시장에서, 제조일자 표기로서 '제조일자를 확인하세요'라는 화두를 던져 신선한 우유의 구매 준거를 제시하였다. 이마트는 '가격혁명'이라는 강력한 핵심 이슈를 선전포고함으로써 경쟁자들을 선도했다.

또 다른 도브의 리얼 뷰티 캠페인은 결코 도달할 수 없는 아름다움을 제시하는 기존 미용 브랜드들의 광고에 진력이 난 여성 소비자들의 감성을 어루만지고 있다. 그리고 특별한 가치를 제시하기 위해 도브는 '평범한 아름다움'을 새로운 표준으로 내세웠다. 도브의 리얼 뷰티 캠페인은 현실 속의 여성들에게 자신의 있는 그대로의 모습이 진정으로 사랑해야 할 존재라는 사실을 상기시켜줌으로써 또 다른 의제 설정에 성공했다.

강력한 경쟁자들이 포진한 우유 시장에 뒤늦게 뛰어든 파스퇴르는 '저온 살균'이라는 속성을 의제화해서, 별생각 없이 우유를 구매하던 사람들이 고온 살균 방식의 영양 손실에 대해 '다시 생각하도록' 만들었다. '저온 살균 우유'라는 새로운 카테고리를 사람들의 머릿속에 창출하여, 서울우유가 독점하다시피 하던 우유 시장을 다양화한 것이다.

딤채 역시 마찬가지다. 김치냉장고가 나오기 전까지 사람들은 기존 냉장고에 김치를 보관해왔다. 에어컨에서 출발해 냉장고 시장에 뒤늦게 뛰어든 만도기계는 '발효 과학'이라는 속성을 의제로 설정했다. 즉 김치를 다른 식품처럼 무조건 냉장 보관할 것이 아니라, 일정한 온도를 유지하며 숙성시켜야 한다는 점을 새롭게 '생각하도록' 만든 것이다. 딤채는 '냉장고' 카테고리의 첫 번째는 아니었지만, '김치냉장고' 카테고리에서는 첫 번째로 인식되며 시장을 장악했다.[8]

이처럼 사람들의 '머릿속'에 새로운 카테고리를 만들려면 사람들이 지금껏 생각지 않았던 점을 부각시켜 '판단의 기준'을 바꿔줘야 한다. 사람들이 수긍할 수 있는 의제를 제시하여 새로운 카테고리를 만드는 것이 '진정한 차별화'다.

비안습적 그룹의 사람들 확보하기

애플의 신제품이 출시될 때마다 매장 앞에서 수백 명의 고객들이 신제품을 사기 위해 6시간씩 기다린다. 꼬박 밤을 새우는 사람도 있다. 며칠만 기다리면 편안하게 신제품을 살 수 있는데 왜 이렇게 서두르는 것일까? 이들은 혁신을 추구하는 조기 수용자_early adopter_ 고객이기 때문이다. 일반 대중 고객보다 먼저 신제품을 구매해야 직성이 풀린다. 애플 매장 앞에서 줄지어 늘어선 고객들을 볼 때 분명한 사실이 드러난다. 애플은 다른 어떤 회사들보다 많은 혁신 고객과 조기 수용자 고객들을 보유하고 있다는 점이다. 애플이 신제품을 내놓으면 '혁신 고객과 얼리 어답터 고객의 제품 구매를 통해 대중 고객으로 확산'이라는 과정이 자연스럽게 이어진다.

이러한 현상을 아이오와 주립대학의 사회심리학자 에버렛 로저스Everett Rogers는 '기술수용technology adoption' 이론 혹은 혁신 확산Innovation Diffusion으로 설명할 수 있다. 이 이론에서 그는 아직 성숙되지 않은 시장에서 새로운 제품이 등장할 때, 이를 남들보다 빨리 받아들이는 사람들이 나타나며 이들로 구성된 시장이 독립적으로 형성된다는 사실을 밝혔다. 그리고 새로운 제품을 받아들이는 성향에 따라 고객들은 5개 그룹으로 구분하였다.

남보다 일찍 혁신 제품을 구매하는 혁신 고객이 전체의 2.5%, 얼리 어답터 고객은 전체의 13.5%를 차지한다. 68%는 일반 대중 고객이다. 대중들은 얼리 어답터들이 제품을 문제없이 쓰는 것을 보고 난 다음에야 제품을 구매한다. 어지간해서는 신제품을 구매하지 않는 느림보 고객은 약 16%다.

혁신 고객과 얼리 어답터 고객이 인습에 얽매이지 않는 비인습적 그룹이다. 혁신 고객과 얼리 어답터들이 전체에서 차지하는 비중이 16%다. 따라서 이들이 적극적으로 구매해주는 제품은 손쉽게 티핑 포인트를 일으킬 수 있게 된다.

혁신 고객과 얼리 어답터 고객인 조기 수용자들은 제품 자체에 매력을 느끼는 것에 그치지 않고 자신이 이 제품을 '발견'했다는, 혹은 적어도 처음으로 제품의 잠재성을 인지했다는 점에 근거해 일종의 주인 의식을 지니기도 한다. 이렇게 굳건한 충성도를 가진 추종자와 옹호자들이 후원자가 되면 이들은 단기적으로나 장기적으로 큰 영향력을 행사할 수 있다.

라이프 스타일 향상에 큰 기여를 한 크라이슬러 왜건은 가족들에게 반가운 존재였기에, 이 차의 조기 수용자들은 이를 마법의 자동차

라 이름 짓고 이 차에 대한 화제를 만들어갔다.[9]

특히 새로 떠오르는 시장에서 혁신 고객과 얼리 어답터들을 옹호자로 만들어야 한다. 옹호자를 완벽하게 이용하려면 그들과 그들의 활동을 지지하는 것이 중요하다. 무지의 디자인 대회는 참가자뿐 아니라 무지 기업 문화와 관련된 인사도 같이 아우른다. 몇몇 기업은 성공적으로 소셜 네트워크를 양성하기도 한다. 새턴 대리점의 바비큐 파티 멤버에서 애플 사용자, 온라인 커뮤니티 활동자들까지 이 모든 사람들이 옹호자 그룹이 될 수 있으며 이들에게 에너지와 다양한 활동을 제공할 수 있는 기회는 존재하기 마련이다.

최근 테슬라가 공개한 신차 모델3에 대한 예약 열기가 뜨겁다. 테슬라는 자동차업계의 애플로 통한다. 테슬라는 자동차 마케팅 문법을 새로 썼다. 기존 자동차업체들이 TV 등 매스미디어를 통해 대대적인 광고를 하고 최대한 많이 파는 것에 집중했다면 테슬라는 고객들을 직접 상대했다. 예를 들어 2015년 추천제 할인 프로그램을 보자. 이미 구매한 고객의 추천으로 모델S를 신규 구입하면 두 사람 모두에게 1,000달러씩 주는 이벤트다. 5명 이상 추천하면 기가 팩토리 준공식 때 초청하고 10명 추천하면 한정판인 모델X 파운더 시리즈를 살 수 있는 기회를 부여한다. 고객 스스로 테슬라 홍보대사가 되도록 했던 것이다. 기존 자동차에서 볼 수 없었던 문법으로 초기의 애플처럼 소비자들의 열렬한 지지를 얻고 있다.

세상을 바꾸는 무리들

《보랏빛 소가 온다》,《마케터는 거짓말쟁이》등의 저서로 유명한 세

스 고딘이 테드TED에서 강연한 내용을 다음에서 보자.[10]

샌프란시스코에 사는 나단 위노그라드Nathan Winograd라는 사람은 SPCA 회원이다. 이 단체는 시 정부의 권한을 위임받아 길거리의 개나 고양이를 제거하는 집단이다. 그런데 그는 이들을 다시 입양시키자고 주장했죠. 많은 SPCA 회원과 기타 단체들이 와서 격렬하게 반대했지만, 나단은 직접 커뮤니티와 소통했다. 나단은 이런 일에 관심을 보이는 사람들을 모았다. 그 사람들은 프로페셔널도 아니었지만 모두 열정적인 사람들이었다. 결국 몇 년 안에 샌프란시스코는 정말 No-Kill-city(길거리 동물을 죽이면 불법)가 되었고, 이 사람은 뉴욕, 노스캐롤라이나, 리노까지 가서 다른 도시들도 이렇게 바꿨다.
이처럼 어떤 아이디어가 만들어지고 퍼지고 실행되는 데 과거와는 다른 변화의 중요한 순간에 와 있다. 과거, 공장은 전 세계를 효율적인 곳으로 대량 생산 체계로 변화시켰다. 헨리 포드가 포드를 생산하던 시대, 차를 마구 찍어내던 시대에 말이다.
그다음 시대에는 TV, 그때는 광고를 내보낸 만큼 물건을 팔 수 있었다. TV와 푸시 푸시! 아이디어를 내서 세계에 뿌려 돈을 엄청 써서 광고하기만 하면 광고하는 만큼 물건을 팔 수 있었던 시대였다. 매출에 도움이 된다면 아이들을 담배 광고에 넣기도 하고, 아기들을 이용해서 판매를 유도하기도 했다. 사람들은 최면에 걸린 것처럼 만들어, 그들에게 물건을 팔고 정치가를 당선시키기도 했다.
현재 변화를 만드는 방법은 돈을 쓰거나 행동을 강요하는 것이 아니다. 돈(TV 광고)도 아니고, 생산(생산효율성)도 아닌, 무리들이 세계를 변화시키고 정치를 바꾸고 있다. 무리가 생기고 또 무리가 생기고, 또 무리가 연결되고 또다시 엮어서 아이디어를 전파시키고, 흐름을 이루게 된다.

가령 엘 고어_{Al Gore}가 세계를 변화시키고자 했을 때 이 사람이 혼자서 고군분투한 것도 아니고, 돈 주고 광고를 산 것도 아니라, 무리를 통한 하나의 강력한 움직임을 만들었다. 엄청난 사람들이 그의 연설을 들으러 왔다.

변화를 위해 모든 사람들이 필요한 건 아니다. 얼마나 자신들이 연결되고 싶은가를 깨닫는 얼마간의 사람들이면 충분하다. 케빈 켈리_{Kevin Kelly}가 원했던 것은 연결을 갈구하는 1,000여 명의 진정한 팬이었고, 그 무리가 그다음을, 그다음 단계가 그다음 다음 단계를 이끄는 것이다.

이제 '대중'이나 '더 많이'가 최적의 출발점이 아니다. 이제 세상은 개인으로 이루어진 작은 시장으로 구성되어 있다. 세스 고딘이 말한 대로, '대중'은 죽고 '별종'의 시대가 된 것이다. 더 이상 대량 판매 시장은 존재하지 않는다. 대신 대중에 속하는 평범한 사람이 아니라 대중이기를 거부하는 개인에 맞춰진 시장이 그 자리를 대체했다.

고객이 아닌 팬을 만들어라

수많은 상품이 쏟아지는 시장에서 우위를 차지하려면 브랜드를 열렬히 지지해줄 팬이 필요하다. 성공한 제품과 소비자는 마치 스타와 팬의 관계와 같다.

'뮤지션은 고객이 없다'는 말이 있다. 오로지 팬만이 있을 뿐이다. 그렇다면 왜 뮤지션은 고객이 아닌 팬만이 존재하는 것인가? 가령 뮤지션 '조용필'을 보자. 우리는 왜 뮤지션 '조용필'에게 끌리는가? 그가 탁월한 뮤지션이라는 점만으로는 그 이유를 설명할 수 없다. 그가 자신의 일을 즐기고 있는 모습에 매료되어 그를 좋아하게 된 것이다.

회사 역시 고객이 아닌 팬이 있다면, 회사가 다음에 출시하는 제품이나 서비스에도 팬들은 공감하고 지지해줄 것이다. 그렇다면 고객을 팬으로 만드는 방법은 무엇인가? 뮤지션이 자신의 일을 즐기고 있는 모습에 매료되어 그를 좋아하듯이, 팬을 만들기 위해 가장 간단한 방법은 자신이 지금 하는 일을 마음속 깊이 즐기는 것이다.

FUN = FAN

모든 것은 이 말 속에 집약되어 있다. 자신의 일을 사랑하고 그 일을 즐기고 있다는 사실이 고객에게 전해진다면 팬은 반드시 생긴다. 일을 즐기고 있는 당신의 모습을 남에게 보일수록 당신의 팬, 회사의 팬은 늘어난다.

가령 A사, B사 중 선택해야 한다면 고객들이 함께하고 싶다고 생각하는 곳은 밝고 즐거워 보이는 회사다. 해바라기가 항상 해가 있는 쪽을 향하는 것과 마찬가지다. 고객은 밝은 회사, 즐겁게 일하는 사람에게 끌리고, 그런 회사의 팬이 되는 것이다.

이동연 목사(한누리교회)의 저서 《JESUS CMO 최고마케팅경영자 예수》에 '허브 고객'에 대한 얘기가 나온다. 책에서 허브 고객은 설득

력을 가지며, 씨 뿌리는 사람으로 설명하고 있다.[11]

예수는 사마리아 여인의 아픔을 어루만져 허브 고객으로 만들었다. 예수가 사마리아 지역에서 거둔 성공은 입소문을 낼 여인을 고객으로 만든 덕분이다. 예수가 여인 대신 그 마을의 과묵한 어른이나 체면을 중시하는 촌장을 만나 설득에 성공했다고 하더라도 마을 사람 전체를 고객으로 삼기는 어려웠을 것이다. 사마리아 여인처럼 입소문을 빠르게 퍼뜨릴 수 있는 허브hub 고객을 찾아야 한다.

허브 고객은 설득력을 가진다. 그들은 씨 뿌리는 사람seeder이다. 하지만 허브 고객이 유명인사이긴 하지만 거짓말을 자주하는 사람이면 곤란하다. 허브 고객은 믿음직스러워야 한다.

예수는 처음부터 사마리아 한 마을 전체가 자신의 받아들일 것이라고 기대하지 않았다. 우연히 우물가에 갔다가 거기 찾아온 여인을 한눈에 알아보고 그 여인을 허브로 삼았다. 예수가 의도적으로 허브 고객을 찾으려 했다면 아마도 사마리아 마을로 들어가 연장자나 촌장 정도를 만났을 것이다.

우물가는 인근 마을의 사람이라면 누구나 물을 길러 오는 곳이다. 예수가 일부러 사람이 다니지 않는 정오에 맞춰 우물가를 찾은 것은 아니다. 허브 고객은 우연히 만나게 되는 경우가 많다.

누가 사람들이 모두 낮잠을 자는 시각에 물을 길러 다니는 여인을 허브로 보겠는가? 그러나 예수는 사람을 겉모습으로 보지 않았다. 마케터는 평소에도 모든 사람을 허브 고객처럼 소중하게 대해야 한다. 우연히 만난 가련하고 아무 영향력도 없어 보이는 여인 한 사람에게 쏟은 작은 정성으로 예수는 큰 보답을 얻었다. 사람은 누구나 자신의 절실한 필요에 진실한 태도를 공감해주는 사람에게 마음을 열게 마련이다.

기업이 고객과 깊은 관계를 맺는 방법은 고객과 함께 먹고 마시고 여행을 하는 등의 경험을 나누는 것이지만, 일일이 모든 고객과 그런 경험을 나누기란 현실적으로 불가능하다. 그래서 입소문의 허브 역할을 할 수 있는 고객이 필요하다. 따라서 큰 욕심을 버리고 적은 수의 고객을 극진히 대접해야 한다. 이를 통해 이들을 회사의 대변인으로 육성해야 한다. 더욱이 디지털 세상에서 한 사람의 고객은 10명과 동일하다. 가령 100명의 팬 고객을 확보하면 궁극적으로 1,000명의 고객을 확보한 것이나 다름이 없다.

작은 표적을 겨냥하고 넘치게 대접함으로써 이들을 팬으로 확보할 수가 있다. 이것은 단순 고객이 아니라 팬을 만드는 방법이다.

소문내기

'피노키오'라는 그룹이 1992년에 발표한 1집에 수록된 노래 중에서 〈사랑과 우정 사이〉란 곡이 있다. 이 곡은 처음에는 그리 빛을 못 봤는데, 라디오를 통해서 알음알음 들려진 가사가 사람들에게 회자되면서 인기를 끌었다. 그래서 놀랍게도 1994년 4월 당시 유일한 가요 순위 프로그램 〈가요 톱 10〉에서 1위를 차지했다. 발매하고서는 인기가 하나도 없다가 무려 1년 반이 지나서 1위 가요가 된 것이다. 이 노래는 다른 어떤 곡과 다르게 사람들 사이에서 입소문으로 불러지면서 인기곡으로 등극했다.

미디어 시대에 대중의 말은 강력한 힘을 발휘한다. 한 사람이 SNS에 새로운 카테고리 제품을 언급하면, 빠르게 퍼져나갈 수 있다. 가령 한 명의 트위터마다 자신의 팔로어에게 메시지를 전하면 글자 그대로 수백 명의 팔로워를 보유한 단 한 사람이 수백 만 명의 사람에게 몇 주 만에 메시지를 전파할 수 있다. 이 중 팔로잉이 빈번한 몇몇 팔로어들은 많은 사람에게 접근할 수 있을 뿐만 아니라 영향력을 행사할 수도 있게 된다.

여기서 중요한 것은 대중들에게 대화할 만한 가치가 있는 것을 제공하여 흥미를 가지고 대화하도록 유도하는 것이다. 새로운 카테고리는 입에 오르내릴 만한 가치가 있고, 뉴스거리로서도 가치 있다. '집카'가 그랬듯이 '세그웨이'도 엄청난 홍보 효과를 무료로 누렸다. 제품이 의미 있고 필요하면서도 신선한 가치 제안을 했기 때문이다.

자발적 홍보

최근 히트상품들은 과거의 확산 방법들과는 확실히 다르다. 전통적 방법인 마케팅 비용을 투입하여 매스 커뮤니케이션을 진행한 것도 아니다. 오로지 소비자들의 자발적인 참여를 통해서 제품이 확산되어 나간다. 허니버터칩은 단기간에 큰 히트를 달성했다. 그것은 기업이 아니라 자발적 소비자들이 이루어냈다. 허니버터칩의 자발적 소비자들에 의한 '자발적 홍보'의 과정들을 살펴보자.

2014년 8월 출시한 '달콤한 감자칩' 허니버터칩은 첫 출시 후 약 한 달 만에 시장에서 반응이 나타나기 시작했다. 몇몇 편의점에서 '허니버터칩 없음'이라는 문구를 붙여둔다는 보고가 본사에 올라오기 시작했다. 이어서 출시 한 달 만인 9월 곧바로 품귀 현상이 시작되었다. 품귀 현상은 해소될 기미가 보이지 않은 가운데, 허니버터칩의 인기는 단순한 품귀 현상을 넘어서 하나의 사회적 신드롬으로 바뀌

어갔다. 이 신드롬의 발원지는 SNS였다.[12]

"해태에서 새로 나온 감자칩인데, 처음엔 감자칩에 꿀이 들어갔다고 해서 맛있을까 싶었거든요. 고구마와 단맛은 조합이 잘될 것 같지만 감자와 단맛은 좀 이상할 것 같아서요. 그런데 진짜 맛있어요. 이 정도 맛일 줄 몰랐는데, 완전히 기대 이상이에요"

첫 반응이 온 것은 허니버터칩이 출시된 지 2주가 넘어갈 무렵이었다. 새로운 것, 신기한 것, 재미난 것이 나오면 먼저 경험해보고 리뷰를 올리는 파워블로거들이 허니버터칩에 대한 시식평을 올렸던 것이다. 달콤한 감자칩이라는 것도 신기한데 입맛 까다로운 푸드 블로거들까지 칭찬을 하니, 허니버터칩에 점점 호기심을 가지는 사람들이 늘어났다. 그런 사람들은 하나둘 근처 마트로 달려가 허니버터칩을 구매했고 이 구매자들은 다시 인터넷에 리뷰를 올리며 거대한 입소문을 만들어냈다.

얼마 후 어느 여배우의 인스타그램에는 이런 글이 올라왔다. 썸남에 대한 이야기일까? 남자친구랑 밀당이라도 하나? 아니었다. 글과 함께 올라온 사진은 한 봉지의 과자, 허니버터칩이었다. 파워블로거들로부터 시작된 입소문이 어느새 연예인들에게까지 번진 것이다.

한 가수가 "허니버터칩 한 봉지에서 삶의 희망을 보았다"라는 글을 올렸고, 어떤 배우는 "매일 밤마다 유혹에 한 봉지씩! 혼자 살찌기 아까워 포스팅한다"고 글을 올렸다. 어느새 연예인들 사이에서는 허니버터칩 인증샷이 유행처럼 퍼지고 있었고, 너도나도 이 열풍에 동참하면서 SNS마다 허니버터칩 셀카가 물결을 이루었다.

이처럼 SNS 유저들은 자발적으로 허니버터칩에 관한 리뷰를 쓰고 허티버터칩을 들고 셀카를 올리는 등 열풍을 만들어냈다. 특히 자발성의 불을 지피는 결정적인 한 방은 2014년 10월 23일 한 트위터에 올라온 '편의점 알바생이 추천하는 리스트'라는 포스팅이었다. 이 리스트에 허니버터칩이 포함돼 있었고 이를 본 수많은 소비자들은 허니버터칩을 검색하기 시작했다. 그런데 응당 올라와 있어야 할 '맛 리뷰'는 거의 없고 연예인들의 인증 샷과 '구매 실패기'만 잔뜩 나오니 사람들의 관심이 폭발하기 시작했다.

[그림 9-2]는 '다음소프트'의 데이터를 인용하여 SNS 버즈량을 분석한 DBR(2016년 2월 Issue 2)의 내용이다. 이를 잠깐 살펴보자.

[그림 9-2]를 보면 SNS 버즈량이 나타나는데 앞서 말한 '리스트'가 리트윗되기 시작한 이후 허니버터칩의 버즈량이 폭증하는 걸 볼 수 있다. '해태공장 화재' '제품 생산 중단'같이 '도저히 구할 수 없는 과자'라는 현상이 만들어낸 각종 루머까지 겹치면서 엄청나게 회자되는 걸 알 수 있다. [그림 9-2]는 블로그와 각종 커뮤니티 등에서의 버즈량을 측정한 것이다. 허니버터칩 관련 내용이 SNS에서 먼저 폭발한 뒤 11월 들어서면서 각종 커뮤니티와 식품 관련 파워블로거들이 아닌 수많은 다른 블로거들에게까지 퍼져나가는 양상을 볼 수 있다.[13]

그림 9-2 SNS 버즈량

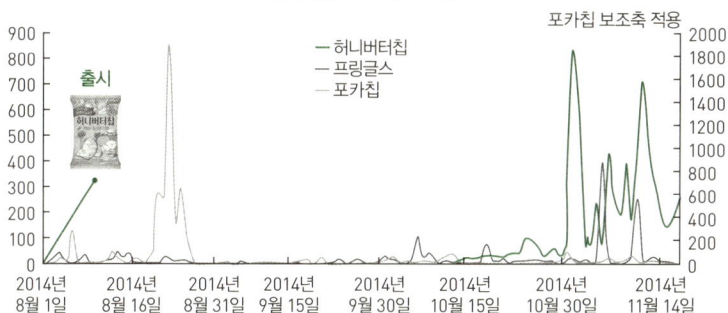

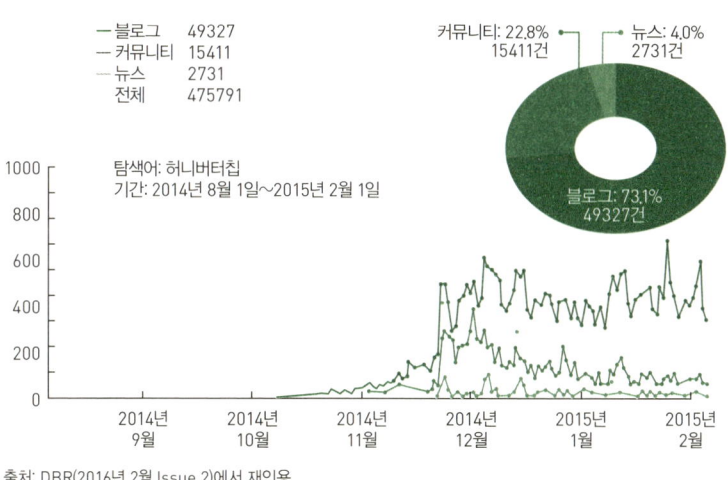

출처: DBR(2016년 2월 Issue 2)에서 재인용

'대화할 만한 가치가 있는 것'을 만드는 기업이 돼라

이제 더 이상 매스미디어를 활용한 일방적인 메시지 제공이 아니라, 고객들 간의 대화와 입소문 등 자발적 홍보가 미래의 마케팅이다.

이런 변화 속에서 명심해야 하는 것이 있다. 이에 대해 세계적인 마케팅 구루인 세스 고딘은 '대화할 만한 가치가 있는 것을 만드는 기업이 돼라'고 강조한다.[14]

"과거 마케팅에서는 해당 제품에 별로 관심이 없는 소비자들에게 광고를 보여주며 제품 구매를 강요하곤 했다. 미래의 마케팅은 이런 관행에서 벗어나 팬을 확보하고 이들이 형성하는 여론을 통해 성과를 창출해야 한다."

이처럼 매스미디어를 활용한 일방적인 메시지를 제공하는 '매스 마케팅'으로는 고객의 관심을 끌 수 없다는 뜻이다.

그는 "과거 100년 동안 마케팅 활동을 열심히 한다는 것은 광고에 돈을 많이 쓰고 있다는 말과 동의어였다"며 "그러나 최근의 소비자들은 더는 광고를 믿지 않고 개인과 개인이 주고받는 정보에 더 의존하고 있다"고 말했다. 이어 "앞으로의 마케팅은 다양한 네트워크로 연결된 고객들 간의 대화와 입소문이 위력을 발휘할 것"이라며 "마케팅 전문가들은 이런 변화에 빠르게 적응해야 한다"고 강조했다.

그렇다면 이런 변화 속에서 마케팅 담당자들이 무엇에 집중해야 할까. 고딘은 "대화할 만한 가치가 있는 것을 만들라"고 답했다. 그는 "페이스북, 에어비앤비, 우버 등이 급성장할 수 있었던 이유는 사람들이 끊임없이 이들이 제공하는 서비스에 대해 대화를 나눴기 때문"이라며 "입소문 마케팅의 핵심은 제품이나 서비스가 이야기할 만한 가치가 있어야 한다는 것"이라고 설명했다.

이야기할 만한 가치가 있는 제품이나 서비스란 고딘의 전매 특허 용어나 다름없는 '보랏빛 소'를 의미한다. 누런 소만 가득한 들판에 눈에 확 띄는 보랏빛 소가 등장한다면 모두의 시선을 사로잡을 게 분명한 것처럼, 눈에 확 띌 만큼 주목할 만한 상품이어야만 대화할 만한 가치가 있기 때문이다.

대화할 만한 가치가 있는 것을 만드는 대표적 기업으로 샤오미가 주목을 받고 있다. 레이쥔이 제품을 평가하는 기준은 '고객의 비명 소리'라고 한다. 제품 사양을 확인하는 순간 비명이 터져 나와야 한다는 게 그의 지론이다. 이것은 곧 고객의 입장에서 대화할 만한 가치가 있는 제품으로 이해한다는 뜻일 것이다.

샤오미의 기업 슬로건은 '오직 팬들을 위하여!JUST FOR FANS'다. 프로 스포츠 팀에나 어울릴 법하지만 샤오미가 제품이나 서비스를 개발할 때 '미펀'이라는 샤오미의 팬들 수십만 명은 열정적으로 개발 과정에 참여해 아이디어를 내놓는다. 신제품을 출시하면 몇 분 만에 수백만 명이 접속해 수억 건의 구매가 이뤄진다. 제품을 판매한 뒤에는 수천만 명이 입소문을 전파하고 매주 업데이트에 참여한다. 미펀이 있기에 샤오미가 있다고 할 정도다.

사실 샤오미가 있기 전에는 영화나 TV, 문학, 엔터테인먼트 등의 분야에서만 팬들의 활약이 두드러졌다. 그러나 샤오미는 적극적으로 팬클럽 경제로 활용하고 인터넷을 통해 돈이 되는 팬 산업 사슬을 만들어내자 사람들은 '이렇게도 스마트폰을 만들 수 있구나!'라고 무릎을 치며 감탄했다.

공감하기

- 새로운 시대의 변화를 받아들이지 못한 채 아직도 과거에 살고 있는 기업들은 자신이 개발한 제품을 팔기 위해 큼직한 마케팅 퍼넬marketing funnel을 만들어야 한다고 여전히 믿고 있다. 그러나 소비자를 고객으로 이끌어내는 과정으로 많은 소비자를 예비 고객으로 끌어 모은다고 해도 실제로 상품을 구매하는 고객의 수는 많지 않다.

이때의 전술이란 무엇인가? 제품과 서비스에 관심을 둔 사람들을 많이 얻을 수 있으리라는 희망을 품고, 우리가 준비한 메시지를 일방적으로 난사하는 방법이다. 이런 접근법은 메시지를 지속적으로 홍보하는 동안에는 효과가 있을지 모르지만 계속 땔감을 넣지 않으면 꺼지고 마는 불처럼 지속 불가능한 제로섬 게임이다.

공자의 가르침을 생각해보라. "내가 싫어하는 바를 남에게 강요하지 마라", "내가 서고자 하면 남을 먼저 세워라"라고 했다. 이는 오늘날의 말로 '공감'을 뜻한다.

예컨대, 울고 있는 친구의 슬픔의 이유가 '실연'이라는 말을 듣고, 우리는 그 경위를 '이해'하는 한편, 자신의 경험과 비춰보면, 그 슬픔을 알 것 같은 기분을 느낄 때 '공감'이라는 말을 사용한다. '이해'를 토대로 '공감'에 도달한 것이다. 이런 점에서 볼 때, 공감은 경위를 아는 데서 나온 이해가 전제된 뒤에야 비로소 생겨나게 된다. 즉 공감 없는 이해는 있어도, 이해 없는 공감은 없다는 이야기다.

따라서 공감이란 모든 사람을 만족시키거나 모든 사람에 동조한다는 것이 아니다. 남의 입장에서 자기를 놓을 수 있는 이해 능력이다.

프리드리히 대왕의 감자 마케팅

버나뎃 지와의 저서 《그들이 시장을 뒤흔든 단 한 가지 이유》 중에서 '프리드리히 대왕의 감자 마케팅' 이야기가 있다. 중세 유럽의 프로이센 왕국의 프리드리히 대왕은 끼니를 해결하기 위한 대안으로 다음과 같이 감자 마케팅을 펼쳤다.[15]

> 남아메리카에서는 수백 년간 감자를 재배했지만 아직 유럽에선 감자가 널리 보급되지 않았다. 당시 유럽의 통치자들은 감자가 대안 식량으로 어마어마한 잠재력을 지녔다는 사실을 알고 있었다. 문제는 '감자=못 먹을 것'이라고 여기는 백성들에게 어떻게 감자를 재배하도록 만들 것인지 묘수를 찾는 일이었다. 프리드리히 대왕은 감자 홍보에 두 팔을 걷어붙였다. 그는 백성들을 설득하는 데 전력을 쏟았으나 여

전히 감자에 시큰둥한 반응을 보였다. 분명 그의 제품은 팔리지 않았다.

프리드리히 대왕은 접근법을 바꾸었다. 그는 백성들이 감자를 어떻게 생각하고 있는지 살피면서 이에 대한 '공감'을 통해 문제를 다시 바라보기 시작했는데 그제야 비로소 자신이 어떤 과정을 밟아야 하는지, 어떻게 해야 사람들이 감자를 재배하도록 만들 수 있는지 통찰을 얻게 되었다.

곧 프리드리히 대왕은 정원사에게 감자를 재배하라고 명령을 내렸다. 감자밭에는 도둑을 막기 위해 무장 감시요원들을 배치했다(물론 진짜 목적은 도둑을 막는 게 아니었다. 단지 막는 것처럼 보이는 게 목적이었다.) 그러자 신기한 일이 벌어졌다. 백성들이 이 비밀의 텃밭에 관심을 보이기 시작한 것이다. 농민들은 왕이 감시할 정도면 분명 귀한 걸 기르는 모양이라고 여겼다. 왕이 소중히 여기는 것이라면 값도 꽤 나가지 않겠는가. 농민들은 온갖 방법을 동원하여 왕의 밭에서 자라고 있는 식물을 손에 넣었고, 자기 땅에 몰래 옮겨다 심었다.

당시에는 아무도 몰랐겠지만, 이는 분명 프리드리히 대왕의 승리이자 백성의 승리였다. 이러한 승리는 공감을 통해서였다.

그동안 기업들은 사용자의 시각을 통해 세상을 바라보는 법을 잊어버리고 말았다. 업무의 시작점을 공감에 두지 않았다. 오로지 폐쇄적인 자기중심적인 시각을 고집하며 일을 추진했다. 사람들이 이 제품을 원하든 원치 않든 그건 중요한 게 아니라고 여겼다. '어떻게 하면 내가 팔고 싶은 것, 홍보하고 싶은 메시지에 세상의 이목을 집중시킬 수 있을까?' 하는 엉뚱한 생각에 시간을 낭비했다. 그 결과 이들은 소비자의 변화에 대응할 수 있는 기회, 그들의 생각 속으로 들어가고, 그들에게 영감을 줄 수 있는 좋은 기회들을 깡그리 날려버렸다.

그러나 오늘날 성공가도를 달리는 회사들은 어떤가? 그들은 그 어느 때보다도 공감에 바탕을 두고 성공한 아이디어, 성공한 비즈니스, 성공한 브랜드를 만들어냈다. 가령 애플, 테슬라, 에어비앤비, 인스타그램, 메소드, 드롭박스 등이 바로 그런 기업들이다.

진정성

영국에서 2009년, 이른바 '브라 전쟁'이 벌어졌다. 한 브랜드가 더블D컵 이상의 빅사이즈 브라의 가격을 인상하겠다고 발표하자 여성 소비자들이 반발하고 나섰다. 이들은 "빅 사이즈 브라의 가격을 인상하는 건 가슴 크기를 이용한 교묘하고 끔찍한 차별이라며 항의했다. 그러나 회사가 솔직하고 재치있게 사과하자 오히려 칭찬으로 바뀌었다. 다음의 내용을 보자.[16]

> 소비자 중 한 명이 소셜미디어를 통해 가격 차별에 항의하는 그룹을 만들자 순식간에 1,000명이 넘는 사람이 가입할 정도로 갈등은 확산됐다.
> 하지만 회사의 대응으로 논란은 이내 수그러들었고 이 브랜드의 시장 점유율은 오히려 증가했다. 회사는 어떤 조치를 취했던 걸까?
> 그건 바로 사과apology.
> 논란이 발생하자 해당 브랜드는 'We boobed(우리가 실수를 저질렀

군요)'라는 문구가 적힌 지면 광고를 언론에 실었다. 'boob'는 가슴을 뜻하는 동시에 '멍청이', '바보 같은 실수'를 일컫는 말로 이 회사는 "We boobed'라는 중의적 표현을 사용해 가격 인상이 멍청한 결정이었음을 솔직하게 인정하고 사과했다.

또한, 회사는 가격 인상을 철회하며 인상된 가격으로 제품을 구매한 사람에게 변상을 약속했고 2주 동안 25% 할인 행사도 진행했다고 밝혔다.

"가슴을 뜻하는 'Boob'를 이용한 사과 문구를 보자 웃음을 참지 못했다. 실수는 했지만 유머 있고 재치 있는 사과였다."

회사가 솔직하고 재치 있게 잘못을 인정하자 악화되던 여론은 회사의 대처에 대한 칭찬으로 바뀌었다. 이후, 'We boobed'는 위기를 기회로 바꾼 기업 평판 관리의 모범 사례가 됐다.

사과라고 모두 공감을 얻는 것은 아니다. 사과에는 진정성이 담겨 있어서 공감을 얻을 수 있다. 공감과 이와 짝을 이루는 진정성은 두 개로 독립된 것이 아니라 둘이면서 하나인 음양과 태극의 관계다.

도브의 '에볼루션$_{Eolution}$' TV 광고를 보자. 평범한 여성이 메이크업과 포토샵 보정을 통해 멋진 모델로 변신해가는 과정을 그려냈다. 대부분의 뷰티 브랜드는 "우리 제품을 사용하면 누구나 아름다운 모델처럼 될 수 있다"고 주장한다. 반면에 도브의 이 광고는 눈에 보이는 것 너머의 진실, 즉 우리가 아름답다고 느낀 게 사실은 허구라는 메시지를 임팩트 있게 전달했다.

테크놀로지의 발달로 제품의 퀄리티가 평준화됐기 때문에 이제는 제품의 기능이나 퀄리티를 넘어 더욱 근본적인 이야기를 해야 한다. 브랜드 퍼스널리티Personality를 통해 소비자의 마음에 각인될 수 있도록 노력해야 한다. 음료 대신 행복을 판다고 말하는 코카콜라나 인간의 잠재된 가능성을 판다고 말하는 나이키처럼. 그런 브랜드 메시지가 있어야 사람들로부터 감동과 공감을 얻는다.

아리스토텔레스는 성공적인 설득을 위해서는 '에토스(설득하는 사람의 고유한 성품, 매력도, 카리스마, 진실성) → 파토스(듣는 사람의 심리 상태) → 로고스(상대방에게 명확한 증거를 제공하기 위한 논리)'의 순서로 접근해야 한다고 강조한다. 그중에서도 가장 중요한 것은 에토스라고 한다. 이는 인간이 이성적인 존재라기보다는 지극히 감성적이고 충동적인 존재라는 사실을 시사하고 있다. 아리스토텔레스는 기본적으로 사람들이 화자話者를 신뢰해야만 설득이 가능하다고 했다. 즉, 내가 누군가를 좋아하고 신뢰한다면 그 사람이 비록 설득력이 떨어지고(로고스의 부족), 예민하게 내 상황을 파악하지 못해도(파토스의 부족) 그 사람에게 설득될 수 있다는 것이다.

CREATE A **CATEGORY**

10

새 카테고리의 경쟁자 차단하기

원조 브랜드의 존재를 강화하라

CREATE A **CATEGORY**

진짜 성공은
성공 이후에 온다

'허니버터칩'의 경우를 보자.[1]

어떤 제품이 히트하고 있을 때 그 열풍은 크고 강하게 일으키는 것보다 그것이 작아지거나 사라지지 않도록 노력하는 게 더 중요하다. 투자의 귀재들은 종종 '수익을 많이 올리는 투자' 말고, '잃지 않는 투자'를 해야 한다고 조언한다. 나는 이 말에 전적으로 동감한다. 행운은 어느 날 갑자기 찾아올지 몰라도, 그 행운을 유지하는 것은 능력과 노력의 영역이다. 자고 일어나 보니 벼락 스타가 되어 있었던 허니버터칩이지만, 그 인기가 지금까지 이어진 것은 우리의 전략적 판단 때문일 것이다. 진짜 성공은 히트 이후에 온다.

아름다움이란 타고난 얼굴만을 가지고 보여주는 것이 아니라 끊임없이 가꾸는 데서 나온다. 마찬가지로 좋은 제품만 출시하면 저절로 히트제품이 되는 것은 아니다. 따라서 출시 이후 지속적으로 만들어가는 과정 역시 매우 중요하다. 진짜 성공은 히트 이후에 온다고 하였듯이.

이와 반대되는 사례로 우리의 기억 속에 명 카피로 남아 있는 '늘 애인 같은 아내' 뜨레아 이야기를 해보자.[2] 30대를 위한 화장품 뜨레아는 출시 2년 후인 1994년 말을 기준으로 회사 전체 매출액 2,206억 원 중 305억을 달성하여 단일 브랜드 기준으로 매출 기여도 13.8%를 달성하였다. 뜨레아 출시를 통해 단기적으로 목표 타깃층 내 안정적인 브랜드 이미지를 구축하였고, 30대 이후 시장의 교두를 확실히 마련하는 계기가 되었다.

단기적으로 보면 뜨레아는 성공한 대표 브랜드였다. 그러나 뜨레아는 초기의 성공에 취해 과잉 마케팅을 지속하면서 스스로 브랜드 자멸을 초래하였다. 뜨레아는 젊은 엄마들의 로망으로서 '늘 애인 같은 아내'의 자아 정체성과도 일치하였다. 그런데 뜨레아는 초기의 성공에 힘입어 지속적인 양적 확대 전략을 통해 볼륨을 높여나갔다. 이렇다 보니 매출 볼륨을 높이는 수단은 자연스럽게 가격으로 귀결되었다. 결국 브랜드 신비감은 없어지고 오직 시장에서는 가격에 초점이 맞추어져 있었다.

가격 경쟁을 위한 손쉬운 방법은 리뉴얼이다. 리뉴얼은 가격을 인상하고 실제 판매할 때는 할인을 통해 소비자들을 현혹하는 수단으로 활용되었다. 양적 확대에만 몰입하다가 정직성까지 잃어버리고 말았다. 고객들은 냉담했다. 이러한 리뉴얼의 반복으로 브랜드 쇠퇴의 속도는 가속화되었다. 결국 가격 경쟁의 수단으로 활용한 빈번한 리뉴얼은 브랜드 단명화의 주요 요인이 되고 말았다.

단기성의 임시방편적 전술은 우선은 좋아 보인다. 마치 선심성 공약이나 정책과 같다. 하지만 우선 좋다고 해서 일회성 전술들을 남발하게 되면 브랜드 자멸을 초래하게 된다. 이 점을 우리는 잊어서는 안 된다. 고객을 움직이는 심리 요소 중에서 가장 중요한 것을 하나 고른다면 바로 '정직함'이다. 비즈니스는 정직하고 진실해야 한다.

극단적인 이 두 사례에서 보여주듯이, 새로운 영역을 만들어 초기 시장에서 큰 성공을 거두었지만 그러한 행운을 관리하는 법을 알아야 한다. 그래야만 한때의 유행으로 끝나지 않고 장수하는 법이다. "진짜 성공은 성공 이후에 온다"고 누군가 말했듯이.

카테고리를 정의하는 강력한 편익을 확보하라

카테고리가 성숙되어감에 그에 대한 대응 방법도 달리해야 한다. 새로운 카테고리를 만든 선도자는 초기 시장에서 시장 확산을 주도하여 하나의 카테고리를 만든다. 뒤이어 후발 주자들이 몰려들게 된다. 이들은 차별화를 통하여 제품 카테고리 내 경쟁을 주도하게 된다. 따라서 선도자는 카테고리를 대표하는 원조 브랜드로의 존재를 더욱 강화해나가야 한다.

원조 브랜드의 존재를 강화하기 위해서는 궁극적으로 브랜드와 카테고리 사이의 강한 연관성을 확보해야 한다. 해당 카테고리가 언급되었을 때 그 브랜드를 떠올릴 수 있어야 하는 것이다. 이러한 연관성이 없다면 브랜드는 새로운 카테고리를 정의하는 데 영향력을 행사하지 못하게 될 것이다. 특정 브랜드가 구매제품 선택을 지배할 만큼의 강한 연계성을 갖게 된다면 이는 경쟁 기업에 거대한 장벽을 구축하는 것이 된다.

  무엇보다도 아이팟, 아사히 수퍼드라이, 아마존처럼 카테고리를 설명할 때 이들의 브랜드 네임이 사용되는 원조 브랜드가 되는 것이 가장 이상적이다. 그렇게 될 경우 경쟁 기업이 카테고리에 어느 정도의 연관성을 갖느냐 하는 것이 결국 원조 브랜드와 얼마나 유사한가에 의해 결정되는 것이다. 따라서 원조 브랜드와 경쟁하는 경쟁 기업은 어떠한 차별화를 시도하더라도 오히려 연관성을 상실할 위험을 떠안게 되므로 결국 방어적인 자세를 취할 수밖에 없게 된다.

  새로운 카테고리를 창조하면 이는 경쟁자를 고려 대상에서도 제외시키며, 영향력을 잃게 만들 수 있다. 그러나 성공할 경우 얼마나 큰 보상을 받느냐는 그 기업이 쌓는 경쟁력 있는 장벽에 달렸다. 장벽이 높고 튼튼할수록 즉각적인 수익 흐름과 시장 추진력이 높아지게 된다.

  새로운 카테고리는 고객을 끌어들이는 강력한 편익에 따라 정의된다. 이러한 편익을 소유하게 되면 원조 브랜드로서 지위를 확보하게 되는 것이다. 따라서 선도자로서 카테고리를 정의하는 강력한 편익을 확보하여 원조 브랜드의 존재를 더욱 강화해야 한다. 그렇다면 어떻게 강력한 편익을 확보할 수 있을까?

  첫째, 정통성을 제공하라
  둘째, 신뢰성을 창출하라
  셋째, 움직이는 타깃이 되라
  넷째, 브랜드화된 차별화 요소를 개발하라

정통성을 제공하라

- 성심당
- 이성당
- PNP 풍년제과
- 옵스빵집
- 삼송빵집
- 삼진어묵
- 원제과점
- 궁전제과
- 코롬방제과
- 비엔씨
- 나폴레옹제과점

이들은 지방 소재의 그리고 전통 있는 유명 빵집이라는 공통점이 있다. 프랜차이즈가 시장을 지배하고 있는 상황에서도 이들은 장수하고 있다. 제과점하면 유명 프랜차이즈 브랜드들이 제일 먼저 떠오를 것이다. 그런데도 이들은 지금 백화점에서 모시기 경쟁을 받는 유서 깊은 지역 빵집들이다. 이들이 백화점으로부터 러브콜을 받는 이유는 오랜 기간 한자리에서 변함없이 고객과의 약속을 지켜온 전통 있는 장인의 빵집들이기 때문이다. 이들은 그 지역에서 빵집으로서 정통성을 갖추고 있다.

브랜드가 정통성을 갖추고 있고 이로 인해 경쟁 기업이 이러한 정통 제품을 기회주의적으로 모방하는 것처럼 보이도록 만든다면 거대한 장벽을 세우게 된다. 왜냐하면 사람들은 정통성을 갖춘 브랜드에 충성도를 보이고 이를 모방하거나 심한 경우 진짜처럼 흉내 내는 브랜드에는 혐오감까지 드러내기 때문이다. 1986년 아사히 수퍼드라이는 엄청난 성공을 거두었다. 그후 2년이 조금 못되어 경쟁상품이라 할 수 있는 기린 드래프트 드라이가 출시되었으나, 너무나도 명백히 기린 라거 맥주를 쓰러뜨린 도전자 브랜드의 성공을 모방하려는 시도였다는 이유로 실패하고 말았다. 최고의 라거 맥주를 제공한다는 자부심을 가진 회사였지만 드라이 맥주는 진정성을 보이지 못했고, 기린 드래프트 드라이는 정통성 시험에서 탈락했다. 서구적이며 젊고 멋진 이미지를 가진 아사히가 톡톡 쏘는 맛의 맥주를 들고 나왔다는 사실에 '정통의 맛' 만으로는 승부할 수 없게 된 기린은 힘든 상황을 맞게 되었다.[3]

또 다른 예를 들어보자.

더불어민주당, 국민의당. 최근 만들어진 정당의 이름이지만 왠지 새롭거나 낯설지 않다. 우리 정당사를 살펴보면 그동안 민주·국민·한국 등의 표현이 자주 등장하는 것을 발견할 수 있다. 왜 그런 걸까?

민주당과 더불어민주당, 한국국민당과 국민의당. 양당의 이름을 전체적으로 비교할 때 발음이나 문자가 비교적 뚜렷이 구별된다. '민주'라는 단어를 민주당만이 쓸 수 있는 것은 아니다. 한국국민당은 '한국'이라는 단어가 있고 국민의 당은 '국민' 뒤에 '의'를 추가해 차이점을 부각했다.

그러면 정당들은 왜 이렇게 당명을 지을 때 민주·한국·국민·나라 등 특정 단어에 특히 집착하는 것일까? 그것은 '정통성'을 확보하기 위해서다.

민주당의 예를 들어보자. 만주주의 국가에서 가장 많이 사용되는 단어는 '민주'다. 미국은 민주당이 공화당과 함께 양당 체제를 구축하고 있으며 일본의 제1야당도 민주당일 정도로 민주라는 이름은 국민들에게 신뢰를 주는 이미지를 갖는다. 특히 야권의 경우 민주화의 아이콘인 김대중 전 대통령의 민주당, 평화민주당, 신민주연합당, 새천년민주당 등 '민주'가 들어간 다양한 당에 참여했는데 이런 이유로 아직 야권에서는 '민주'를 넣어야만 오랜 역사와 정통성을 지닌 존재라고 본다. 이처럼 '민주'가 자리해야 진품(진짜) 정당으로서 인정받아 정통성을 확보할 수 있다고 생각한다.

그러면 정통성을 갖추기 위해서는 어떻게 해야 하는가? 정통성은 바로 진품성에서 나온다. 진품임을 강조하는 방법들을 다음에서 살펴보자.

첫째, 최초 내지는 원조임을 알려라

둘째, 역사와 전통을 강조하라

셋째, 소비자들은 '실화'를 산다

넷째, 창업자 이야기를 전하라

다섯째, 특정 지역의 소유권을 주장하라

최초 내지는 원조임을 알려라

어떤 분야에서든 최초로 그 카테고리를 시작한 오리지널을 알리는 방법으로는 사람의 관심을 유발할 수 있는 최초의 사항을 파악하고, 그것을 독창적으로 기념할 수 있는 방식을 연구해야 한다.

성공한 브랜드는 거의 예외 없이 어떤 믿을 수 있는 요소를 지니고 있다. 그런 믿음을 주는 요소에 대해 알 리즈와 로라 리즈는 그들의 저서 《경영자 vs. 마케터》에서 다음과 같은 사례들을 보여주었다.[4]

> 새로운 카테고리의 최초 브랜드다.
> (비아그라는 최초의 발기 부전 치유제다.)
> 새로운 기술을 처음으로 사용화한 브랜드다.
> (벨크로Velcro는 떼고 붙이는 '찍찍이'를 처음 개발해 사용한 브랜드다.)
> 하루 중 특정 시간대를 위한 약을 처음으로 만들어낸 브랜드다.
> (나이퀼NyQuil은 용도 자체가 잠자기 전에 먹는 감기약이다.)
> 어떤 카테고리의 하위 세분화 시장의 최초 브랜드다.
> (프리우스Prius는 하이브리드 자동차의 첫 주자다.)
> 새로운 속성을 주장한 첫 브랜드다.

(제옥스Geox는 숨 쉬는 신발 개념을 처음으로 주장한 브랜드다.)
권위 있는 제3자가 인정한 첫 브랜드다.
(모바도Movado는 현대미술관이 영구 소장품으로 선정한 브랜드다.)
어떤 제품 카테고리의 원조인 나라에서 수입한 첫 브랜드다.
(스톨리치아나는 최초로 러시아에서 수입한 보드카다.)

이들 브랜드들은 '최초'라는 공통점을 갖고 있다 이러한 최초, 원조는 소비자들이 지니고 있는 믿음의 요인이다. 아울러 이러한 '최초', '원조'에 대해 다른 제품은 전부 유사품이라는 의미를 지니고 있다.

역사와 전통을 강조하라

회사의 창립연도, 기념일 또는 제품의 출시연도를 제품 라벨에 표기하여 최초의 사항을 강조하는 방법이 있다. 이것은 결국 역사와 전통을 지니고 있다는 점을 암묵적으로 보여준다. 다음의 몇 가지 사례들을 살펴보자.

CJ제일제당의 백설은 브랜드 탄생의 모태가 된 1953년을 강조하였다. 110년 전통의 부채표 활명수, 디어 앤 컴퍼니는 1837년 이래로 표기하며, 반스는 단순히 66을 표기하여 설립연도를 제시한다. 1919년 초 '스타인웨이' 피아노는 광고에서 '불멸의 악기'로 표현되었다. '크로스'는 '1846년부터 이어져온 완벽한 고전'이라는 말로 자사의 펜을 선전한다. 유명 경매장인 소더비는 1744년에 설립되었다는 광고를 통해 한층 더 성장했다.

리바이스Levi's 청바지의 홈페이지는 초기에 만든 낡은 청바지 사진으로부터 시작된다. 1873년부터 시작한 리바이스는 실용의 상징에서 자유의 상징으로 보보스의 라이프 스타일에서 최신 패션에 이르기까지 청바지 역사의 원조임을 암시한다.

구찌는 창립 90주년을 맞아 선보인 광고에서 1950년대 구찌의 작업장에서 일하는 장인들의 모습을 흑백사진으로 등장시켰다. 이는 브랜드의 전통과 가치를 기념하기 위해 초창기 모습을 담아 '장인 브랜드'의 정통성을 입증하려 했다.

루이비통은 광고에서 이미 '단종'된 상품을 내세웠다. 시즌마다 쏟아지는 수많은 신제품 중 최고의 주력 상품을 선보이는 것이 광고일진데 루이비통은 이에 역행한 것이다. 이것은 1850년대 왕실 여행 가방 전문 제조사로 출발한 루이비통의 정통성, 바로 '여행의 동반자'를 강조하는 캠페인을 벌이고 있다.

이처럼 오랜 전통을 지닌 기업은 소비자들에게 업계의 선두라는 이미지를 강하게 심는다. 비록 시장 규모 면에서 선두는 아니더라도 역사 면에서는 단연 선두인 것이다. 1등보다는 시장의 리더는 역사와 전통을 선점하게 된다.

소비자들은 '실화'를 산다

브랜드 뒤에 이들과 관련된 흥미로운 이야기가 있다면 정통성에 대한 인식이 높아지게 된다. 강력하면서도 서로 연관되고 감동시킬 수 있는 이야기를 할 수 있을 때 커다란 성공을 거둘 수 있으며, 존재하지 않거나, 흥미도 없고 전혀 관계도 없는 이야기를 하는 회사는 실패한다.

어떤 제품들은 흥미로운 이야기를 만들었지만 우리는 흥미로운 이야기는 사지 않는다. 우리는 오늘날 최고의 비즈니스맨들이 들려주는 흥미로운 '실화'를 사는 것이다. 예를 들어 하겐다즈가 스칸디나비아를 거쳐온 것이 아니라 사실은 뉴저지 주 브롱크스에서 만들어진 것인데 설립자가 스칸디나비아산인 것처럼 만들기 위해 그런 이름을 붙이게 되었다는 사실을 알게 되면, 이야기는 단순한 환상으로 전락하고 우리는 흥미를 잃게 되고 나아가 신뢰까지 잃게 될지도 모른다.

보드카의 예를 들어보자. 보드카는 러시아산이 최고인데 이를 이용하여 브랜드명 자체를 러시아 언어로 하여 그 자체가 러시아 산인 것처럼 하였다.

헨리 포드의 모두를 위한 차, 리츠칼튼의 최고 이상의 서비스, 세일즈포스의 클라우드 비전, 서브웨이의 제러드 이야기 등은 모두 브랜드의 정통성을 한층 더해준다. 서브웨이의 '제러드 이야기'를 살펴보자.[5]

> 1990년대 후반 샌드위치 브랜드 서브웨이는 광고 캠페인을 전개하였다. 일명 '서브웨이 다이어트'로 체중 100kg을 감량한 대학생 제러드와 서브웨이의 이야기다.
>
> 당시 192kg의 심각한 과체중이었던 제러드는 서브웨이 샌드위치가 맘에 들어 스스로 '서브웨이 다이어트'를 개발했다.
>
> 그는 매일 점심으로 채소 샌드위치를 먹었다. 저녁으로 6인치짜리 터

키 샌드위치를 먹었다. 물론 수시로 운동도 했다. 그렇게 제러드는 100kg을 감량했다.

이후 이 이야기를 접한 서브웨이 시카고 지부 광고 기획자는 흥미를 느끼고 사실 여부를 확인했다. 그리고 이 야기의 잠재력을 확인한 광고 기획자에 의해 제러드 이야기는 마침내 광고로 제작될 수 있었다.

첫 광고 날짜는 많은 사람들이 다이어트 계획을 세우는 1월 1일이었다. "이 사람은 제러드입니다. 예전에 192kg이나 나갔지요. 하지만 지금 그의 몸무게는 80kg입니다. 그는 이 모두가 서브웨이 다이어트 덕분이라고 말합니다. 어떤 다이어트 프로그램을 이용하든 의사와 먼저 상의하시는 걸 잊으면 안 됩니다. 하지만 제러드에게는 효과 만점이었습니다."

광고는 대성공이었다. 광고가 나간 이후 서브웨이의 판매량은 2000년 18%, 2001년 16% 증가하며 폭발적인 성장을 거듭했다.

왜 제러드 이야기는 성공했을까? 물론 캠페인 내용이 단순하고, 구체적이며, 믿을 수 있었다. 하지만 이에 더해 '패스트푸드 다이어트'라는 의외성을 제공하며 '제러드'라는 한 개인에 대한 감정적인 반응을 불러일으키는 이야기를 제공했다.

창업자 이야기를 전하라

기업의 '건국 신화'격인 창업자 이야기는 더없이 좋은 스토리텔링 소재다. 특히 창업자 이야기는 어떤 이유로 기업을 설립하게 됐는지, 어떻게 위기를 극복해왔는지 등을 보여주기 때문에 기업이 추구하는 가치가 무엇인지를 극명하게 보여준다. 따라서 대내외적으로 기업 가치와 문화를 전달하는 최고의 커뮤니케이션 역할을 할 수 있다.

창립자의 이름이 브랜드가 되는 경우라면 이야기는 더 설득력을 얻게 된다. 샤넬의 창립자 가브리엘 샤넬, 벤 앤드제리스 아이스크림, 오렉 진공청소기, 페이머스 아모스 쿠키 모두 각 브랜드의 목표와 비전을 대변해주는 이름을 갖고 있다. 창립자의 이름이 브랜드가 된 엘엘빈, 오빌 레덴바허, 에디바우어, 피츠 커피, 뉴먼스 오운은 창립자가 세상을 떠난 후에도 그들의 이름과 이야기를 전하고 있다.

HP의 전 CEO 칼리 피오리나가 1999년 취임 직후 가장 먼저 한 일도 창업자인 빌 휴렛과 데이비드 팩커드의 스토리로 브랜드 이미지 광고를 만드는 것이었다. 이들이 차고를 빌려 단돈 500달러로 1939년 휴렛팩커드를 창업한 이야기 '차고의 규칙$_{\text{Rules of Garage}}$'을 광고로 내보냈다. HP는 이를 통해 창업자들이 제창한 'HP 방식$_{\text{HP Way}}$'을 대내외적으로 자연스럽게 심어줬다.

특정 지역의 소유권을 주장하라

정통성은 제품의 본고장이 갖는 전통에 기반을 두기도 한다. 러시아의 보드카, 스위스 시계, 프랑스 향수, 덴마크 치즈, 아르헨티나 쇠고기, 싱가포르 에어라인 등을 예로 들 수 있다. 정통성은 지역 또는 지방에 관한 연상에서 기인하기도 한다. 버몬트의 밴 앤드 제리스, 메인의 톰스, 보스턴의 샘 애덤스, 캘리포니아의 갤로 와인, 나파 카운티의 로버트 몬도비 와인 등이 이에 해당된다. 모두 지역과 관련된 연상이 정통성을 강화시킨 사례로 이러한 연상이 없는 브랜드는 넘어야 할 장애물도 더 높을 수밖에 없다.

기업은 특정 지역에 대한 소유권을 주장함으로써 타사의 상표와 경쟁할 필요가 없도록 만들어진 제품과 서비스에 대해 진품성을 획득할 수 있다. 가령 스위스 시계, 프랑스 와인, 스코틀랜드 위스키, 네덜란드 치즈, 태국 비단, 스페인 가죽 제품 등이 그 예다.

좀 더 구체적인 예를 들면 어떤 저수지로부터 공급되는 수돗물은 근원이 분명치 않은 제품으로서 어떤 매력도 없다. 그러나 포장된 병 속의 물은 특별한 장소에서 공급되었기 때문에 진품성을 부여받는다. 에비앙은 프랑스 알프스산에서 '눈과 비가 미네랄이 풍부한 빙하층을 천천히 거쳐서 여과되어' 생산된 것이라고 광고한다. 이 결과 진품화된 이 물은 최고급 식당에서 사용하고 있다.

이탈리아 밀라노에 있는 에스프레소 바에서 하워드 슐츠에게 강한 인상을 준 것은 능숙한 솜씨의 바텐더였다. 바텐더는 아주 우아하게 커피원두를 갈고, 손님들과 즐겁게 이야기하면서 에스프레소 잔을 가져와 우유를 따랐다. 환상적인 공연이었다. 슐츠는 밀라노의 커피 하우스 문화를 재구성하여 스타벅스를 만들었다. 스타벅스가 진짜 이탈리아의 커피 하우스 같은 느낌을 주기 위해 슐츠는 바텐더가 마치 무대 위에 있는 것처럼 조명을 집중시켰다. 그렇게 함으로써 바텐더들이 그들의 일에 대한 전문가임을 확실히 보여줄 수가 있었다.

또 다양한 종류의 음료에 이탈리아식 이름을 붙여 이국적인 분위기를 연출하였다. 가령 우유를 탄 더블 에스프레소에 로뻬오 마키아 또 $_{doppio\ mcchicato}$같은 이탈리아식 이름을 붙인 것이 그 예다.

그동안 판매되었던 것들이 본질적으로 대량 생산과 대량 홍보에 의해 생산된 제품이었지만, 진짜 이탈리아 커피 하우스 같은 외관과 느낌과 향기를 인위적으로 재창조하는 것이다. 점포마다 조금씩 달랐으나 장식은 대개 갈색이나 주황색의 약간 어두운 흙색 톤으로 이뤄졌고, 작은 테이블들이 진열되어 있으며, 잔가지들로 만든 바구니에는 신문이 가득 채워져 있었다.

이처럼 제품과 서비스의 성격이 적절한 지역을 선택하는 것은 결코 사소한 일이 아니다. 이것이 대부분 성공과 실패를 좌우할 수 있기 때문이다.

전문성을 창출하라

맥도날드, 버거킹, 롯데리아.

그리고

쉑쉑버거, 인앤아웃, 파이브 가이즈.

이들은 어떤 차이점이 있는가? 맥도날드, 버거킹, 롯데리아는 만능 브랜드다. 반면 쉑쉑버거, 인앤아웃, 파이브 가이즈는 전문 브랜드다. 이처럼 특정 카테고리에서 전문가로서 능력이 있는 브랜드으로서의 인식을 심어주는 것이 중요하다. 특정 카테고리의 카리스마를 높이는 전문가는 신뢰성을 높여준다.

LG의 가전 전문 매장인 '베스트샵'에 방문한 신혼부부에게 LG 제품들로 가전제품들을 구성해주겠다고 하면 어떤 반응을 할까?

"말씀은 고맙지만 세탁기만 받겠습니다. 냉장고는 삼성, 김치냉장고는 딤채, 청소기는 한경희 스팀청소기로 들여놓겠습니다."

이처럼 비록 LG가 전자제품의 빅 메이저이긴 하지만 신혼부부는 각 카테고리의 최고 전문 제품을 원한다.

여기서 소비자는 왜 이런 구매 방법을 택할까? 그것은 바로 특정 카테고리의 전문성 때문이다. 사람들은 전문적인 활동이나 전문 제품에 몰두하는 기업에 신뢰를 보낸다. 또한 그런 기업을 전문가로 여긴다. 사람들은 전문가들이 더 많은 지식과 경험을 가지고 있으며, 존경 받을 가치가 있다고 생각한다. 전문가의 정의가 '특정 분야에서 많은 훈련과 지식을 쌓은 사람'이고 보면 사람들의 이런 생각은 당연한 것이다. 이처럼 '특정 영역'을 대상으로 '제품'을 판매하는 전문 브랜드' 식으로 브랜드를 구축하면 특정분야에서 세계 최고가 될 수 있다. 여러 품목을 포함하는 종합 브랜드(만능인)보다는 오히려 전문 브랜드(전문가)로 승부하는 것이 브랜드 구축의 지름길이다.

'다능은 군자의 수치'라고 했다. 이것은 비즈니스 세계에서도 적용된다. 지나치게 다양한 분야에 손을 대서는 안 되고 하나의 일에 집중하여 좁은 길을 걸어가라는 뜻이다.

잭 트라우트의 저서 《차별화 마케팅》Differentiate or Die에 '전문 브랜드로 승부하라'는 내용이 있다. 비즈니스 세계를 보면 전문 브랜드가 시장에서 승리를 거둔다는 사실을 알게 된다. 전문 브랜드가 소비자의 인식에 그토록 강한 인상을 주는 이유는 무엇일까?[6]

첫째, 전문 브랜드는 오직 한 제품, 한 가지 혜택, 한 가지 메시지에 집중할 수 있다.

둘째, 전문 브랜드는 소비자들이 그것을 '최고'라고 인식한다는 점이다. 한 가지에만 몰두했다면 그 영역에서만큼은 상당한 실력을 쌓았을 것이 분명하기 때문이다.

셋째, 전문 브랜드는 그 영역을 대표하는 '일반명'이 될 수 있다. 전문 기업의 최대 목표는 브랜드의 일반화다. 브랜드명이 제품명에 그치지 않고 그 영역을 대표하는 일반명이 되는 것이다. 제록스는 복사를 지칭하는 일반명이 되었다. 이처럼 브랜드명을 제품의 대명사로 만드는 것이야말로 마케팅 전쟁에서는 최상의 무기다. 그러나 이것은 오직 전문 브랜드에게만 가능한 일이다. 이것저것 만능인 브랜드는 특정 제품의 대명사가 될 수 없다.

움직이는 타깃이 되라

해당 카테고리가 역동적일 경우 그 브랜드는 정지된 목표물이 아닌 움직이는 타깃이라 할 수 있다.

질레트는 하위 카테고리를 만들어 혁신 기업으로서의 면모를 보였고 계속적으로 기존제품을 향상시키며 신제품을 출시하고 있다. 1971년 출시된 최초의 이중날 면도기 더 택The Tack II를 시작으로 알트라Altra, 센서Sensor, 마하Mach 3, 비너스Venus, 퓨전Fusion 등이 출시되었고 택Track II 플러스, 센서 엑셀Sensor Excel, 마하 3 터보Mach 3 Turbo, 비너스 임브레이스Venus Embrace, 퓨전 프로글라이드Fusion ProGlide라는 하위 브랜드로 수막 현상을 방지하는 '스노우 플로우 가드Snow Plow Guard'와 새로운 인체공학적 손잡이를 장착한 여러 제품이 또 출시되었다. 질레트는 움직이는 타깃의 결정체라 할 수 있다.[7] 또 다른 예를 보자.

허니버터칩은 허니버터칩의 동생, '허니통통'을 탄생시켰다. 이어서 허니 시리즈로 이어갔다. 하나의 베이스에 다른 소스를 얹거나 조리 방법을 바꿈으로써 새로운 메뉴를 만드는 것이다. 이 발상의 결과물이 바로 '허니 시리즈'다.[8]

흔히 허니통통을 '허니버터칩의 동생'이라고 표현하지만, 두 제품을 비교해보면 맛과 디자인을 비롯해 몇 가지의 차이점이 있다는 것을 알 수 있다. 우선 허니버터칩에 비해 맛이 훨씬 강하다. 제품명에 '통통'을 넣은 것 역시 통통 튀는 강한 느낌과 함께, 귀여운 느낌을 강조해 어린 친구들의 관심을 끌 수 있도록 의도한 것이다.

허니통통과 비슷한 시기에 내놓은 제품이 바로 '자가비 허니마일드'다. 자가비 허니마일드는 그 자체로 오리지널리티를 가진 제품이다. 더 나아가 허니버터칩만으로는 역부족이었던 수요를 충족했다.

하나의 베이스에 다른 소스를 얹거나 조리 방법을 바꿈으로써 새로운 메뉴를 만드는 것이다. 이 발상의 결과물이 바로 '허니 시리즈'다. 허니 시리즈를 성공적으로 시장에 안착시키며 허니버터칩의 인기를 이어가는 발판을 마련했다고 자평하고 있었지만, 그것만으로는 부족했다. 허니 시리즈 제3그룹의 개발이다.

제1, 제2그룹은 허니버터칩이 가진 기본적인 맛에서 크게 벗어나지 않기 때문에 맛지도상에서 수평을 이룬다. 하지만 새로운 스낵은 허니통통에 꿀과 과일을 함께 첨가함으로써 수직을 이룬다.

이 신제품은 두 가지 점에서 의미를 찾을 수 있다.

첫째는 감자 스낵의 새로운 풀이다. 이미 경쟁사들은 다양한 아류

제품을 쏟아냈고, 그 제품들은 '허니' 뒤에 무언가를 붙이는 공통점을 갖도 있었다. 허니밀크, 허니머스터드, 허니스틱, 허니라떼처럼 말이다.

하지만 우리의 의도는 허니는 가져가되 과일이라는 전혀 다른 영역을 만듦으로써 유사 제품과 차별화된 패턴을 형성하는 것이었다. 감자 스낵에 과일을 첨가하는 일이 활성화되어 있지 않던 국내 시장에서, 우리는 이 제품을 통해 스스로가 만든 허니 시리즈의 범위를 넘어서기를 기대했다.

둘째는 트렌드를 포착하고 발 빠르게 반영하는 능력이다. 과일은 흔한 식재료지만, 작년부터 식료품업계에서는 여러 가지 요인으로 과일이 '뜰' 거라는 예측이 나와 있었다. 지금은 과일이지만 트렌드가 변화할 때마다 허니통통은 또 다른 소재, 또 다른 모습으로 재탄생할 것이다. 허니 시리즈가 진화를 거듭할수록 허니버터칩의 가계도는 복잡해지겠지만, 복잡한 가계도야말로 우리가 현재에 안주하지 않는다는 증거다.

브랜드화된 차별 요소를 개발하라

차별적 콘셉트를 브랜드화하는 것은 마케팅 활동, 비용을 불필요하게 만드는 원천이다. 기업이 브랜딩한 '차별화 요소'가 결국은 소비자들에게 타기업의 브랜드와 혼동되고 있다면 이것은 얼마나 불행한 일인가? 이것을 미연에 방지하기 위해서는 '전략적이고', '장기적인' 관점에서 차별화 요소의 브랜딩이 신중하게 고려되어야 한다.

오늘날 브랜드는 과잉 경쟁 (수요〈공급), 마진 폭의 감소 그리고 가격 인하 압박 등에 직면하고 있다. 제품 역시 진부하여, 제품만으로는 차별화하기 힘든 현상이 만연하고 있는 현실이다. 이런 상황에서 브랜드 파워의 주요 원동력의 하나인 '차별화 요소'를 창조하고 유지하는 데 많은 어려움이 따른다. 제품은 진부함과 흥미상실로 소비자들의 관심도 저하가 뚜렷이 나타나고 있다.

'차별화'는 브랜드라는 전차가 달리기 위한 '엔진'의 역할을 한다. '엔진'이 멈추게 되면 브랜드라는 전차 역시 멈추게 되는 것이다. 따라서 차별화 요소를 창조하여 브랜드화함으로써 제품의 진부함과 흥미 상실을 극복할 수 있는 것이다. 이런 차별화 요소를 브랜드화하는 것은 여러 가지 측면에서 이점을 가져다준다.

첫째, 차별화 요소의 브랜드화는 그 브랜드가 강조하고자 하는 특장점을 알리는 데 있어서, 신뢰성을 더해준다.

둘째, 차별화 요소의 브랜드화는 소비자들로 하여금 차별화 요소를 쉽게 기억하도록 도와준다.

셋째, 차별화 요소의 브랜드화는 브랜드 네임 자체로서 타깃 소비자들에게 소구하기 때문에, 효율적이며 효과적인 커뮤니케이션을 가능하게 만든다.

넷째, 차별화 요소의 브랜드화는 브랜드가 적극적으로 관리될 경우, 지속 가능한 경쟁상의 우위점의 근간이 된다.

이처럼 차별화된 요소를 통한 효과적인 브랜딩은 브랜드의 무차별적인 공격에 지친 소비자들에게 어둠의 지팡이 같은 역할을 수행하게 된다. 또한 이러한 차별화 요소의 브랜딩은 신중하게 선택되어 사려 깊게 관리될 때 지속적으로 브랜드의 활력을 불어넣어줄 수 있는 것이다.

브랜드화된 차별화 요소의 4가지 영역

브랜드화된 차별화 요소란 적극적으로 관리되고 장기간에 걸쳐 제공된 브랜드 제품에 의미 있는 차별성을 부여하는 브랜드화된 기능·재료·기술·서비스·프로그램을 말한다. 즉 제품에 영향을 미치는 기능이나 재료·기술·서비스·프로그램으로써 제품의 우수성을 확실히 보여주는 것이라 할 수 있다.[9]

첫째, 특징의 브랜드화Branded Features로서, 눈에 띄는 특징을 브랜드화할 수 있다. 가령 오랄비는 오랄비 인디케이터(칫솔모의 색상 변화로 교체시기 인식), 오랄비 파워 팁 칫솔모(칫솔모가 닿기 힘든 곳까지 구석구석 닦아줌) 등 특징을 브랜드화하였다.

둘째, 서비스의 브랜드화Branded Services로서, 성숙기 영역의 브랜드에서 흔히 사용하는 방법인데 서비스를 추가함으로써 브랜드화할 수 있다. 서비스의 브랜드화를 통하여 모 브랜드를 지속적으로 재활성화하는 역할을 수행한다. 가령 P&G의 타이드 세제는 타이드 웹사이트의 타이드 얼룩 탐정 섹션 개설로 타이드의 사용 용도를 지속적으로 확대하였다.

셋째, 프로그램의 브랜드화Branded Programs로서, 로열티 프로그램이 전형적인 방식이다. 이는 신중하게 관리되어야 하며, 지속적인 업데이트가 필수적이다. 가령 힐튼 호텔의 아너스 클럽, P&G의 팸퍼스 홈페이지에서 다양한 육아 정보 제공, 고객 이벤트 등을 브랜드화하였다.

넷째, 성분 또는 요소기술의 브랜드화Branded Ingredients로서, 성분Ingredient 또는 기술Technology을 브랜드화하는 방법이다. 브랜드에 신뢰감을 부여하여 소비자들의 체감 품질을 제고할 수 있다. 가령 쉐브론의 테크론(차별화된 가솔린) 브랜드에서 소비자들이 테크론의 의미는 정확히 인식하지 못하나, 차별화된 가솔린으로 인식한다.

위의 사례에서 볼 수 있듯이, 중요한 것은 가능한 오래 편익을 소유해서 후발 진입자들로 흡수되는 것을 막는 일이다. 그러기 위해서는 그것을 기업이 소유할 수 있도록 브랜드화하는 것, 즉 브랜드화된 차별화 요소를 만드는 게 중요하다.

때론 적을 맞이하라

새로운 카테고리를 만들어 시장에 내놓고 나서 시장이 성장 단계로 접어들 무렵 경쟁자들의 등장은 불가피하다. 이때쯤 대부분의 카테고리 리더들은 브랜드 구축 모드로 옮겨가려고 한다. 하지만 리더들은 지속적으로 카테고리를 홍보해 대표 브랜드로 만들어야 한다. 이때 선도자는 종종 우를 범한다. 자신의 파이 조각만 키우려고 안달복달한다. 그리고 진입장벽을 쳐 후발 주자의 진입을 원천 봉쇄하려고 한다.

폴라로이드가 저지른 가장 큰 실수는 코닥을 즉석사진 시장에서 강제로 몰아낸 것이다. 그 시장을 크게 확대할지도 모르는 경쟁자를 제거해버렸다. 경쟁은 카테고리 개척자들에게 도움이 된다는 사실을 잊어버렸다. 경쟁을 통해 사람들의 입에 회자될 때 기회는 커진다. 이처럼 때론 카테고리를 구축하기 위해 브랜드는 다른 브랜드의 진입을 환영해야 한다. 함께할 때 시장의 주목을 끌어낼 수 있다.

비타민 음료 시장에서는 비타500의 '비타민 음료'라는 단어를 차지하기 위해 수많은 회사들이 뛰어들었다. 모방제품들은 어떻게 되었으며, 비타500에는 어떤 영향을 미쳤을까?

광동제약 '비타500'은 2000년에 출시되었다. 자양강장 드링크와 과립이나 정제 형태의 비타민 선발업체들이 확고한 위치를 차지하고 있었다. 두 가지를 포함하면서도 다른 제품으로 마시는 비타민 드링크가 탄생하게 되었다. 출시 당시 트렌드였던 웰빙 분위기를 타고 엄청난 성장을 하기 시작하였고, 자연스럽게 모방제품들이 하나둘씩 나타나기 시작했다.

CJ제노비타, 녹십자상아의 비타마인, 삼성제약의 비타바란스500 외에도 수없이 많은 비타민 음료가 출시되었다. 그럼에도 불구하고 비타500은 2005년에 '국민드링크 박카스'의 매출을 앞지르기도 했다. 현재 비타민 음료 시장의 80% 이상을 점유하고 있다. 이렇게 비타민 음료 시장에서 독점상품이 된 비타500은 유사한 이름의 음료들이 출시되면서 오히려 진품으로서 이점을 누렸다. 자연스럽게 소비자들의 관심을 받게 되고 시장은 커졌다. 유사 브랜드들이 비타500에 미치지 못하자 기존 브랜드를 돋보이게 하였고 이익은 고스란히 광동제약의 몫이 되었다.

봄이 오면 계절에만 한정해 판매하는 봄맞이 음료가 등장한다. 스타벅스는 2014년부터 봄 한정 메뉴인 '체리블라썸'이라는 이름으로 벚꽃향과 맛을 가미한 라테 등을 개발해 판매하고 있다. 하지만

2016년부터는 경쟁자인 '콩다방(커피빈)'에 등장했다. 이처럼 특히 식음료 업계에는 유행 제품이 생기면 맛과 모양새를 따라하는 '미투' 제품이 빈번하게 나온다.

 2015년 해태제과에서 내놓은 '허니버터칩'이 열풍을 일으키자 '꿀' 맛이 나는 감자과자가 물밀듯이 쏟아져 나왔다. 주류업계의 허니버터칩이라고 불리던 롯데주류 '처음처럼 순하리' 역시 과일 맛 저도 소주의 문을 열었지만 곧 좋은데이 '자몽엔 이슬' 등 비슷한 제품이 나왔다. 농심 '짜왕'이나 CJ '비비고 왕교자' 등 히트상품도 연이어 나오는 미투 상품의 공격을 받았다.

 이런 '베끼기' 상품은 '원조 상품'이 개척한 새로운 시장을 갈아 치우는 순기능을 하기도 하지만 과열 경쟁 유발 우려도 있다.

CREATE A **CATEGORY**

11

카테고리의 약화나 변화에 대응하기

역동성에 대응하여 연관성을 유지하라

CREATE A **CATEGORY**

허니 열풍은 퇴조하고 있는가?

인류의 역사는 혁신과 이의 확산을 통한 진보의 역사라 할 수 있다. 한곳에서 만들어진 혁신은 특정 지역으로 때로는 전 지역으로 때로는 빠르게 때로는 매우 느리게 확산되는 현상을 역사를 통해 반복적으로 관찰할 수 있다. 기술의 확산 속도에 관한 세계은행이 발간한 조사 자료에 의하면 특정기술의 개발 시점에서 광범위한 확산 시점에 소요되는 기간을 보면 다음과 같다.

철도는 120년

일반전화는 100년

라디오는 약 70년

항공기는 약 60년

PC는 약 25년

인터넷은 20여 년

모바일 전화는 16년 정도

반면 허니버터칩은 발상의 전환으로 '달콤한 감자칩'이라는 새로운 카테고리를 창조하였고 이를 출시하여 단기간에 '대박 신화'를 만들어냈다. 이러한 단기간의 대박 신화는 래리 다운스와 폴 누네스가 말하는 '빅뱅 파괴자' 모델을 대변한다. [그림 11-1]에서처럼 혁신 확산은 지금까지 에버렛 로저스가 제시한 고전적인 종 모양의 다섯 가지 고객 유형(혁신가, 초기 사용자, 초기 다수 사용자, 후기 다수 사용자, 지각 사용자) 곡선이었지만, 빅뱅 파괴자 모델은 '초기 사용자와 그 밖의 모

그림 11-1 혁신 확산

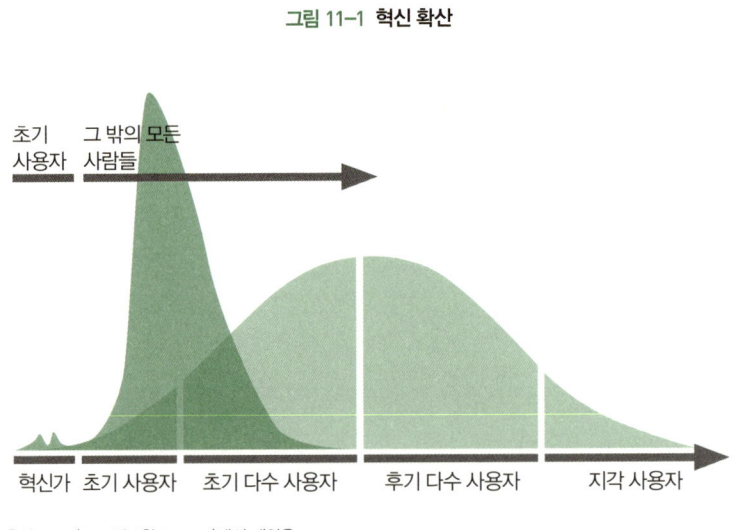

출처: DBR(2016년 2월 Issue 2)에서 재인용

든 사람들'에 의해 소비가 폭발했다 사그라지는 '상어 지느러미'형 제품 주기 모양을 보여준다.

래리 다운스와 폴 누네스는 "마케팅은 이제 기업이 소비자에게 일방적으로 행하는 것이 아니다. 마케팅을 주도하는 건 오히려 소비자"라고 말한다. 허니버터칩이 기본적으로는 10대 여성들을 타깃으로 했지만 그런 세분화와는 무관하게 '기존 짠 감자칩과 다른 새로운 감자칩'을 찾는 모두를 초기 수용자로 끌어들였다. 이어서 빅뱅 파괴자 모델에서 보여주는 것처럼, 허니버터칩은 '그 밖의 모든 사람들'에게 폭발적인 인기를 끌었다.[1]

> 이마트에 따르면, 허니버터칩이 2014년 8월에 출시 이후 2015년 1월 17억 원을 시작으로 2015년 4월 33억 원의 매출을 기록한 이후 2015년 5월부터 매출이 하락하기 시작했다. 또 다른 대형마트에 따르면 '전체 스낵 중 허니맛 매출 비중'은 2015년 6월 51.9%로 최고점을 찍은 뒤에 하향세를 보이기 시작해 2016년 2월에는 20%로 최저치를 기록했다. 또한 '감자칩 스낵군 내 허니류 매출 비중' 역시 2015년 11월에 같은 해 6월 대비 절반 이하 수준으로 떨어진 것으로 나타났다.

이 데이터만을 기준으로 보면, 최근 들어 그 열풍이 하향 추세에 있는 것이 분명해 보인다. 이 같은 '허니 제품군의 추락세'와 관련해 '미투 제품'의 범람으로 소비자들이 싫증을 내기 시작했다고도 볼 수 있다. 그러나 다른 허니 제품들이 이미 쇠퇴하고 있지만, 허니버터칩은 여전히 '오리지널리티', 즉 '원조성'의 힘이 있다. 즉 허니버터칩은 '오리지널'이라고 소비자들에게 각인돼 있고 '허니 제품, 달콤한 감자칩'이라는 새로운 카테고리를 만든 원조'라는 정체성을 갖고 있다. 그러나 서서히 원조의 강점이 퇴색할 수도 있다. 그러면 앞으로 '달콤한 감자칩' 카테고리의 쇠퇴나 변화에 어떻게 대응해야 하는가?

초기 유행에서 스테디셀러 브랜드로 정착시킨 장수 브랜드 혹은 정착하지 못하고 반짝하고 만 브랜드의 몇 가지 예들을 보자.

많은 제품들이 한때 반짝 유행했지만 스테디셀러로서의 위치를 확보하지 못하고 사라졌다. 소주 시장에서 유행했던 '칵테일 소주'도 그렇고, 라면 시장의 '하얀 국물 라면'도 마찬가지였다. 이들은 출시 초기에 큰 반향과 붐을 일으켰지만 기존 시장을 대체할 만큼의 위력은 발휘하지 못했다. 한마디로 한때의 유행으로서 존재했을 뿐 소비자의 습관 속으로 들어가지 못했다.

그러나 자일리톨, 다시다, 신라면 등은 초기의 큰 시장 반응을 지속적으로 이끌어 소비자의 습관을 변화시켜 성공한 장수 브랜드들이다.

또한 유니레버의 비누 브랜드 '라이프부이Lifebuoy'도 인도 어린이들의 손 씻는 습관을 바꾸어 성공하였다. 인도에서는 수많은 어린이들이 손과 관련된 위생 문제로 목숨을 잃고 있었다. 식사 전 손을 씻지 않는 생활방식으로 인해 비누는 일상용품이 아닌 화장품 카테고리로 받아들여졌다. 이에 유니레버는 비누 브랜드 라이프부이를 '위생을 위한 비누'로 리뉴얼하면서 대대적인 소셜 캠페인을 진행했다. 학교에 방문해서 아이들에게 하루에 손을 다섯 번 씻도록 위생 교육 프로그램을 진행했으며, 보이지 않는 세균을 보여주자는 콘셉트로

병원균을 박멸하는 라이프부이 캐릭터를 만들었다. 이외에도 손 씻기의 날을 정하고, 건강관리 워크숍을 열고, 라이프부이 헬스클럽을 개장했다.

이렇게 '위생을 위한 비누'로 자리매김한 라이프부이의 매출은 크게 성장했다. 더 나아가 가나, 세네갈, 페루, 인도네시아, 네팔 등 주요 개도국으로 시장을 확장하며 1위 브랜드가 되는 성과를 창출했다. 이는 라이프부이의 성공을 위해 개도국 사람들의 생활방식이 변화했다는 사실을 의미한다.

이처럼 어떤 새로운 카테고리를 만들어 그것이 일시적 유행이 아니라 장수하기 위해서는 고객의 습관 속으로 들어가 문화코드로 자리 잡아야 한다. 신라면. 초코파이, 자일리톨 등 많은 제품들이 고객의 습관 속으로 들어가 장수 브랜드로 자리 잡았다. 마찬가지로 '허니버터칩'이 장수 브랜드로 유지되려면 '감자 스낵=짭짤한 맛'에서 '감자 스낵=달콤한 맛'으로 맛 표준을 고객의 습관 속으로 데려가 자리 잡아야 한다.

카테고리가 약화되거나 변화할 때

다음은 카테고리가 약화되거나 변화되어 위험에 처하게 된 몇 가지 사례들이다. 이들은 왜 이런 위험에 처하게 되었을까?

라거 맥주

일본의 기린은 드라이 맥주로서는 높은 평가를 받지 못하는 브랜드였는데 소비자들이 점차 라거 맥주보다 드라이 맥주를 찾으면서 기린은 자연스럽게 구매 고려 브랜드 목록에서 소외되었다. 기린은 풍부한 라거 전통에 따라 가장 뛰어난 라거 맥주를 제공하며 충성스러운 고객층을 자랑하는 브랜드였지만 이런 요소들이 새로운 시장 상황에 적응하는 데는 장애물로 작용했던 것이다. 이처럼 시장이 역동적으로 변하는 상황에서 카테고리가 약화되거나 변화하게 되면 소비자로부터 브랜드 연관성을 상실하게 된다. 그동안 받아들여져왔던 것이 이제 변한 것이다.

은단

'은단'은 과거에 입안을 상쾌하게 하는 제품으로 많은 사랑을 받아왔다. 어느덧 입안 상쾌함을 '껌'이 대체하면서 '은단'이라는 카테고리의 매력은 떨어지게 되었고 원조 브랜드인 '고려은단'은 시장에서 급격히 위축되는 처지로 내몰리게 되었다.

이처럼 다른 카테고리의 대체로 브랜드가 독특하게 차별화되어 있다고 해도 그것이 '나에게 적절하다'고 느끼지 않으면 그 브랜드는 받아들이지 않고 끝나버리고 만다. 이런 연관성의 상실은 오랜 시간에 걸쳐 점진적으로 진행되므로 알아채기가 쉽지 않다. 게다가 브랜드 파워가 여전히 강력하고, 고객 충성도가 높으며, 제품의 품질이 꾸준한 혁신으로 유례없이 훌륭한 상황에서도 연관성의 손실은 발생할 수 있다.

SUV

고객들이 SUV 대신 하이브리드 승용차 구입을 원하고 있다고 하자. 그러면 아무리 SUV를 선호하는 고객들이 귀사의 SUV에 대해 긍정적 의견을 갖고 있다 해도 상관이 없다. 고객들은 여전히 귀사가 판매하는 SUV가 좋다는 것을 인정하고 시장에서 최고의 품질과 가치를 가지고 있다는 점도 안다. 그들은 심지어 귀사의 SUV가 너무나 마음에 들어 SUV 구입을 고려하는 지인에게 추천할지도 모른다. 만약 그들이 언제라도 SUV를 사고자 한다면 바로 귀사의 SUV를 구입할 것이다. 그러나 고객들의 요구는 끊임없이 변하기 때문에 만약 이들이 하이브리드 자동차에 관심을 갖게 되면 이제 귀사의 브랜드는 이들에게 있어 연관성을 잃게 된다. 귀사의 브랜드가 SUV와 긴밀하게 결부되어 있다면 말이다. 심지어 귀사의 브랜드가 예를 들어, 하위 브랜드로 하이브리드 승용차를 판매한다고 해도, 하이브리드 자동차 분야에서 신뢰도가 높지 않다면 마찬가지의 결과가 나올 것이다.

이처럼 카테고리가 성숙기 이후에 도달하면서 역동적으로 변화하는 시장에서 기업은 그들이 역점을 두고 있었던 카테고리가 약화되거나 변화하는 위협에 직면하게 된다. 이런 위험에 대응하지 못하면 몰락의 길을 걷게 된다. 한때 세계 최고였던 일본의 샤프와 도시바의 백색가전이 각각 대만과 중국에 넘어갔다. 항상 최초·최고를 고집하며 전 세계 전자업계를 주름잡던 두 일본 회사 몰락의 공통점은 무엇일까. 전문가들은 글로벌 경쟁과 저성장 시대, 그럼에도 혁신의 시대에 두 기업의 몰락은 '외골수 장인 정신'에서 비롯되었다고 한다.

그러면 시장이 쇠퇴하거나 변화했을 때 어떻게 대응해야 할까? 물론 공식과도 같은 답은 없다. 그러나 다음과 같은 몇 가지 대응 방법들을 고려할 수 있다.

첫째, 현재 하는 일에 집중하라
둘째, 낯설게 사고하여 리모델링하라
셋째, 동등성을 확보하라
넷째, 하위 카테고리를 만들어라

🗁 현재 하는 일에 집중하라

• 다음의 내용을 잠깐 살펴보자.[2]

과일맛 소주, 허니맛 감자칩, 짬뽕 라면 등 시장 판도를 뒤흔든 메가 히트상품에 환호하던 식품업계가 기본에 충실한 제품으로 눈을 돌리고 있다. 새로운 맛으로 관심을 얻었지만 '미투me-too' 전략 범람으로 소비자 입맛이 피로해지면서 되려 익숙한 맛에 대한 선호도가 높아질 것이라는 분석이다.

A 대형마트의 소주 매출 가운데 과일맛 소주 비중이 지난해 9월 14.2%로 정점을 찍은 후 하락해 지난달에는 5.1%까지 떨어졌다. 그동안 소주 전체 매출에 변동이 없었다는 점을 감안하면 줄어든 과일맛 소주 수요가 고스란히 소주로 옮겨간 것으로 보인다.

이러한 현상은 과일맛 소주뿐 아니라 허니맛 감자칩에서도 유사하게 나타난다. B 대형마트에 따르면 전체 스낵 중 허니맛 매출 비중이 지난해 6월 50%를 넘긴 후 하락세로 돌아서 20%로 떨어졌다.

이러한 사례 탓에 짬뽕 라면 특수를 톡톡히 누리고 있는 라면업계에선 벌써부터 프리미엄 라면 이후를 대비해야 한다는 목소리가 나온다. 특히 할인 프로모션 등 치열한 마케팅 전쟁을 통해 프리미엄 짬뽕 비중을 끌어올린 만큼 프로모션이 종료되면 거품이 빠질 수 있다고 우려했다.

농심이 올해 출시 30년을 맞는 신라면 마케팅을 강화할 계획인 것도 이러한 판단에 근거한다. 현재는 자사 '맛짬뽕'이나 오뚜기 '진짬뽕' 등이 위세를 떨치고 있지만 결국 깔끔한 매운맛에 익숙한 소비자들이 신라면을 찾을 것이라는 분석이다.

식품업계 관계자는 "허니맛 감자칩이나 과일맛 소주 등이 기존에 없던 시장을 새롭게 창출했지만 거품이 빠지면 결국 기본에 충실한 제품이 다시 그 자리를 차지할 것"이라고 말했다.

카테고리가 약화되거나 변화할 때 첫 전략은 '현재 하는 일에 집중하라'다. 지속적으로 품질을 향상시키고, 브랜드 가치에 투자하고, 고객에 대한 약속을 성실히 이행해서 판매량의 감소를 멈추고 반등시켜라. '현재 하는 일에 집중하라' 전략은 새로운 카테고리를 창조하거나 이에 참여하는 대신 근본적인 소비자들에 대한 약속, 즉 늘 더 좋은 제품과 서비스를 제공하는 데 집중하는 것이다.

미국의 서부의 햄버거 체인인 인앤아웃 버거를 비롯한 여러 패스트푸드 체인이 '현재 하는 일에 집중하라'라는 전략을 받아들였다. 인앤아웃 버거는 햄버거와 감자튀김, 셰이크, 음료를 판매하는 체인으로 굉장히 충성스러운 고객층을 보유하고 있으며 건강식품 추세에 합류하려는 노력도 전혀 기울이지 않았다. 이 체인은 최고의 품질과 일관성 그리고 서비스와 함께 지금까지 제공해온 메뉴를 변화 없이 그대로 판매했던 것이다. 인앤아웃 버거의 전략은 건강식품 추세가 모든 식품 판매업을 변화시키지는 않을 것이라는 전제에 기초하고 있다. 기존에 지니고 있던 맛과 친근함에 열광하는 크고 안정적인 수요층이 있다는 것이다.[3]

'현재 하는 일에 집중하라'는 전략은 시장의 역동적 변화에 무관심한 것이 아니라 새로운 카테고리의 등장을 인식하면서도 이 새로운 추세와 맞서 싸우기로 결정하는 것이다. 그러나 이러한 대응은 때론 무의미한 것으로 판명될 위험성이 있고 또 새로이 등장한 카테고리 제품을 기존의 카테고리 제품으로 대응하는 것이 과연 바람직한 경쟁 방법인지에 대해서는 여전히 의문이 남을 수 있다.

인앤아웃 버거[4]

미국에도 배달 앱이 큰 인기를 끌고 있다. 테이크아웃만 했던 음식업체 입장에서도 새로운 수익원이 생긴 셈이다. 그런데 배달을 해주겠다고 해도 거부하고 오히려 고소를 하는 기업이 있다. 바로 미국 서부 명물인 햄버거 체인 인앤아웃 이야기다.

미국은 워낙 넓어서 개별 음식업체가 직

접 배달에 나서기는 쉽지 않다. 테이크아웃은 있어도 배달은 드물다. 전문 배달 서비스가 확산되고 있는 것도 이 때문이다. 음식업체 입장에선 새로운 수익원인 셈이다.

그런데 해주겠다는 배달도 못하게 막는 음식업체가 바로 서부의 명물 인앤아웃 버거In-N-Out Burger. 인앤아웃은 1948년 캘리포니아에서 문을 열어 지금은 6개 주 300개 매장을 운영하고 있다.

인앤아웃이 2015년 11월 6일 도어대쉬를 고소했다. '우리 음식 배달하지 말라'고. 소송 이유는 제휴를 맺거나 허락을 받은 것도 아닌데, 인앤아웃 버거를 배달한다고 광고 홍보를 했고, 웹사이트에 유사한 로그를 내걸었다. 더 핵심적인 이유는 배달업체가 자사 브랜드 이미지를 해치고 있다는 것. "배달업체가 제공하는 서비스의 품질이 고객들이 인앤아웃 버거에 기대하는 기준에 전혀 미치지 못한다"라고.

인앤아웃의 매력은 비록 햄버거지만 인스턴트 느낌이 없는 현장 요리의 맛, 배달의 시대를 거스를 만한 배짱은 여기서 나온다. 배달되지 않아야 브랜드 가치를 더 높일 수 있다는 것이다.

당신의 피로회복제는 약국에 있습니다

오랜 기간 독점을 유지해오던 박카스는 비타500의 출현으로 새로운 경쟁자가 생겼다. 한때 비타500이 박카스의 독주를 견제하는 위치에 올랐다. 피로회복제 시장이 변화하고 있는 것이다. 이런 상황에서 박카스는 어떤 대응을 해나갔는가?

무려 40여 년의 역사를 가진 한국인의 피로회복제 박카스. 이 박카스는 그 역사만큼이나 흐름에 맞게 브랜드를 꾸준히 재포지셔닝하고 있다. 1998년 박카스는 브랜드가 낡아가는 듯하자 시작된 젊은층을 대상으로 하는 '국토순례 대장정'을 후원하고 동시에 '지킬 건 지킨다'라는 광고 콘셉트로 한국의 젊은층을 대변하는 이미지로 자리매김하고자 노력한다. 이 콘셉트가 성공함으로써 IMF 때도 매출액이 올라가는 흑자를 기록한다. 또한 최초 상기율 조사에서 기존 40대(82%)에서 20대(87%)로 20대가 더 박카스를 많이 인식한다는 결과를 얻는다.

그 후 박카스는 사회에 희망이 넘치는 소재를 던짐으로써 그 가운데 박카스를 끼워 넣는, 그저 힘이 되는 존재라고 자신을 둥글게 소개하였는데 근래 들어 박카스는 '진짜', '약국'을 강조하면서 피로회복제이자 약이라고 자신을 좀 더 구체적으로 표현하고 있다. 그 이유는 돌풍처럼 불어온 경쟁 상대 비타500 때문이다. 한때 비타민 열풍으로 비타500이 엄청난 돌풍을 일으켰고 그 덕에 박카스는 큰 하락세를 보인 적이 있었다. 게다가 설상가상으로 비타민 음료로 취급된 비타500은 일반 마트에서도 판매될 수 있었지만 박카스는 약국에서만 판매될 수 있었다.

위기는 기회라고 박카스는 이번 기회에 '진짜 피로회복제=약'이라는 이미지를 박카스에 구축함으로써 자신의 포지셔닝을 다시 확실히 했다. 오래된 기업 이미지를 앞세워 '진짜'라는 강조로 피로회복제의 원조 느낌을 갖고 다른 피로회복제군보다 선두적 위치에 설 수 있게 되었고 '약국'을 통해 공신력 있는 피로회복

제라는 느낌도 얻게 된 것이다.

  이렇게 박카스가 타 동종 브랜드에 비해 자신의 브랜드 이미지를 '진짜 피로회복제'라고 먼저 소비자의 마음속에 심어둠으로써 소비자들은 이제 피로회복제의 원조를 박카스라고 자연스럽게 연결시켰다.

낯설게 사고하여 리모델링하라

카테고리가 약화되거나 변화되어가도 기업들은 기존에 해오던 관행에 집착하여 변화된 환경을 따라가지 못하고 주춤거리게 된다. 이러는 사이에 그동안의 익숙함은 진부화의 늪에 빠져버린다. 항상 익숙함이 문제다. 따라서 카테고리가 약화되거나 변화할 때 두 번째 전략은 '낯설게 사고하여 리모델링하라'이다.

그러나 기존 제품을 리모델링할 때 때때로 소비자들이 등을 돌리는 경우가 있다. 그 유명한 1985년 코카콜라의 레시피 리모델링 과정이 단적인 예를 보여주고 있다('3장 카테고리 소유하기'의 '코카콜라' 관련 내용 참조). 그만큼 리모델링이 어렵다는 뜻이다. 흔히 리모델링보다 새로운 제품을 출시하는 것이 더 쉽다는 말이 있다.

리모델링은 소비자의 입장에서 그동안 익숙함에서 벗어나 낯섦을 담는 작업이다. 브랜드를 수정하고, 리포지셔닝하고, 리브랜딩함으로써 브랜드의 가치 제안value proposition을 시장의 역동성을 고려하여 연관성 있게 만드는 것이다. 2000년대 외식 시장을 주름잡았던 외국계 아웃백, 베니건스, T.G.I 프라이데이TGIF 등 패밀리 레스토랑이 양식의 대중화와 웰빙 열풍이 불면서 이에 대응하지 못하여 몰락의 길을 걷고 있다. 과거 외식업계를 호령했던 패밀리 레스토랑의 위상이 이렇게 바닥까지 떨어지게 된 건 패밀리 레스토랑이 경직된 마케팅 정책으로 빠르게 변하는 소비자 트렌드를 따라잡지 못하고 차별화에 실패했기 때문이다. 이들은 기존 메뉴만 내세우고 신규 메뉴 개발에는 나서지 않아 소비자들로부터 외면을 받아왔다. 이제 패밀리 레스토랑이라는 카테고리가 사라질지도 모르겠다. 다음에서 리모델링을 통해 성공한 몇 가지 사례들을 살펴보자.

크래프트-하인즈[5]

크래프트-하인즈Kraft-Heinx의 맥앤치즈 마카로니 앤 치즈는 전 세대에 걸쳐 즐겨 먹는 미국인들의 대표 간식으로 우리나라의 라면 정도에 해당하는 제품이다.

그동안 웰빙 추세에 따라 유기농 건강 재료를 사용한 다른 회사 제품에 밀려 점유율을 잠식당했다. 또한 환경단체 등으로부터 인공 색소와 인공 조미료를 넣지 말라는 요구를 받아왔다. 이런 시장 상황에 맞추어 크래프트-하인즈도 인공 재료를 뺀 새 레시피로 생산하기로 결정했다. 이것이 어떻게 성공했는지 다음의 리모델링 과정을 보자.

새 레시피 연구 과정에서 인공 조미료 등을 빼자 맥앤치즈 고유의 맛이 사라지면서 예전에 비해 맛이 덜하다는 내부 평가가 나왔다. 새 레시피가 출시되기도 전에 수정 소식을 들은 소비자들 사이에서 맛이 없어지는 것 아니냐는 우려도 나왔다.

이런 경우 새 상품이 출시되면 어떤 일이 벌어질까? 뻔한 결과가 예상되는 사례를 이미 코카콜라에서 보았다. 코카콜라는 1985년 코카콜라 레시피를 수정하여 출시한 뉴 코크를 대대적으로 홍보했다. 그러나 소비자들은 자신들이 기존에 마시던 콜라가 아니라며 등을 돌렸고 급기야 불매 운동까지 벌어졌다. 결국 코카콜라는 석 달 만에 예전의 '코카콜라 클래식'으로 돌아갔다('3장 카테고리 소유하기'의 '코카콜라' 참조).

이런 현상에 대해 데이비드 저스트 코넬대 소비자행동학과 교수는 이렇게 말했다. "기업들이 '건강한 맛', '새 레시피' 등으로 무장하여 리모델링 제품을 시장에 내놓으면, 사람들은 일반적으로 예전에 찾던 그 맛이 아닐 것이라는 편견을 가지고, 배신감을 느낀 뒤 해당 브랜드에서 이탈해버리고는 한다."

마찬가지로 새 상품 '건강한 맥앤치즈'에 대해 대대적으로 홍보할 경우 오히려 '맛이 달라졌다'는 평판이 확대되면서 소비자들의 이탈이 예견되었다. 그래서 코카콜라의 실패를 거울삼아 크래프트-하인즈는 특이한 방법을 택했다. 2015년 12월 생산분부터 새 레시피를 이용해 인공 조미료 없는 맥앤치즈를 판매하면서 '건강한 맥앤치즈'가 됐다는 사실을 일절 홍보하지 않았다. 그 결과 2015년 12월부터 2016년 3월까지 판매량의 변화가 없었다. 또한 팔려나가는 중에도 "맛이 이상하다"는 클레임도 "성분표가 달라진 것 아니냐?"는 문의도 없었다.

크래프트-하인즈는 고객들의 거부감이 없다는 사실을 확인하고서야 출시 3개월이 지난 시점에서 "바뀌었지만, 바뀐 것은 없다!"라는 제목으로 홍보에 나섰다.

TV 광고 대사는 이렇다. "사상 최대 규모의 블라인드 테스트를 통과하셨습니다! 지난 몇 개월 동안 우리는 인공 조미료를 모두 뺀 맥앤치즈를 여러분께 팔았습니다", "엄마도, 아기도, 강아지도, 셰프들도 아무도 몰랐습니다. 왜냐하면 크래프트의 맥앤치즈는 크래프트의 맥앤치즈니까요!"

광고가 있고 난 후 "어쩐지 맛이 좀 다른 것 같더라"라는 게시물이 회사 홈페이지에 올라왔다. 그러나 비난도 아니었고 이탈도 없었다.

위의 사례에서 보는 것처럼, 오랫동안 소비자들의 사랑을 받아온 장수 제품들이 시장의 역동적 변화에 따라 리모델링할 경우 자칫 어려움에 빠질 수 있다. 코카콜라가 그랬던 것처럼. 그러나 크래프트-하인즈는 새로운 방법으로 성공을 거두었다. 이에 대해 시장조사 전문 회사 민텔의 디렉트로 있는 린 돈블레이저는 〈타임〉에서 이렇게 말했다.

"자신들의 제품을 더 건강하게 만들어 소비자들에게 이로운 행동을 하면서도 이를 시끄럽게 떠들기보다 속삭이는 전략을 썼다. 매우 이례적이지만 엄청나게 똑똑한 전략이었다. 새로운 레시피를 들고 나왔다고 큰 소비로 외치다가 단종이 되는 운명을 맞이한 코카콜라의 뉴 코크와는 정반대의 행보다."

말보로[6]

잘 확립된 브랜드의 포지션을 변경하는 것은 어렵다. 장기간 유지되어온 브랜드를 리포지션시키기 위한 대부분의 노력들이 실패한다. 하지만 브랜드가 새로운 카테고리로 진입할 때는 변화가 필요하다. 예를 들면, 브랜드 포지션의 변경을 통해 성공한 '말보로'라는 담배 브랜드는 세계에서 가장 잘 팔리는 소비재다. 다음에서는 말보로의 성공적인 브랜드 포지션의 변경 사례에 대해 살펴본다([표 11-1]).

1954년 담배 시장의 트렌드를 주의 깊게 조사한 후 필립 모리스Philip Morris의 경영진은 브랜드의 방향을 변경하기로 결정을 했다.

재론칭은 제품의 변화에 기초를 두었다. 그 당시 미국 흡연자의 90%가 필터 없는 담배를 사용했지만 필립 모리스는 새로운 트렌드로 필터 담배로 갈 것이라고 판단했다. 젊은 성인층에 소구하기 위해 새로운 여과 기술을 통하여 마일드한 지각을 대체하였다. 필터는 강함과 향을 나타내는 브라운 색깔로 입혀졌다. 마지막으로 새로운 흡연의 특징을 강화하고 젊은 남성의 표적 고객에 소구하도록 기존 광고를 완전히 바꾸었다.

광고는 터프하고 남루한 직업의 남성 모델로 브랜드를 재론칭하였다. 첫 번째 광고의 특징은 흥미롭게 활동 지향의 카우보이cowboy로 일하는 남성을 내세웠다. 카우보이는 목표 집단에 특히 인기가 있는 것으로 확인되었다. 하지만 캠페인은 남성미 넘치는 직업을 가진 카우보이 주제를 수년간에 걸쳐서 주기적으로 순환되었다.

1963년 말보로는 좀 더 분명한 정체성을 필요로 한다는 것이 지적되었다. 카우보이를 상징화하는 말보로 맨Marlboro man이 구축되었다. 캠페인은 다음과 같은 지침에 따라 진행되었다.

카우보이는 남성들이 되고 싶어 하는 남성상을 상징화해야 한다.
말보로 맨은 믿을 수 있어야 한다.
말보로 컨트리는 장엄해야 한다.
캠페인의 모든 광고는 솔직해야 하며 임팩트를 가져야 한다.
카우보이의 상, 담배 피우는 모습 그리고 장엄한 컨트리의 소재들의 순환을 통하여 다양성이 달성되어야 한다.

오늘날까지 이 지침은 모든 미디어를 통하여 유지되고 있다. 1960년 이래 연평균 10% 이상의 매출 신장이 이루어졌다. 1975년까

표 11-1 기존 말보로와 신규 말보로 비교

수명주기	시장 상황	카테고리 관리
제품 속성	순한 타르의 혼합	강한 타르의 혼합
	향이 거의 없음	약간의 향 첨가
	필터 없는 담배	필터 담배
디자인	흰 패키지 디자인	레드와 흰 패키지 디자인
이미지	유행에 뒤진 이미지	현대적인 이미지
목표 고객	여성	남성
광고 소구점	제품 중심 광고	이미지 중심 광고

지 미국의 리더 브랜드로 성장해왔고 계속해서 세계 곳곳으로 새로운 시장을 개척하였다.

필립 모리스와 광고대행사는 서부의 위치를 배경으로 모든 캠페인의 소재를 연출하였다. 이처럼 전략적 일관성이 유지되고 높은 커뮤니케이션의 품질을 지켰다. 그러나 본사에서는 현지 기업들에게 다소의 유연성을 허락하였지만, 말보로 브랜드의 포지셔닝은 세계 도처에서 철저하게 동일하게 유지시켰다.

트리오 곡물설거지[7]

LG생활건강을 대표하는 제품이 '페리오' 치약이듯이, 애경을 대표하는 제품은 '트리오' 주방세제다. 트리오는 1966년에 출시한 국내 최초의 주방세제로 전통 있고, 실속형 주방세제의 대표 브랜드로 애경의 성장을 견인했다. 그런데 미지근한 물에서 서서히 죽어가는 개구리처럼, 이런 현상이 '트리오'에서도 나타나고 있었다. 트리오가 트렌드를 쫓아가지 못하고 과거 전통에 안주해 있는 동안 순샘, 자연퐁, 참그린은 '마일드' 주방세제 시장을 주도해버렸다. '마일드' 주방세제는 이제 트리오로 대표되는 '일반 실속형' 주방세제 시장마저 삼켜버리고 있었다.

트리오가 시장에서 13.1% 수준의 점유율을 가지고 있었지만, 가정용에서는 3.1%에 불과했다. 나머지는 대부분 업소용으로서 10%의 점유율을 가지고 있었다. 그동안 트리오의 충성 고객들은 대부분 이탈하고 저가 선호의 일부 고객층만이 트리오의 주 구매 고객으로 존재하고 있을 뿐이었다. 결론적으로 많은 소비자들이 트리오의 이름을 알고 있고 명성도 좋은 편이지만, 이것만 가지고는 매출로 직결되지 않았다. 그 이유는 무엇인가?

실속형 마일드 주방세제를 개척하다

트리오는 오래되고 저가의 브랜드로서 40대 이상 중년층 그리고 업소용 제품 이미지가 강하다. 따라서 일반 실속형 주방세제의 쇠퇴를 극복하고 더불어 트리오의 고착화된 이미지를 탈피하여 부활을 꾀하는 것이 시급하였다.

그동안 한국의 주방세제 시장은 새로운 영역들로 분화되어왔다. 주방세제 트리오는 1966년 출시된 이래 애경의 생활용품 사업을 견인하는 역할을 톡톡히 해왔다. 그러나 1990년대 중반부터 '마일드' 주방세제들이 등장하면서 시장의 경쟁구도가 바뀌기 시작했다. 소비자들의 취향이 고급화되면서 세정력뿐 아니라 손에 자극을 덜 주는 자연성분을 쓴 세제를 찾게 된 것이다. 애경의 '순샘', LG생활건강의 '자연퐁', CJ의 '참그린' 등이 바로 이때 등장한 제품이다.

마일드 세제의 등장 이후 기존 퐁퐁과 트리오는 일반 실속형 제품군으로 분류되면서 소비자에게서 멀어지고 단지 업소용 제품으로 명맥을 유지할 뿐이었다. 또한 2000년대 중반에는 마일드 카테고리에서 다시 '프리미엄 마일드'라는 새로운 카테고리가 등장했다. LG생활건강의 '세이프'가 대표적으로 빠르게 성장하면서 기존 업체들의 시장을 잠식했다.

이처럼 한때 퐁퐁과 트리오의 단일 시장이었던 주방세제 시장은 불과 10년 만에 '일반 실속형 주방세제', '마일드 주방세제', '프리미엄 마일드 주방세제', 기타 할인점이 운영하는 '자체 브랜드' 등 4개의 카테고리로 경쟁하는 시장으로 분화되었다. 특히 마일드 시장은 소비 트렌드의 웰빙화로 인해 가장 크며, 더욱 성장하고 있는 추세였다. 이러한 마일드 시장이 그동안 트리오와 퐁퐁이 주도하고 있던 '일반 실속형 주방세제' 시장마저도 삼켜버리고 말았다. 또한 일반 실속형 주방세제의 대표 브랜드 트리오는 세척력이 강한 반면, 자극적이고 저렴한 오래된 그리고 엄마 세대가 써왔던 브랜드라는 인식이 강하게 존재하고 있었다.

따라서 '일반 실속형 주방세제 시장의 위축' 및 '트리오의 부정적 인식과 활력의 쇠퇴'라는 두 가지 측면에서 근본적인 변화가 요구되었다.

그렇다면 트리오를 부활시킬 수 있는 시장의 기회는 존재하는가? 소비자들의 주방세제에 대한 인식은 세정력보다는 성분을 기반으로 한 환경 친화 제품에 대한 소구가 강하게 어필되고 있었다. 물론 자연 퐁 등 마일드 주방세제 그룹이 목표로 하는 고객들이다. 그러나 여기에 또 하나의 시장 기회가 태동하고 있다. 바로 '실속형 마일드 주방세제'다.

트리오 '곡물설거지'의 탄생

새로운 시장 기회로서 '실속형 마일드' 콘셉트를 잘 대변할 수 있는 대안들 중 '곡물설거지'에 주목하였다. 이는 '곡물'과 '설거지'의 개념을 담은 것으로, 우리 어머니들의 향수 어린 주방세제와 일치한다. 따라서 '실속형 마일드' 주방세제를 대변하는 '곡물설거지'를 그대로 브

랜드 네이밍으로 활용하였다. 이렇게 탄생한 '곡물설거지'는 제품의 콘셉트이자 네이밍으로서 무엇을 위한 브랜드인지 설명할 필요가 없다. '곡물'은 '성분'이고 '설거지'는 '행태'를 보여준다. 따라서 브랜드 이름 그 자체가 즉시 제품의 콘셉트를 떠올리고 설명해주었다.

아울러 기존 디자인에서 환골탈태하여 '곡물설거지'의 핵심 메시지에 부합되도록 곡물 성분을 강조하고 전체적으로 부드럽고 순한 느낌을 주는 디자인 이미지를 설정하였다. 특히 트리오의 아이덴티티 칼라인 '옐로'를 버리고 '곡물설거지'의 콘셉트에 충실한 디자인을 개발하였다. 환골탈태를 통해 태어난 '트리오 곡물설거지'는 매장 진열에서 가장 강력한 시선을 끌 만큼 군계일학의 모습을 보여주었다.

부활의 노래를 부르다

낡은 브랜드 트리오는 '실속형 마일드' 콘셉트를 담은 트리오 '곡물설거지'로 부활하였다. 특히 트리오의 부활은 과거의 화학적이며 저가인 이미지를 완전히 탈피하고, 실속형 마일드 세제 브랜드로 화려하게 변신하였다.

동등성을 확보하라

세 번째 전략은 시장을 변화시키는 경쟁사의 혁신에 뒤처지지 않게 하기 위해 경쟁사와 동등성(유사성)을 확보하여 소비자가 이탈할 여지를 주지 않아야 한다. 패스트푸드 시장을 살펴보자.[8]

이 시장에서는 최근 건강식품이라는 새로운 카테고리가 크게 성장하였고, 이러한 전환은 전통적인 패스트푸드 브랜드인 맥도날드, 웬디스, 버거킹, 피자헛, KFC에 커다란 도전이 되었다.

이런 상황에서 패스트푸드 브랜드가 취할 수 있는 대응전략은 고객들에게 서너 가지의 패스트푸드 브랜드를 놓고 어디로 갈지 저울질할 때 바로 탈락하지 않도록 메뉴 구성을 바꿔서 건강한 패스트푸드를 원하는 고객층을 끌어들이는 것이다. 예를 들어 맥도날드는 자사의 대표적인 감자튀김에 '나쁜' 지방의 함령을 크게 줄이는 방법을 개발했다. 맥도날드는 구운 치킨 샌드위치와 나양한 샐러드, 과일 스무디를 메뉴에 추가하는 한편 키즈 메뉴에는 사과나 감자튀김 중 하나를 선택할 수 있게 했다. 버거킹은 랩 메뉴와 함께 오로지 자연산 재료로만 만든 마제티 샐러드 드레싱을 곁들인 가든 센세이션즈 샐러드를 판매하고 있다. 물론 이렇게 한다고 해서 음식을 고를 때 건강 요소를 가장 중시하는 소비자들을 패스트푸드점으로 끌어들일 수는 없지만 적어도 거부 반응을 줄일 수 있는 것이다.

맥도날드는 또 다른 문제에 직면하고 있었다. 스타벅스가 대성공을 거두면서 맥도날드가 제공하던 아침 메뉴 등 선식 사업에 심각한 위협으로 떠오른 것이다. 그러나 이는 기회이기도 했다. 2007년 맥도날드는 카푸치노와 라떼 등 커피류를 전문적으로 판매하는 맥카페를 론칭해 경쟁의 판도를 뒤집었다. 맥카페는 품질에 있어서 스타벅스에 경쟁할 만한 상대로 간주되었고 결과적으로 기존 스타벅스 고객 중 일부는 커피를 마실 때 맥카페도 선택의 대상으로 고려하게 되었다. 맥도날드는 커피 시장에서 연관성을 획득한 것이고 한때 맥도날드의 그 같은 시도가 웃음거리로 전락할 위험에 처했다는 것을 감안해보면 이는 놀라운 성과이다.

이와 같은 동등성 확보 전략에는 세 가지 장애물이 있다. 첫째, 건강식품 시장에서 맥도날드의 경우처럼 유사성을 획득하고자 하는 브랜드는 해당 카테고리에서 브랜드 신뢰도가 떨어진다. 예를 들면 맥도날드는 빅맥, 에그 맥머핀, 해피밀 같은 건강보다는 먹는 즐거움에 초점을 맞춘 식품을 판매하는 브랜드로 인식되고 있다. 둘째, 유사성을 획득하기 위해서는 대히트 브랜드를 개발해야 하는데 이는 결코 쉽지 않다. 실제로 맥피자부터 맥린 디럭스와 샐러드 셰이커(드레싱을 섞기 힘들 정도로 용기 속에 꽉 차 있었다) 등 맥도날드가 개발한 일련의 새로운 브랜드들은 결국 실패로 끝났다. 사실 맥도날드는 1983년 치킨 맥너겟 이후로 커다란 성공을 거둔 적이 거의 없다. 마지막으로 진정성이 떨어질 수 있다. 실제로 새로운 카테고리를 창조한 경쟁사들은 진정으로 그 시장에 신념을 가지고 있는 기업들이고 그 정도의 신념이 있지 않으면 유사성을 획득할 만큼 따라가기가 어렵다.

물론 경쟁사의 혁신에 뒤처지지 않기 위해 경쟁사와 동등성(유사성)을 확보하여 소비자가 이탈할 여지를 주지 않는 것이 중요하다. 그러나 남의 전략을 기웃거리는 데는 항상 위험이 도사리고 있다. '남의 전략을 기웃거리다'가 '업의 본질을 잃어버릴 수 있다'는 사실을 항상 주의하라. 이러한 동등성 확보 전략이 오히려 위험에 처할 수 있다는 대표적인 예가 다음에서 이야기하는 맥도날드다.

남의 전략을 기웃거리지 마라

맥도날드의 암울했던 지난 몇 년. 2014년에는 60년 역사상 최악의 성적표였다. 순이익은 전년대비 15% 감소하고 매출도 2.4% 감소했다. 하지만 2015년 4분기 5.7%의 성장세를 보이며 2012년 이후 줄곧 하락하던 매출이 성장세로 돌아섰다.

그동안 맥도날드는 인앤아웃 등 경쟁자들을 따라잡기 위해 다양한 모방전략을 내놨다. 치열해지는 햄버거 시장에서 살아남기 위해 수제 햄버거처럼 소비자가 직접 재료를 선택하고 다양한 종류의 빵(빈)을 고를 수 있게 하고, 유리 볼에 담긴 샐러드 아침 메뉴를 내놓는 등 고급화 전략을 취하기도 했다.

하지만 모두 실패했고 지난 수년간 매출이 감소했다. 전체 매출의 70%를 차지하는 드라이브 스루 고객을 간과해 고객 분석에 실패했고, 고객이 재료를 선택하면서 햄버거 만드는 데 시간이 길어져 실패했고, 프리미엄 버거를 강조하며 가격이 지나치게 올라 실패했다.

결과적으로 '패스트푸드' 업業의 본질을 잊어버렸다. 매출 악화는 맥도날드가 변신을 꾀하는 차원에서 펼쳐온 전략들이 잘못됐다는 것을 알려주는 결과다. 그래서 패스트푸드라는 본질로 되돌아간 것이다. 그중에서도 핵심 본질로 되돌아간 가장 중요한 두 가지는 다음과 같다.[9]

첫째, 다시 '저렴한 가격'으로 돌아갔다. 그동안 맥도날드는 프리미엄 메뉴를 집중적으로 출시한 탓에 버거 하나당 가격이 평균 10달러까지 치솟았다. 그래서 메뉴판을 싹 정리하고 고객들이 맥도날드를 찾는 이유였던 저렴한 메뉴 중심으로 개편했다. 일부 메뉴 가운데 2가지를 고르면 2달러에 판매하는 '맥픽투McPick 2 for $2 서비스도 도입했다. "어느 누구도 10달러를 내고 프리미엄 샐러드나 그리스식 요거트를 먹기 위해 맥도날드를 찾지 않는다. 사람들이 저렴한 가격에 빠르게 식사를 마치기 위해 맥도날드를 찾는다는 사실을 기억해야 한다."

둘째, 패스트푸드의 핵심인 '더 빠르게'를 회복했다. 맥도날드는 1948년 9개이던 메뉴가 2015년 121개로 늘어나며 대기 시간이 길어지고 빠른 서비스의 정점이 사라졌다. 그래서 메뉴 수를 절반 이하로 줄여 고객들의 혼란을 줄이고 드라이브 스루에서도 주문 내역 확인을 한 번 더 받는 시스템을 도입해 주문이 잘못 전달돼 대기 시간이 길어지는 문제를 해결했다.

이처럼 맥도날드가 제자리를 찾은 것은 원래 맥도날드가 추구하던 근본적인 가치로 다시 되돌아간 결과다. 이렇듯 맥도날드의 재기는 업의 본질을 잊어버리고 남의 전략을 기웃거리면 안 된다는 사실을 보여준다.

하위 카테고리를 만들어라

 네 번째 전략은 '하위 카테고리를 만드는 것'이다. 특히 과잉 성숙 시장에 이르게 되면서 시장의 정체 내지 쇠퇴로 접어들어 새로운 하위 카테고리가 형성된다. 이제 기업들은 우수한 제품 개발에 투자해서 새로운 하위 카테고리를 창조하고 기존 브랜드를 훌쩍 뛰어넘는 것이다. 단순히 동등한 제품을 보유한 참여자의 지위에 만족하는 대신 해당 하위 카테고리를 완전히 점령하거나 적어도 실질적이고 변혁적인 혁신을 이루어서 시장을 선도하는 주체가 되는 것이다.

 잊지 말자. '잔이 꽉 차면 새로운 잔을 찾아 나서야 한다'는 것을.

잠든 PC 시장을 깨워라

 침체된 노트북PC 시장에서 1kg이 안 되는 15인치 대화면 노트북부터 태블릿으로 변신하는 투인원$_{2\,in\,1}$ 노트북까지 다양한 신제품들이 출시되고 있다.

시장조사업체 IDC에 따르면 지난해 2015년 3분기 기준 국내 PC 출하량은 99만 대로 전년 동기보다 4.6% 감소했다. 국내 분기 PC 출하량이 100만 대 아래로 떨어진 것은 2005년 2분기 이후 10년 만이다.

같은 기간 울트라북은 총 23만 2,000여 대가 출하됐다. 그 결과 처음으로 노트북 내에서 차지하는 비중이 50%를 넘어섰다. 울트라북은 얇고 가벼우면서 성능은 일반 노트북에 밀리지 않는 제품을 말한다. 통상 두께 21mm 이하로 휴대성이 극대화된 노트북이다. 울트라북이 인기를 끌면서 노트북 시장은 '초경량' 경쟁이 더욱 치열해지고 있다. 특히 태블릿과 노트북 기능을 동시에 담은 투인원 제품도 나온다. 평소에 일반 노트북처럼 이용하다가 화면을 떼면 태블릿으로 쓸 수 있다.

대부분의 신제품은 완전히 새로운 것이 아니라 영역을 나눈다. 컴퓨터 역시 데스크톱, PC 시장으로 구분된다. 또 PC는 노트북에서 태블릿 그리고 투인원의 하위 카테고리로 분화되었다.

에필로그

모방은 자살행위다

비즈니스 세계에서 새 카테고리를 만드는 것이 말처럼 쉬운 일이 아니다. 기업이 새 카테고리를 만들려고 한다면, 우선 기존의 카테고리가 확고하게 존재하고 있어야 한다. 그리고 여기에 대항할 수 있는 새로운 시도를 내놓아야 한다. 그래야만 새로운 카테고리를 창조할 수 있다.

새 카테고리의 창조는 기존 카테고리의 한계에 도전한다. 기존 카테고리에 기반을 두면서도, 그 경계의 가장자리에 최대한 가깝게 위치시킨다. 그리고 기존의 경계를 끊임없이 밀고 나간다. 이렇게 하여 기존의 카테고리 안에 새로운 카테고리를 만들어낸다. 즉, '주류'가 아닌 '변방'에서 경쟁자가 없는 자신만의 새로운 카테고리를 만들어 '카테고리 원category of one' 브랜드가 되는 것이다.

시간이 흘러 '변방'이 '주류'를 무너뜨린다. 포스트잇, 비아그라, 아스파탐 등 새로운 카테고리는 시장의 중심이 아닌 변방에서 나와 소비자 수요의 힘을 얻게 됨으로써 새로운 카테고리로 정착하였다.

이제 기업들은 더 열광적으로 변방이 중심부를 넘어뜨릴 새 카테고리의 상품을 내놓기 위해 힘을 쏟는다. 새 카테고리 상품이 등장하자마자 다른 경쟁 제품을 몰아내고 시장을 완전히 재편할 정도로 인기를 누리는 제품을 기대한다.

1950년대는 모든 기업이 제너럴 모터스General Motors Corporation처럼 되기를 원했다. 그런데 시간이 가면서 조금씩 달라지더니 1960년대 초반에는 제록스, 그다음에는 IBM, 나이키처럼 되기를 원했다. 지금은 애플의 아이팟, 아이폰처럼 되기를 원한다. 더 최근에는 자동차가 아니라 IT 기기로서 자동차를 '바퀴 달린 아이폰'으로 바꿔버린 테슬라처럼 되기를 원한다.

무엇보다 애플이 대표적 사례다. 지금 모든 기업들은 애플처럼 되기를 원한다. 애플은 지난 몇 년간 모든 기업들의 추앙을 받아온 존재였다. 여러 제품들이 있지만 아이폰의 시발점은 아이팟iPod이다.

IT와 전혀 무관한 업종의 기업들마저도 아이팟 같은 성공 신화를 닮고 싶어 한다. 많은 기업과 담당자들이 혁명적으로 시장을 바꾼 애플의 신선한 아이디어를 모방하거나 흉내 내려고 고심하거나 실제 시도해왔다. 하지만 과연 그것이 옳은 것일까?

광고계의 전설인 마틴 퓨리스Martin Puris는 이렇게 말했다. "완벽한 모방은 어렵다. 설사 가능하더라도 확실한 2인자의 자리를 굳히는 방법일 뿐이다." 과거나 현재의 1등을 모방하는 방식이 비즈니스에서 결코 해법이 될 수 없음을 강조한다.

만약 우리 주변의 누군가가 "아이팟 같은 최고의 브랜드를 만들고 싶다"고 입버릇처럼 말한다면 스티브 잡스가 아이팟을 만들기 전 주변 사람들에게 소니 워크맨과 판박이처럼 닮은 제품을 만들고 싶다고 말했을지 한번 생각해보라고 꼬집어주어라.

21세기 세계 최고의 건축가 자하 하디드Zaha Mohammad Hadid가 한국에 이름이 알려진 계기는 동대문디자인플라자(DDP)의 설계 공모에서 당선된 것이었다. 1993년에 완공해 자하 하디드를 유럽의 메이저 건축계에 데뷔시킨 '비트라 소방서'를 시작으로 그녀의 작품은 일일이 열거하기 어려울 정도로 전 세계를 망라한다. 자하 하디드가 세계적 메이저 건축가로 인정받은 시점은 1994년이었다. 1975년에 설계사무소를 차리며 독립한 지 15년의 일이었다. 이처럼 그녀는 내일 당장 승자가 되기 의한 타협을 하지 않았다. 〈매일경제신문〉, 'City life'의 자하 하디드에 관한 기사에서 그녀의 초창기를 이렇게 설명했다.

> 독립 초창기 자하 하디드에게는 페이퍼 '건축가paper architect' 즉, '종이 건축가'라는 조롱 어린 닉네임이 붙기도 했었다. 자하 하디드의 건축물들은 종이 위에만 존재하는 실제로 건축되는 일이 없다는 뜻이다. 건축계에서는 당시 그녀의 도면 속 그림이 건축되지 못하는 이유를 '파격'과 '시공 실현의 두려움'으로 본다. 생전 처음 보는 디자인의 설계도 앞에서 적지 않은 건축주들이 '이게 가능한 일까?' 의심했다. 종이로 볼 때는 좋지만 완성되지 못할 것을 우려한 것이다. 이런 경우 일부 건축가들은 설계 변경, 시공법 조정 등을 통해 '계약의 성사'를 꾀하기도 한다. 자하 하디드는 타협하지 않았다. 제안한 도면이 최선의 결과물인데 그걸 변경하는 것은 프로젝트를 약화시킨다는 것이 그의 생각이었다. 오히려 '색다른 건축'의 조건이 될 낯선 재료와 방법을 찾아 더욱 생경스러운 꿈을 그려 나갔다.

그러면 우리는 소비자가 원하고 기대하는 것을 제공하기 위해 어떤 노력을 기울이고 있는가? 혹시 내일 당장 승자가 되어야 한다는 조급한 마음으로 접근한 나머지 소비자에게 필요한 제품을 개발한다는 명목으로 실험적인 제품이나 서비스를 미루거나 회피하고 있지는 않은가? 실험적인 제품을 회피한다면 판박이 제품을 만들 뿐이다. 결국 소비자의 변화에 대응할 수 있는 기회, 그들의 생각 속으로 들어가고 그들에게 영감을 줄 수 있는 좋은 기회를 깡그리 날려버리고 만다.

홍승찬 교수가 쓴 《생각의 정거장》 중에서 이런 글이 나온다.

> 일사불란한 꿀벌들 중에도 5%는 따로 논답니다.
> 이런 벌을 '날라리 벌'이라고 하는데 입맛도 까다로워 혼자 멀리 날아가 별난 꽃을 찾는다네요.
> 가까운 꽃무리에서 더 이상 꿀을 찾지 못해 모두 굶주리고 있을 때, '날라리 벌'이 찾아낸 멀리 있는 꽃이 나머지를 살립니다.

이처럼 '날라리 벌'들을 사람으로 치면 '세상을 바꾸는 별종'이고, 제품으로 치면 주류를 벗어나 '변방에 자리 잡는 일탈 브랜드'다.
모두 같은 방향으로 가고 있을 때, '일탈逸脫'하라.
그 일탈이 새로운 길을 열어줄지 누가 아는가.

미주

01 경쟁할래, 독점할래?_바보야, 문제는 새 카테고리 창조야!
1   로버트 프랭크, 《이코노믹 씽킹》, 웅진지식하우스, 2007. pp.162~164.
2   바이판, 《똑똑한 심리학》, 정민미디어, 2010. pp.132~133.
3   바이판, 《똑똑한 심리학》, 정민미디어, 2010. pp.61~62.
4   문영미, 《디퍼런트》, 살림Biz, 2011. p.35.
5   TTimes, 〈술판매 늘리는 스타벅스〉, 2015. 8. 19.
6   피터틸 & 블레이크 매스터스, 《ZERO to ONE》, 한국경제신문사, 2014. p.54.
7   문영미, 《디퍼런트》, 살림Biz, 2011. pp.56~57.
8   홍성태 & 조수용, 《나음보다 다름》, 북스톤, 2015. pp.46~47.
9   TTimes, 〈강점에 집중하고 약점은 적절한 선에서 보완하자〉, 2016. 2. 29.
10 버나뎃 지와, 《그들이 시장을 뒤흔든 단 한 가지 이유 Difference》, 지식공간, 2014. p.15.
11 신정훈, 《허니버터칩의 비밀》, 알키, 2015. pp.20~21.
12 데이비드 아커, 《브랜드 연관성》, 브랜드앤컴퍼니, 2010. pp. 46~48.
13 우메자와 노부요시, 《장기 넘버원 상품의 법칙》, 한국능률협회, 2003. p.55.
14 김재영, 《히트상품은 어떻게 만들어지는가》, 한스미디어, 2014. pp.55~96 재정리.
15 news1, 〈오프라인 진출하는 진짜 이유는?〉, 2016. 2. 18.
16 우메자와 노부요시, 《장기 넘버원 상품의 법칙》, 한국능률협회, 2003. pp. 65~69.
17 김영호, 《유통만 알아도 돈이 보인다》, 다산북스, 2009. p.212.

02 카테고리화_분류 기준이 소비 패턴에 영향을 미친다!
1   홍성태 & 조수용, 《나음보다 다름》, 북스톤, 2015. p.61.
2   데이비드 아커, 《브랜드 연관성》, 브랜드앤컴퍼니, 2010. p.100.
3   겔로그경영대학원 교수진, 《마케팅 바이블》, 세종연구원, 2002. p.77.
4   최인철, 《프레임》, 21세기북스, 2007. p.10.
5   문영미, 《디퍼런트》, 살림Biz, 2011. p.182.
6   데이비드 아커, 《브랜드 연관성》, 브랜드앤컴퍼니, 2010. pp.105~106.
7   김근배, 《끌리는 컨셉의 법칙》, 중앙북스, 2014. pp.74~76.

03 카테고리 소유하기_카테고리 원 브랜드가 돼라

1. 알 리스 & 로라 리스, 《브랜드 론칭 불변의 법칙》, 비즈니스맵, 2013. pp.395~396.
2. 중앙일보, 〈[글로벌 혁신 기업인, 미래 50년을 말하다] 수돗물처럼 틀면 나오는 교통수단, 그게 우버의 미션〉, 2015. 10. 5.
3. 매일경제, 〈마케팅 지출, 왜 삼성은 애플의 9배를 써야 하나〉, 2013. 12. 12.
4. 김재영, 《Brand and Branding》, 비앤엠북스, 2007. p.106.
5. Palazzini F.S. (1989), *Coca-Cola Superstay: The Drink that Became a Business Empire*, Columbus Books, London; Pendergrast M. (1993), *For God, Country and Coca-Cola: The Unauthorized History of the Great American Soft Drink and the Company that Makes It*. Macmidlon, New York; Hartley R.F. (1995), *Marketing Mistakes*, John Wiley, New York.
6. 아주경제, 〈최초의 김치냉장고? '딤채' 아녜요〉, 2012. 11. 11.
7. 〈스티브 잡스의 세계적인 기업 '애플'은 혁신 기업이다?〉 (세계사광의 역사논평)(114)
8. William T. Robinson and Claes Fomell, "Sources of Market Pioneer Advantages in Consumer Goods Industries", *Journal of Marketing Research, vol. 22*(August 1985). pp. 305~317.
9. Glen I., Urban, Theresa Carter, Steve Gaskin, and Zofia Mucha, "Market Share; Rewards to Pioneering Brands: An Empirical Analysis and Strategic Implications", *Management Science, vol. 32*(June 1986). pp.645~659.
10. "Studt: Majority of 25 Leaders in 1923 Still on Top", *Advertising Age*(September 19, 1983). p.32.
11. 우메자와 노부요시, 《장기 넘버원 상품의 법칙》, 한국능률협회, 2003. pp.82~90.
12. 겔로그경영대학원 교수진, 《마케팅 바이블》, 세종연구원, 2002.

04 새 카테고리 기회 찾기_나누거나 더하거나

1. 곽영식, 《창업을 위해 미학에서 배우는 신상품개발》, 피앤씨미디어, 2014. pp.284~294.
2. 알 리스 & 로라 리스, 《브랜드론칭 불변의 법칙》, 비즈니스맵, 2013. p.51.
3. 알 리스와 잭 트라우트, 《마케팅 불변의 법칙》, 십일월출판사, 1994. p.96.
4. 곽영식, 《창업을 위해 미학에서 배우는 신상품개발》, 피앤씨미디어, 2014. p.44.
5. 알 리스 & 로라 리스, 《브랜드론칭 불변의 법칙》, 비즈니스맵, 2013. p.346.
6. 알 리스 & 로라 리스, 《브랜드론칭 불변의 법칙》, 비즈니스맵, 2013. pp.167~170.
7. 에릭 슐츠, 《마케팅게임에서 승리하라》, 넥서스, 2000. pp.137~138.
8. 중앙일보, 〈트위터 제친 인스타그램 창업자 시스트롬 "글자보다 비주얼로 소통하는 시대 왔다"〉, 2015. 10. 8.
9. 오마이뉴스, 〈'한국의 샌더스' 출현 SKY-미국 유학파들이 막는다?〉, 2016. 2. 12.
10. 곽영식, 《창업을 위해 미학에서 배우는 신상품개발》, 피앤씨미디어, 2014. p.41.

11 문영미, 《디퍼런트》, 살림Biz, 2011. p.174.
12 알 리스 & 로라 리스, 《브랜드 론칭 불변의 법칙》, 비즈니스맵, 2013. pp.17~18.

05 새 카테고리의 위치 정하기_어떤 카테고리에 닻을 내릴 것인지 명확히 하라

1 문영미, 《디퍼런트》, 살림Biz, 2011. p. 164.
2 Kevin Lane Keller, 《전략적 브랜드 관리》, 비즈니스북스, 2007. p. 174; 알 리스 & 로라 리스, 《브랜드 론칭 불변의 법칙》, 비즈니스맵, 2013. p. 313.
3 잭 트라우트 & 스티브 리브킨, 《포지셔닝 불변의 법칙》, 이상미디어, 2012. pp.178~180.
4 홍성태 & 조수용, 《나음보다 다름》, 북스톤, 2015. pp.53~54.
5 잭 트라우트 & 스티브 리브킨, 《포지셔닝 불변의 법》칙, 이상미디어, 2012. pp.181~182.
6 홍성태 & 조수용, 《나음보다 다름》, 북스톤, 2015. p.63.
7 Kevin Lane Keller, 《전략적 브랜드 관리》, 비즈니스북스, 2007. p.166.
8 홍성태 & 조수용, 《나음보다 다름》, 북스톤, 2015. p.63.
9 홍성태 & 조수용, 《나음보다 다름》, 북스톤, 2015. pp.56~p.57.
10 홍성태 & 조수용, 《나음보다 다름》, 북스톤, 2015. p.66.
11 홍성태 & 조수용, 《나음보다 다름》, 북스톤, 2015. pp.66~67.
12 김근배, 《끌리는 컨셉의 법칙》, 중앙북스, 2014. p.253.
13 김근배, 《끌리는 컨셉의 법칙》, 중앙북스, 2014. pp.253~254.
14 Kevin Lane Keller, 《전략적 브랜드 관리》, 비즈니스북스, 2007. p. 169; 홍성태 & 조수용, 《나음보다 다》, 북스톤, 2015. pp.57~58.
15 TTimes, 〈설득의 힘〉, 2016. 1. 28.
16 김근배, 《끌리는 컨셉의 법칙》, 중앙북스, 2014. pp.247~248.
17 김근배, 《끌리는 컨셉의 법칙》, 중앙북스, 2014. p.248.
18 김종현, 〈'콜라 점유율' 대신 '위 점유율'을 높여라 코카콜라, 업의 개념 바꾸자 시장이 커졌다〉, DBR 193호 (2016년 1월 Issue2).
19 김근배, 《끌리는 컨셉의 법칙》, 중앙북스, 2014. pp.255~257.
20 데이비드 아커, 《브랜드 연관성》, 브랜드앤컴퍼니, 2010. pp.110~111.
21 김근배, 《끌리는 컨셉의 법칙》, 중앙북스, 2014. pp.250~252.
22 Kevin Lane Keller, 《전략적 브랜드 관리》, 비즈니스북스, 2007. p.176.
23 최한나, 〈소비심리 꿰뚫고 새롭게 포지셔닝 '요리에센스' 신(新)시장 열었다〉, DBR, 143호 (2013년 12월, Issue2).

06 새 카테고리의 명칭 정하기_알기 쉽고 새롭다는 인상을 심어줘야

1 문영미, 《디퍼런트》, 살림Biz, 2011. pp.160~167.
2 TTimes, 〈'마음이 탑재된 로봇'이라는 손정의 회장의 '페퍼'〉, 2016. 3. 11.
3 신정훈, 《허니버터칩의 비밀》, 알키, 2015. pp.21~40.

4 최한나, 〈소비심리 꿰뚫고 새롭게 포지셔닝 '요리에센스' 신(新)시장 열었다〉, DBR 143호 (2013년 12월, Issue2). 발췌 및 요약. 제품 컨셉을 활용하여 '요리에센스'라는 새로운 카테고리 명칭을 만들었으나, 시장에 존재하지 않던 명칭으로 인하여 구체성과 의미성, 직관성이 떨어짐.
5 문영미, 《디퍼런트》, 살림Biz, 2011. p.170.

07 새 카고리의 상품의 이름 짓기_카테고리 그 자체에 집중하라

1 알 리스 & 로라 리스, 《브랜드 론칭 불변의 법칙》, 2013. p.191.
2 신정훈, 《허니버터칩의 비밀》, 알키, 2015. pp.68~72.
3 김재영, 《Brand and Branding》, 비앤앰북스, 2007. p.232.
4 브랜드메이저, 《히트상품을 만드는 브랜딩 트렌드 30》, 김앤김북스, 2008. pp.48~50.
5 브랜드메이저, 《히트상품을 만드는 브랜딩 트렌드 30》, 김앤김북스, 2008. pp.50~52.
6 브랜드메이저, 《히트상품을 만드는 브랜딩 트렌드 30》, 김앤김북스, 2008. p.53.
7 이방실 & 김상훈, 〈빙수에 팥 대신 떡고물! 핫 플레이스 점령한 디저트 카페〉, DBR 167호 (2014년 12월, Issue2). 발췌 및 요약. '눈꽃빙수'를 '설빙'으로 네이밍하여 카테고리 명칭과 상품 이름을 의미상으로 일치시킨 좋은 네이밍 사례.
8 브랜드메이저, 《히트상품을 만드는 브랜딩 트렌드 30》, 김앤김북스, 2008. p.54.
9 잭 트라우트, 《빅브랜드 성공의 조건》, 오늘의책, 2002. pp.173~178.

08 새 카테고리의 적 설정하기_브랜드 전쟁이 아니라 카테고리 전쟁이다

1 잭 트라우트 & 스티브 리브킨, 《포지셔닝 불변의 법칙》, 이상미디어, 2012. pp.181~182.
2 최한나 & 박정은, 〈시장 흐름 읽고 제품 완성도에 사활 걸어… 연어, '캔의 강자' 참치에 도전하다〉, DBR, 182호(2015년 8월 Issue1).
3 알 리스 & 로라 리스, 《브랜드론칭 불변의 법칙》, 비즈니스맵, 2013. p.355.
4 하영원, 〈명품 만드는 범주적 차별화의 위력〉, 육, 33호(2009년 5월 Issue2).
5 알 리스 & 로라 리스, 《브랜드론칭 불변의 법칙》, 비즈니스맵, 2013. p.353.
6 1boon, 〈우리가 좌파와 우파로 나뉘는 이유〉, 2016. 3. 10.
7 신정훈, 《허니버터칩의 비밀》, 알키, 2015. pp.194~196.
8 경향신문, 2014. 11. 21; 이데일리, 2014. 11. 21; MBN, 2014. 11. 30.
9 TTimes, 〈욕먹는 속옷, 칭찬받는 속옷〉, 2016. 2. 23.
10 김재영, 《히트상품은 어떻게 만들어지는가》, 한스미디어, 2014. pp.123~135 재정리.

09 새 카테고리 확산하기_브랜드보다 카테고리를 홍보하라

1 Bryce Ryan and Neal C. Gross, *The Diffusion of Hybrid Seed Corn in Two Iowa Communities*, Rual Sociology, 1948. 8. pp.15~24.
2 알 리스 & 로라 리스, 《브랜드론칭 불변의 법칙》, 비즈니스맵, 2013. pp.368~369.

3 켈로그경영대학원교수진, 《마케팅 바이블》, 비즈니스북스, 2002. p.210.
4 The Two Words Steve Jobs Hated Most, http://www.entrepreneur.com/article/232343.
5 알 리스 & 로라 리스, 《브랜딩론칭 불변의 법칙》, 비즈니스맵, 2008. p.372.
6 홍성태 & 조수용, 《나음보다 다름》, 북스톤, 2015. pp.233~234.
7 박용후, 《관점을 디자인하라》, 프롬북스, 2013. pp.267~268
8 홍성태 & 조수용, 《나음보다 다름》, 북스톤, 2015. pp.235~236.
9 데이비드 아커, 《브랜드 연관성》, 브랜드앤컴퍼니, 2010. pp.385~336.
10 Seth Godin, The tribes we lead, TED, Feb 2009.
11 이동연, 《JESUS CMO》, 스마트비즈니스, 2008. p.127.
12 신정훈, 《허니버터칩의 비밀》, 알키, 2015. pp.102~104.
13 고승연 & 문정훈, 〈대한민국을 뒤덮은 '꿀+버터' 맛. 해태의 '허니통통' 만들기 과연 잘한 걸까요?〉, DBR 195호(2016년 2월 Issue2).
14 동아비즈니스포럼, 〈샤오미처럼 '대화할 만한 가치가 있는 것'을 만드는 기업이 돼라〉, 2015. 11. 20.
15 버나뎃 지와, 《그들이 시장을 뒤흔든 단 한 가지 이유 Difference.》 지식공간, 2014. pp.27~31.
16 1boon, '오바마, 브라 전쟁, 그리고 사과의 기술 Art of Apology', 2016. 3. 30.

10 새 카테고리의 경쟁자 차단하기_원조 브랜드의 존재를 강화하라

1 신정훈, 《허니버터칩의 비밀》, 알키, 2015. pp.192~193.
2 김재영, 《히트상품은 어떻게 만들어지는가》, 한스미디어, 2014. pp.99~118 재정리.
3 데이비드 아커, 《브랜드 연관성》, 브랜드앤컴퍼니, 2013. p.409.
4 알 리스 & 로라 리스, 《경영자 vs. 마케터》, 흐름출판, 2010. pp.200~201.
5 1boon, 〈서브웨이로 100kg 감량하기〉, 2016. 2. 24.
6 잭트라우트 & 스티브 리브킨, 《차별화 마케팅》, 더난출판, 2011. p.139.
7 데이비드 아커, 《브랜드 연관성》, 브랜드앤컴퍼니, 2013. p.413.
8 신정훈, 《허니버터칩의 비밀》, 알키, 2015. pp.194~225.
9 데이비드 아커, 《브랜드 연관성》, 브랜드앤컴퍼니, 2013. p.414.

11 카테고리의 약화나 변화에 대응하기_역동성에 대응하여 연관성을 유지하라

1 고승연 & 문정훈, 〈대한민국을 뒤덮은 '꿀+버터' 맛. 해태의 '허니통통' 만들기 과연 잘한 걸까요?〉, DBR 195호(2016년 2월 Issue2).
2 머니투데이, 〈히트상품에 취했던 식품업계, 다시 기본으로〉, 2016. 3. 18.
3 데이비드 아커, 《브랜드 연관성》, 브랜드앤컴퍼니, 2010. p.446
4 TTimes, 〈배달의 시대를 거스르는 인앤아웃 버거의 배짱〉, 2015. 11. 16.

5   Justin Bariso, How Kraft Used Psychology to Make Its Mac and Cheese Go Viral, Inc. 2016. 3. 21; TTimes, 2016. 3. 29.
6   김재영, 《Brand and Branding》, 비앤엠북스, 2007. pp.205~206.
7   김재영, 《히트상품은 어떻게 만들어지는가》, 한스미디어, 2014. pp.175~198 재정리.
8   데이비드 아커, 《브랜드 연관성》, 브랜드앤컴퍼니, 2010. pp.448~449.
9   TTimes, 〈맥도날드가 패스트푸드로 돌아가니까 벌어진 일〉, 2016. 1. 28.

독점의 조건
경쟁의 덫에서 벗어나는
카테고리 창조의 법칙

1판 1쇄 인쇄 | 2016년 5월 4일
1판 1쇄 발행 | 2016년 5월 10일

지은이 김재영
펴낸이 김기옥

프로젝트 디렉터 기획1팀 모민원, 권오준, 정경미
커뮤니케이션 플래너 박진모
경영지원 고광현, 김형식, 임민진, 김주현

인쇄·제본 (주)에스제이피앤비

펴낸곳 한스미디어(한즈미디어(주))
주소 121-839 서울특별시 마포구 양화로 11길 13(서교동, 강원빌딩 5층)
전화 02-707-0337 | 팩스 02-707-0198 | 홈페이지 www.hansmedia.com
출판신고번호 제 313-2003-227호 | 신고일자 2003년 6월 25일

ISBN 978-89-5975-905-7 13320

책값은 뒤표지에 있습니다.
잘못 만들어진 책은 구입하신 서점에서 교환해 드립니다.